ullstein

Das Buch

1956 kommt Enzo als jüngstes von acht Kindern in einer sizilianischen Bauernfamilie zur Welt. Mit 16 Jahren wird er offizielles Mitglied der Cosa Nostra. In ihrem Auftrag treibt Enzo Schutzgelder ein, schmuggelt Drogen und organisiert Mordanschläge. Immer wieder sitzt er im Gefängnis kleinere Strafen ab, bis er beschließt, sich nach Deutschland abzusetzen. Dort verliebt er sich in die Halbitalienerin Marina und verübt gemeinsam mit ihr und ihrem Bruder Carl einen Bankraub. Sie werden erwischt, und Enzo wird erneut festgenommen. Als Enzo noch im Gefängnis den Auftrag erhält, den berühmten Anti-Mafia-Richter Borsellino zu töten und sich anschließend nach Australien abzusetzen, wird ihm klar, dass er auf die Abschussliste der Bosse geraten ist – warum sonst würden sie ihm den gefährlichsten aller Aufträge geben und ihn ans andere Ende der Welt abschieben?

Enzo trifft eine folgenschwere Entscheidung: Er will mit der Mafia abrechnen und wird zum »Pentito«. Aufgrund seiner Aussage konnten zahlreiche Mafiosi festgenommen werden, und die italienischen und deutschen Behörden erhielten einen einmaligen Einblick in die Strukturen und Strategien der ältesten und mächtigsten Mafia-Organisation der Welt.

Der Autor

Marco Bettini ist ein italienischer Journalist und lebt in Bologna. In Italien ist *Pentito* ein Bestseller.

Marco Bettini

PENTITO

Ein Mafioso packt aus

Aus dem Italienischen von Marie Rahn

Ullstein

Besuchen Sie uns im Internet:
www.ullstein-taschenbuch.de

MIX
Papier aus verantwortungsvollen Quellen
FSC® C006701
FSC www.fsc.org

Deutsche Erstausgabe im Ullstein Taschenbuch
1. Auflage Mai 2010
2. Auflage 2011

Titel der italienischen Originalausgabe: *Pentito.
Una storia di mafia.*
(Edizioni Piemme, Mailand)
Umschlaggestaltung: HildenDesign, München
Titelabbildung: © HildenDesign, München
Satz: LVD GmbH, Berlin
Gesetzt aus der Janson
Papier: Pamo Super von Arctic Paper Mochenwangen GmbH
Druck und Bindearbeiten: CPI – Ebner & Spiegel, Ulm
Printed in Germany
ISBN 978-3-548-37334-8

Für Daniela

Dies ist eine wahre Geschichte. Allerdings sind einige Namen, die in diesem Buch auftauchen, erfunden; aus naheliegenden Gründen erschien es ratsam, in mehreren Fällen Pseudonyme zu verwenden. Desgleichen sind manche auf diesen Seiten beschriebenen Straftaten in Wahrheit von anderen Personen begangen worden, doch habe ich dies aus obigen Gründen und um der Kürze willen geändert.

PROLOG

September 1991

Mein Bruder Minicheddu fuhr schweigend durch die Nacht. Erst jetzt wurde es langsam kühler. Auf Sizilien ist es im September gelegentlich heißer als im August, und an manchen Tagen kann man erst in den frühen Morgenstunden, gegen zwei, drei Uhr, aufatmen und Ruhe finden. Als das Auto in die Straße zum Meer einbog, kurbelte ich das Fenster herunter, um mich abzukühlen und die innere Anspannung zu lösen. Ich spürte den Schweiß, der mir die gespannten Halsmuskeln herunterlief, ebenso wie den Revolver Kaliber 38 an meiner Leiste und die 7,65 Halbautomatik, die in meinem Gürtel steckte und gegen meinen Rücken drückte.

Seit über einem Jahr war ich auf der Flucht. Ich hatte einen fünftägigen Freigang genutzt, um mich davonzumachen. Eine simple Angelegenheit. Ich hatte die Insel verlassen, auf der sich die Strafvollzugsanstalt befand, und war einfach nicht mehr zurückgekehrt. Ich hätte auch schon früher fliehen können, aber die *famiglia* brauchte Spitzel, und als *uomo d'onore* war ich gezwungen, widerspruchslos meine Haftstrafe abzusitzen. Schließlich jedoch kam die Anordnung zu fliehen. Jetzt wurde seit einem Jahr nach mir gefahndet, und Minicheddu musste unter Berücksichtigung aller Vorsichtsmaßnahmen den Chauffeur für mich spielen. Vor allem galt es, die Geschwindigkeitsbegrenzung zu beachten, um keinen Ärger mit irgendwelchen

Verkehrspolizisten zu bekommen. Er wusste, was zu tun war, sollten wir dennoch angehalten werden: sie so lange wie möglich aufhalten, um mir die Möglichkeit zur Flucht zu geben. Und dann behaupten, er kenne mich nicht und habe mich nur zufällig mitgenommen.

Als wir den Ort hinter uns gelassen hatten, nahmen wir die Straße zum archäologischen Park von Selinunt. Mein Bruder half mir, das Versteck zu wechseln – zumindest glaubte er das, denn mit der *famiglia*, der Cosa Nostra, hatte er nichts zu tun, er wusste nichts vom Respekt und den Regeln, die man wie Gebote befolgen musste. Er wusste nur, dass ich gefährlich war. Deshalb half er mir, ohne Fragen zu stellen.

Wir fuhren zu Salvino Sciarrino, einem *uomo d'onore*, der unter Hausarrest stand und nicht mit mir rechnete. Damit befolgte ich die nützliche Regel, niemals mein Kommen anzukündigen. Eine Vorsichtsmaßnahme, um nicht verraten zu werden. Zu Minicheddu hatte ich nur gesagt, ich bräuchte eine Zuflucht für eine Nacht und Salvinos Haus eigne sich dafür gut. In Wahrheit hatte ich einen heiklen Auftrag. Ich musste Salvino töten. Der Plan war, meinen Bruder zurückzuschicken, zu warten, bis Salvino schlief, und ihm dann eine Kugel in den Kopf zu jagen. Draußen in der Dunkelheit standen zwei Freunde mit einem Wagen bereit, um mich in Sicherheit zu bringen.

Salvino zu töten war nicht schwierig. Und mitten in der Nacht unbemerkt zu fliehen war noch einfacher. Ich konnte keine Zeugen gebrauchen, da mein Leben und das meiner Freunde auf dem Spiel stand. Wir hatten uns etwas zuschulden kommen lassen, auf das der Tod stand, und Salvino zu beseitigen war ein Anfang, die Dinge wieder in Ordnung zu bringen. Wir hatten Drogen in Umlauf gebracht, auf eigene Rechnung, ohne um Erlaubnis zu fragen. Vier von uns: Vanni, Aspanu, Salvino und ich. Weil wir es leid waren, uns mit den Krümeln zu begnügen, während die *capi* Milliarden einstrichen. Wir wollten an das große Geld, wollten unsere Macht ausbauen. Ich hatte in Rom einen Lieferanten gefunden, der siebzigprozentig verschnittenes Heroin anbot. Vanni und Aspanu stellten das Kapital und garantierten mit ihren Waffen, dass das Geschäft reibungslos über die Bühne ging. Salvino hatte Kontakt zu einem Dealer, Baretta, der nicht zur *famiglia* gehörte. Aber er hatte eine kriminelle Vergangenheit und stand im Ruf, schweigen zu können. Seine Verschwiegenheit war wichtig. Ein Wort von ihm hätte unser Todesurteil bedeutet. Die *famiglia* verzeiht keine solchen Regelverstöße.

Baretta ließ eine Gruppe Jugendlicher und Erwachsener für sich arbeiten, alles erfahrene Drogenkuriere. Wir vereinbarten eine Partnerschaft mit ihm, wollten ihn aber nach den ersten Gewinnen beiseiteschaffen. Als Zeuge war er zu gefährlich, und er begriff einfach nicht, mit wem er sich da eingelassen hatte. Schon bei der ersten Lieferung beschiss er uns. Wir hatten unserem Lieferanten dreißig Millionen für sechshundert Gramm Heroin gezahlt. Plötzlich war die Hälfte des Stoffs verschwunden. Baretta behauptete, einer seiner Kuriere habe sie weggeworfen, weil er Angst vor einer Polizeikontrolle gehabt habe. Vanni, Aspanu und ich waren der Meinung, dass es allein sein Problem sei. Immerhin war er für unsere Investition verantwortlich, und da er seiner Verpflichtung nicht nachkommen wollte, sollte er gleich umgebracht werden.

Doch Salvino, der ein alter Freund von Baretta war, wehrte sich dagegen. Er meinte, sein Freund sei unschuldig, man solle lieber den Kurier erschießen, der den Stoff verloren habe. Das war natürlich Blödsinn und ein ausgemachtes Zeichen von Schwäche. Er war bereit, sich einfach so Geld abknöpfen lassen, ohne sich dagegen zu wehren. Bei seinem Vorschlag wechselten die anderen Partner und ich nur einen kurzen Blick. Später beschlossen wir dann, Salvino als Ersten umzubringen. Wenn er Baretta schützen wollte, konnte das Probleme schaffen. Also musste er eliminiert werden, und diese Aufgabe fiel mir zu.

Es kam darauf an, keine Spuren zu hinterlassen, die die *famiglia* auf uns aufmerksam machen würden. Daher verabredeten wir, dass ich zuerst Salvino beseitigen sollte und gleich danach Baretta. So blieb das Geschäft mit den Drogen unter uns dreien: mir, Vanni und Aspanu.

An jenem Septemberabend war ich also auf dem Weg, meinen Partner umzubringen, und mein ahnungsloser Bruder begleitete mich. Salvino besaß eine Baumschule am Ortsrand, an der Straße zum Meer. Wir kamen kurz nach elf dort an und ließen das Auto an der Straße stehen. Ich klingelte, aber drinnen rührte sich nichts. Salvino traute sich kaum vor die Tür, weil er unter Hausarrest stand und keinen Ärger wollte. Besuch erwartete er nur von Carabinieri oder anderen Polizeibeamten. Als er mir schließlich öffnete, wirkte er erfreut, aber vor allem überrascht. Er wusste, dass ich auf der Flucht war, und hatte nicht erwartet, mich hier zu sehen.

»Enzo, wie geht's?«

»Salvino, ich muss ein paar Tage bei dir unterkriechen. In meinem alten Versteck fühle ich mich nicht mehr sicher, es gab ein paar Umtriebe, die mir gar nicht gefallen.«

Ein perfekter Vorwand. Er, ein *uomo d'onore* wie ich, wusste, dass ich eine Zuflucht brauchte, und er konnte sie mir nicht verweigern. Er musste sich an die Regeln halten. Dann sah ich hinter ihm im Zimmer den wahren Grund seines Zögerns: seinen achtzehnjährigen Sohn, der diesen Abend bei seinem Vater verbringen wollte. Für mich ein erheblicher Störfaktor. Persönlich hatte ich nichts gegen ihn, aber wenn ich meinen Auftrag ausführen wollte, musste ich auch ihn umbringen. Schicksal. Außerdem dachte ich mir, dass der Tod des Jungen uns nützen konnte, weil er das wahre Mordmotiv verschleierte.

»Komm doch rein, Enzo.«

Salvino drängte mich herein, weil er befürchtete, irgendein Bulle könnte ihn vor seinem Haus sehen. Da er überwacht wurde und die Gefahr unerfreulicher Besuche bestand, sah ich mich, kaum dass ich eingetreten war, nach einem möglichen Fluchtweg um – ein Reflex nach monatelanger Verfolgung. Aus dem Vorzimmer konnte ich unmöglich fliehen, aber im Hinterzimmer gab es ein Fenster zum Hof. Dieser war etwa zehn Meter breit und von einer Mauer begrenzt, die mich mit meinen 1,75 Metern überragte. Hinter der Mauer waren Bäume und noch weiter dahinter unbebautes Land. Ich bat Salvino, zur Sicherheit das Fenster zu öffnen, eine Bitte, der er gerne nachkam. Auf Ärger war er noch weniger erpicht als ich. Dann setzten wir uns und tranken etwas.

Währenddessen musterte ich sein Haus ganz genau. Vom Sessel aus betrachtete ich die Türen zu den verschiedenen Zimmern, die Küche, den Weg, den ich in der Nacht gehen musste. Meinem Kumpan sagte ich, ich würde nur für eine Nacht bleiben, ich hatte auch keinerlei Gepäck bei mir. Was ich brauchte, konnte Minicheddu mir bringen. Ich trug Jeans und ein weißes Baumwollshirt und hatte eine schwarze Lederjacke dabei, die ich der Hitze wegen aber nicht anziehen wollte. Wir unterhielten uns friedlich, als plötzlich eine Streife auftauchte.

Die Bullen klopften an die Tür. Auf Salvinos Gesicht malte sich Angst ab, Angst, wieder in den Bau zu müssen, weil er einem Flüchtigen Unterschlupf gewährt hatte, und Angst, dass sein Sohn Ärger bekommen könnte. Im Stillen verfluchte er mich wohl, schließlich war ihm nicht klar, dass diese Streife ihm das Leben rettete. Um meine Anwesenheit nicht zu verraten, flüsterte ich ihm zu, er solle sich Zeit lassen, und floh aus dem offenen Fenster. Dann rannte ich zur Mauer. Aber einer der beiden Carabinieri war wohl ein ganz Schlauer. Irgendwie hatte er gemerkt, dass etwas nicht stimmte. Von der Haustür aus konnte man mich im Hof nicht sehen, doch vielleicht hatte er meine Schritte gehört, ich weiß es nicht. Jedenfalls kam er ums Haus herum und sah jemanden in Jeans und weißem Shirt durch die Dunkelheit rennen. In der linken Hand hielt ich die Jacke, die er allerdings nicht wahrnehmen konnte. Er sah nur meine rechte Seite, und ich war ein bewegliches, schwer zu treffendes Ziel. Allerdings war das Weiß meines T-Shirts in der Dunkelheit klar zu erkennen.

»Stehen bleiben!«, schrie er und kam auf mich zu.

Doch noch während er das schrie, kletterte ich schon auf die Mauer. Er war ziemlich überdreht, ich hörte die Anspannung und Nervosität in seiner Stimme. Und er hatte seine Pistole gezogen.

»Stehen bleiben!«, rief er noch mal. Dann schoss er. Vielleicht hielt er mich für Salvatore Giuliano, den berüchtigten Banditen.

Peng. Peng.

Zwei Schüsse. Der erste ging in die Luft. Der zweite pfiff mir über den Kopf, während ich auf die Mauer kletterte. Ich stemmte mich hoch und legte mich flach auf den Bauch. Mit meiner freien Hand zog ich die Pistole aus dem Gürtel. Er konnte immer noch auf mich zielen, und ich wollte mich verteidigen. Der Carabiniere blieb wie angewurzelt mitten auf dem Hof stehen, der Idiot. Nachdem er auf mich geschossen hatte, rührte er sich nicht mehr und bot mir in zehn Metern Distanz ein gutes Ziel. Dann rief er seinem Kollegen zu: »Ruf Verstärkung, los, Verstärkung!«. Das rettete ihm das Leben.

Ich hielt es für besser, möglichst schnell zu verschwinden, da ich keine Lust hatte, gleich zehn Streifen auf den Fersen zu haben. Also ließ ich mich aus knapp zwei Metern Höhe auf die andere Seite der Mauer fallen. Ich landete auf einem leicht abschüssigen Hang auf Fels und Geröll und verstauchte mir dabei den rechten Fußknöchel. Ein höllischer Schmerz raubte mir für einen Augenblick den Atem. Jenseits der Mauer hörte ich die Carabinieri hektisch hin und her rennen, und einer sagte: »Die anderen kommen. Los, ihm nach.«

Ich wusste nicht, wie viele es waren, für meinen Geschmack jedenfalls zu viele. Adrenalin durchströmte mich und gab mir die Kraft zur Flucht. Ich ignorierte die Schmerzen und rannte zu den Bäumen. Dort sah man die Hand vor Augen nicht, denn es war mittlerweile stockdunkel geworden. Ich rannte, so schnell es mein schmerzender Knöchel zuließ. Nach etwa zwanzig Metern jedoch bekam ich einen furchtbaren Schlag ins Gesicht und sackte, wie vom Hammer getroffen, blutüberströmt zu Boden. Während ich durch die Dunkelheit gerannt war, hatte ich nicht gesehen, dass da noch eine zweite, ebenso hohe Mauer stand, und war mit voller Geschwindigkeit dagegengeprallt. Mir lief das Blut von Stirn und Nase über

Augen und Mund. Ich bekam kaum Luft, mein Bein war taub, Ellbogen und Knie waren zerschrammt, doch die Angst vor den Carabinieri verlieh mir Kraft. Ich dachte mir, dass sie nicht lange brauchen würden, um herauszufinden, wer ich war. Zwar würden weder Salvino noch mein Bruder reden. Aber sobald Minicheddu identifiziert war, musste man kein Genie sein, um zu erraten, wer der Flüchtling war. Ich, der gefährliche Gesuchte. Also war es besser, sich wieder aufzurappeln und weiterzurennen.

Ich stürzte mich ins Wäldchen und lief Richtung offenes Land. Aber ich kannte mich in der Gegend nicht aus, und es war dunkel. Bereits nach zehn Minuten hatte ich die Orientierung verloren. Es gab weder Lichter noch andere Bezugspunkte. Nur meinem Instinkt folgend, schlug ich mich durch die Baumschule, wahrscheinlich im Zickzack. Da ich davon ausging, dass die Carabinieri einen Mann mit Jeans und weißem T-Shirt suchten, warf ich mir die schwarze Jacke über. So war ich in der Dunkelheit auch schwerer zu erkennen. Sicher hatten sie weitere Verstärkung angefordert. Streifenpolizisten und Kommissare aus meinem Heimatort und der näheren Umgebung, Carabinieri und andere Ordnungshüter. Bullen aller Art. Genug, um die ganze Gegend abzuriegeln. Und ich wusste noch nicht mal, wo ich eigentlich war.

Plötzlich hörte ich hinter mir Gebell. Scheiße, Hunde! Dem Bellen nach zu urteilen, mindestens drei. Verdammt, Hunden zu entkommen war nicht leicht. Dann fiel mir noch etwas ein. Zuvor auf der Mauer hatte ich glücklicherweise nicht auf den Carabiniere geschossen, so dass er die Beretta 7,65 in meiner Hand nicht hatte sehen können. Doch wenn die Bullen meinen Namen herausbekämen, würden sie zwangsläufig davon ausgehen, dass ich eine

Waffe dabeihatte, und einen bewaffneten Menschen auf der Flucht durfte man auch erschießen. Es gab Bullen, und mindestens einem von dieser Sorte war ich schon begegnet, die schossen zuerst und fragten dann nach dem Namen. Weil sie wussten, dass ich stets bewaffnet war, fühlten sie sich berechtigt, direkt auf mich zu zielen. Oder sie hatten einfach Angst und wollten mich deshalb abknallen.

Da ich jedoch immer noch rennen musste, konnte ich mich nur dem nächstliegenden Problem widmen. Zuerst einmal galt es, den Hunden zu entkommen. Ich lief im Zickzack um die Bäume, in der Hoffnung, dass die Verfolger langsamer wurden. Denn jeder Hund zog einen Beamten hinter sich her, und wenn der vor ein Hindernis kam, blieb er stehen, umrundete es und verlor damit Zeit. Irgendwann jedoch stand ich vor einem vier, fünf Meter hohen Drahtzaun, der die Baumschule umgab. Wo er endete, konnte ich nicht sehen, möglicherweise erst nach Kilometern. Doch meine Angst war stärker als alle Schmerzen. Ich kletterte schnell hinauf und auf der anderen Seite wieder hinunter. Die Hunde jedenfalls konnten ihn nicht überwinden, so dass die Beamten erst mal einen Riesenumweg machen mussten. Ich wollte mich schon zu meinem Trick beglückwünschen, als es plötzlich um mich herum taghell wurde. Das lag an den Leuchtraketen, die in die Luft geschossen wurden und fünfhundert Meter vor mir zur Erde sanken. *Jetzt bin ich im Arsch*, dachte ich. Ich lief noch ein Stück vor, doch immer wenn die Raketen niedergingen, hielt ich inne und versteckte mich. Dadurch wurde ich langsamer und langsamer, bis schließlich Stimmen und Gebell immer näher kamen. Ich schlug mich in ein weiteres Wäldchen. Dort half mir das Licht aus den

Leuchtraketen zwar weiterzulaufen, aber die Orientierung hatte ich vollkommen verloren.

Zwischen den Bäumen konnte ich mich zwar gut verstecken, allerdings wusste ich nicht, in welche Richtung ich überhaupt lief. Langsam ging mir die Puste aus, außerdem brannte mir die Kehle, denn ich hatte schrecklichen Durst. Während mir die Kräfte schwanden, kamen die Hunde immer näher. Ohne es zu merken, rannte ich um ein Gebiet, das ich zuvor schon einmal durchquert hatte, und stand plötzlich wieder vor dem Zaun, den ich überklettert hatte, um meine Verfolger abzuhängen. Ich Idiot war im Kreis gelaufen! Erneut tauchte ich im Wäldchen unter und stieß nach einer Viertelstunde zufällig auf einen Wasserlauf. Ob es ein Bach oder nur ein Abwasserkanal war, wusste ich nicht, aber ich konnte es mir nicht erlauben, zimperlich zu sein. Ich trank ein wenig, worauf es mir sofort etwas besserging. Unter den gegebenen Umständen war Wasser wie ein Essen mit mehreren Gängen für mich, inklusive Eis zum Dessert. Nachdem ich meinen Durst gelöscht hatte, kehrte auch mein Mut zurück, und ich dachte, wenn ich es nur schlau genug anstellte, würde ich es schaffen, ihnen zu entkommen. Doch zuerst musste ich die Hunde loswerden. Also trat ich in den Wasserlauf und ging gute zehn Minuten durchs Wasser weiter. Sollten sie nur versuchen, meine Spuren zu wittern, falls sie es überhaupt bis hierher schafften, diese Bullenköter.

Als ich das Bächlein verließ, hatte ich wieder offenes Land vor mir. Die Hunde hörte ich nicht mehr. Die Lichter vor mir leuchteten immer noch taghell. Ich rannte weiter und hatte das Gefühl, meinen Verfolgern direkt in die Arme zu laufen. Irgendwo vor mir warteten sie und hofften, dass ich ihnen in die Hände fiel. Also überlegte ich, ob ich umkehren sollte, die Hunde hatten vielleicht meine Spur verloren, wer weiß, wo sie sein mochten. Vor mir und zu beiden Seiten entzündeten sich Leuchtraketen, aber hinter mir nicht. Die Bullen gingen also nicht davon aus, dass ich umkehren würde. Daher schlug ich mich zum Ausgangspunkt meiner Flucht zurück, zu Salvinos Haus. In einem Wäldchen stieß ich auf einen Weg, der an einen Weinberg grenzte. Im Schutz der Pflanzen bewegte ich mich fünfzehn Meter vom Waldsaum entfernt voran und konnte so das Gebiet überblicken. Zwei Kilometer vor dem Haus entdeckte ich eine Streife mit fünf Beamten, die langsam vorwärtsschritten, ohne zu ahnen, dass ich mich in unmittelbarer Nähe befand. Ich hörte ihre Stimmen, konnte aber nicht verstehen, was sie sagten. Ich hielt mich zwischen den Bäumen versteckt, und sie merkten nichts, während sie weiter zum Meer vorrückten, in entgegengesetzter Richtung zu mir. Um zu entkommen, musste ich es nur bis zu Salvinos Haus schaffen und dies dann großräumig umgehen, für den Fall, dass dort noch eine Streife wartete.

Mittlerweile kam ich nur noch langsam voran, denn zum Rennen hatte ich keine Kraft mehr. Ich durchquerte ein Gelände mit Sträuchern, die mich nicht so gut schützten wie die Bäume. Als ich schon meinte, es geschafft zu haben, tauchten plötzlich fünf, sechs Personen aus dem Nichts auf, die sich in die gleiche Richtung bewegten wie ich. Drei Stunden Flucht hatten nichts gebracht. Ich war ihnen doch in die Hände gefallen, ganz wie sie beabsichtigt hatten.

Der Instinkt gebot mir, umzudrehen und wieder loszurennen, aber meine Beine wollten einfach nicht gehorchen. Erst nach drei weiteren Schritten ging mir auf, dass die anderen mich gar nicht beachteten. In der Dunkelheit konnten sie mein Gesicht nicht erkennen. Ich erinnerte mich daran, dass sie einen Mann mit einem weißen T-Shirt suchten und ich die schwarze Jacke trug. Zwei von ihnen schienen in Uniform zu sein. Zwar sah ich den Stoff nicht genau, aber der Schnitt ihrer Jacken sprach dafür. Vielleicht konnte ich, so dunkel gekleidet, als einer von ihnen durchgehen. Nur dem Mut der Verzweiflung ist es zuzuschreiben, dass ich bis auf wenige Meter an sie herantrat, dann anhielt und schrie, als sähe ich etwas in der Dunkelheit: »Halt, bleibt da stehen, ich gehe allein vor!« Als sie abrupt innehielten, schlug ich mich ins Gebüsch. Fünf Sekunden später war ich verschwunden.

Sie kümmerten sich nicht weiter um mich, da sie davon ausgingen, ich wäre einer von ihnen. Als ich kurz vor Salvinos Haus anlangte, umrundete ich es in einem weiten Bogen, bis ich auf die Autobahn stieß. Ich überquerte sie und entkam so der Polizeisperre.

Die Erleichterung darüber machte mir gleichzeitig wieder meine Schmerzen und die Erschöpfung bewusst. Meine Beine waren steif vor Anstrengung, ich humpelte wegen des verstauchten Knöchels, mein Gesicht war blutverschmiert, und ich war am ganzen Körper schmutzig, zerkratzt, lädiert. Ich brauchte einen Unterschlupf, um wieder zu Kräften zu kommen. Zu meiner *famiglia* konnte ich nicht. Bei meinen Eltern, Geschwistern und Verwandten würden die Carabinieri mich zuerst suchen. Dann fiel mir ein entfernter Verwandter ein, ein Arbeiter und Familienvater, ein rechtschaffener, über jeden Verdacht erhabener Mann. Er betrachtete mich als Cousin zweiten oder dritten Grades, und von all meinen Bekannten konnte nur er mir helfen. Ich wusste, dass er um sechs Uhr morgens zur Arbeit ging, und hoffte ihn anzutreffen, bevor er die Wohnung verließ. Also schlug ich die Richtung zu seinem Haus ein, brauchte aber fast zwei Stunden, bis ich es erreicht hatte. Mit dem Wagen hätte man von Salvinos Baumschule bis dorthin nur zehn Minuten gebraucht. Doch zu Fuß, bei meiner körperlichen Verfassung, dauerte es erheblich länger. Als ich dort ankam, war es etwa fünf Uhr morgens. Meine Flucht hatte kurz nach elf Uhr nachts begonnen. Ich war am Ende.

Kaum hatte ich geläutet, erschien der Hausherr, bereits vollständig angezogen, an einem Fenster im ersten Stock. Ich hatte ihn noch rechtzeitig erwischt. Mit möglichst leiser Stimme versuchte ich auf mich aufmerksam zu machen.

»Ciao, Russo, gehen wir zusammen zur Arbeit?«

Er konnte mich in der Dunkelheit nicht erkennen.

»Wer ist denn da?«

Er klang misstrauisch. Schließlich war ein Besuch von mir nicht alltäglich, zumal zu dieser Uhrzeit.

»Komm schon, Russo, machen wir uns auf zur Arbeit, zum *Cousin* Minicheddu.«

Kaum hatte ich den Namen meines Bruders genannt, begriff er, wer da sprach. Er wusste, dass ich mich auf der Flucht befand, dass nach mir gefahndet wurde. Also sagte er nur: »Warte kurz, ich komme runter.«

Zwei Minuten später öffnete sich die Haustür, und Russo stand vor mir. Als er mich sah, erschrak er leicht, denn ich war kein schöner Anblick, so zerschunden und blutüberströmt.

»Was soll ich für dich tun?«, fragte er. Ich merkte, wie aufgewühlt er war.

»Lass mich rein, ich weiß nicht, wohin.«

Ich versuchte es nicht wie eine Drohung klingen zu lassen, doch sah ich alles andere als harmlos aus. Außerdem galt ich als gefährlich, und er kannte meinen Ruf. Er stützte meinen Arm und half mir durch die schmale Tür. Dann holte er einen Stuhl heran, auf dem ich mich langsam und vorsichtig niederließ. Die Beine wollten mich nicht mehr tragen. Als Erstes bat ich ihn um Wasser. Ich war so durstig, als hätte ich seit Tagen nichts mehr getrunken. Ich setzte mir die Flasche an den Mund und trank sie in einem einzigen Zug halb leer. Dann beschrieb ich ihm in knappen Worten meine Lage. Dass mir tausend Bullen auf den Fersen seien und ich einen Unterschlupf bräuchte. Mit jeder Minute, die ich dort auf meinem Stuhl saß, kam es mir unmöglich vor aufzustehen. Ich hatte das Gefühl, irgendetwas in meinem Inneren sei zerstört, denn mir fiel sogar das Atmen schwer.

Russo weckte seine Frau, dann kümmerten sie sich gemeinsam um meine oberflächlichen Verletzungen. Als ich die Jacke auszog, entdeckte ich zwei Löcher dort, wo die Kugel ein- und wieder ausgetreten war. Der Schuss des Carabiniere hatte mich wirklich nur äußerst knapp verfehlt. Er hatte die Jacke getroffen, die ich in der linken Hand gehalten hatte, während ich über die Mauer geklettert war.

Als Versteck wählten wir das Nebenhaus. Russos achtzigjährige *Mamma* lebte dort, die bereits jenseits von Gut und Böse war. Es war eine furchtbare Qual, die zwei Treppen von Russos Wohnzimmer bis zum Schlafzimmer in der Wohnung seiner Mutter zu überwinden. Dort saß ich dann sieben Tage fest. Vor lauter Erschöpfung konnte ich mich kaum bewegen, und mir tat alles weh. Aber zumindest wusste niemand, wo ich war, weder die Bullen noch die *famiglia*, daher war ich ziemlich ruhig. Auch mein unfreiwilliger Komplize hatte nicht das geringste Interesse daran zu verraten, dass er einen Polizeiflüchtigen beherbergte.

Am achten Tag verließ ich schließlich das Bett. Nach dem Essen rief ich meinen *capo* an, den Bürgermeister, und verabredete mich mit ihm für eine Viertelstunde später in seiner Villa. Wenn ich schon eine Verabredung treffen musste, dann besser so kurzfristig wie möglich. Russos Sohn brachte mich mit dem Moped hin und setzte mich in einer Seitenstraße ab. Je weniger er von den Verbindungen zwischen mir und anderen *uomini d'onore* wusste, desto besser für ihn. Ich betrat die Villa über die Außentreppe, die direkt zum Wohnzimmer im zweiten Stock führte.

Das Haus war sehr schön – vornehm und elegant mit Teppichen, Sofas und Bildern an den Wänden. Mein *capo*, ein Kommunalrat der Democrazia Cristiana, war auch schon Stadtrat und Bürgermeister des Orts gewesen, daher nannte ich ihn immer noch Bürgermeister. Die anderen *soldati* hatten ihn dagegen Professor getauft, da er studiert und seinen Doktor gemacht hatte. Er war ein kultivierter Mann, schlau und gewitzt. Außerdem hatte er Mumm. Er war der *consigliere* der *famiglia*, ein wichtiger Funktionär. Ich unterstand ihm direkt, ohne Mittelsmänner, sogenannte *capidecina*, die mir Befehle erteilten. Zusammen mit Vanni und Aspanu, meinen beiden Partnern beim Drogenhandel, gehörte ich zur Leibgarde des Bürgermeisters und nahm meine Anweisungen nur von ihm entgegen. Wenn der Professor von unseren kleinen Geschäften erfahren hätte, wären wir so gut wie tot gewesen, doch glücklicherweise wusste er von nichts. Er empfing mich lächelnd und zeigte sich erfreut, mich zu sehen. Bei ihm war der *capofamiglia* höchstpersönlich, *zu' Cicciu*. Welche Ehre. Kaum hatte ich das Wohnzimmer betreten, da stimmten sie schon Lobreden auf mich an. Salvino, den ich umbringen wollte, hatte ihnen bereits von meinem Entkommen berichtet. Mittlerweile war bekannt, dass bei der Jagd auf mich zweihundert Polizeibeamte teilgenommen hatten, die sich immer noch nicht erklären konnten, wie ich ihre Absperrung durchbrochen hatte.

»Das hast du einfach großartig gemacht, Enzuccio«, gratulierte mir der Bürgermeister. Außer meiner Mutter nannte nur er mich so, als Zeichen seiner Zuneigung. Das hatte er von Anfang an so gemacht. Jetzt sagte er, ich sei wendig gewesen und hätte ruhig Blut bewahrt, vor allem weil ich nicht auf den *brigadiere* geschossen hätte, denn das hätte für Riesenprobleme gesorgt. Ich erzählte ihnen von meiner Flucht über Land, wobei ich einige Details etwas schönte. Der *capo* stand neben dem Bürgermeister und hörte mir lächelnd zu. Ich hatte den Eindruck, er wolle mich ermutigen weiterzusprechen. Als ich erklärte, dass ich entkommen war, weil ich mich als Bulle ausgegeben und gerufen hatte: »Halt, bleibt da stehen, ich gehe allein vor!«, brachen sie in lautes Gelächter aus.

»Was für Hornochsen! Bravo, Enzuccio«, bemerkten sie.

Meine Geschichte war zwar interessant, doch kam mir ihr Lob etwas übertrieben vor. Der Grund dafür wurde klar, als ich meine Erzählung beendete. Da nämlich sah mich der *capofamiglia* ernst an und verkündete: »Du bist wirklich mit allen Wassern gewaschen. Wieder einmal hast du deine Kaltblütigkeit bewiesen. Wir wissen ja bereits seit langem, aus welchem Holz du geschnitzt bist. Daher haben wir dich ausgewählt, um Richter Borsellino zu eliminieren. Wir haben bei der Kommission in Palermo deinen

Namen eingebracht und warten jetzt auf Weisung. Es handelt sich um eine schwierige Mission, die so schnell wie möglich auszuführen ist. Dieser *Borsalino* macht uns zu viele Probleme, weil er etliche von unseren Leuten in den Knast gebracht hat. Er muss ins Gras beißen, dieser Bullenbüttel. Du bist unser bester Schütze. Zwar warst du nie beim Exekutionskommando, weil uns nicht daran lag, dich an vorderster Front kämpfen zu lassen, dennoch vertrauen wir dir wichtige Aufträge an. Du bist mutig und kaltblütig. Du bekommst ein Präzisionsgewehr mit Zielfernrohr. Wie und von wem, das wird man noch sehen. Dann brauchst du nur zum richtigen Zeitpunkt am richtigen Ort zu sein und ihm eine Kugel durch den Kopf zu jagen.«

Heilige Scheiße, was für ein Auftrag! Mir blieb die Luft weg. Um Borsellino – Borsalino, wie sie ihn nannten – machte ich mir keine Gedanken. Er war nur ein Bulle, der Leute in den Knast brachte, genauer gesagt: der König der Bullen. Je eher er abkratzte, desto besser. Dann ging mir auf, welche Ehre dieser Auftrag bedeutete, welch große Verantwortung ich damit übernahm. Allerdings: Wenn man einen Richter umbringt, sollte man danach besser aus Sizilien verschwinden, und zwar für länger, und ich hatte doch noch Geschäfte hier. Natürlich gab ich mich geehrt, dass die Wahl auf mich gefallen war.

»Kein Problem«, sagte ich. »Wenn es jemanden umzulegen gilt, erledige ich das. Gebt mir nur die Waffe, mit Zielfernrohr erwische ich ihn ganz sicher.«

Das war nicht übertrieben. Wenn wir *uomini d'onore* zum Zielschießen fuhren, war ich am Gewehr der Beste. Nicht ein Schuss ging bei mir daneben, und das bei Gewehren mit ganz normalem Visier. Wenn ich eins mit geeichtem Zielfernrohr bekam, traf ich ein Ziel aus hundert

Meter Entfernung. Ich hatte eine ruhigere Hand als die anderen und zielte präziser.

Der Bürgermeister war sehr zufrieden. Seine Untergebenen sollten immer die Besten sein. Vielleicht bemerkte er eine gewisse Unschlüssigkeit an mir, ein Zögern, Zweifel, die mich überkamen, obwohl ich mich bemühte, es zu verbergen, denn er versuchte, mich zu beruhigen. Er war schlau, und er war gefährlich.

»Ganz ruhig, Enzuccio. Wir haben an alles gedacht«, versicherte er mir. »Wer ihm folgt, wer die Waffen besorgt, wer dir bei der Flucht hilft. Wenn du es erledigt hast, gehst du nach Australien, zu unseren Brüdern dort. Hier, auf diesem Zettel, stehen Namen und Adressen derjenigen, die dir dort helfen werden. Ich empfehle dir dringend, dies verschlüsselt abzuschreiben und dann zu verbrennen.«

Während er sprach, kritzelte er etwas mit roter Tinte auf einen kleinen Zettel. Dann reichte er ihn mir mit aufmunterndem Lächeln und leicht übertriebener Geste. Die Vorstellung, nach Australien zu gehen, gefiel mir überhaupt nicht, aber das konnte ich nicht sagen. Wäre ich nicht auch irgendwo in Italien oder sonstwo in Europa sicher gewesen? Es gab so viele Orte, an denen ich untertauchen konnte, ohne gleich um die halbe Welt zu reisen. Der Bürgermeister ahnte nichts von meinen Bedenken und sprach stattdessen über die Schwierigkeit der Aufgabe.

»Du musst dich auch psychisch vorbereiten, Enzuccio. Jede *famiglia*, die interessiert ist, hat den Namen eines geeigneten Schützen genannt, und die Kommission in Palermo muss nun entscheiden. Aber ganz sicher wirst du ausgewählt, denn du hast die besten Voraussetzungen. Du wirst Borsellino töten.«

Er kam mir vor wie ein Fußballtrainer, der seine Spieler aufs Finale einschwört. Streng, aber ermutigend, ja fast segnend. Ausgerechnet mir wollte er die Aufgabe übertragen, dabei kam mir dies gar nicht zupass. Ich überlegte weiterhin fieberhaft und dachte an den Bullen, der sterben musste. Wenn ich ihn umlegte, würde mein Ansehen in der *famiglia* erheblich steigen. Höheres Ansehen bedeutete mehr Geld, denn die *capi* bekamen zehnmal so viel wie wir einfachen *soldati*. Andererseits konnte sich höheres Ansehen auch als störend und gefährlich erweisen, ja sogar den Tod bedeuten. Alllerdings war ich ja sowieso schon dabei, die *capi* reinzulegen. Wenn sie mich ebenfalls reinlegen wollten, dann blieb abzuwarten, wem es als Erstem gelang. Ich hatte den Vorteil, dass ich bis zum Zeitpunkt des Attentats nicht das Geringste riskierte. Und so sah ich den Bürgermeister und den *capofamiglia* mit dankbarer Miene an und sagte: »Ja, ich werde Borsellino töten.«

KIND

Der Auftrag brachte mich dazu, über vieles nachzudenken. Mein Kopf füllte sich ständig mit neuen Gedanken, bis kaum mehr etwas hineinpasste. Ich war ein Mann der Tat, kein Denker. Doch nun hing mein Leben plötzlich von meiner Fähigkeit zu denken ab, daher widmete ich mich ihr einen Großteil des Tages. Schweigend saß ich in dem Haus, in dem ich mich versteckt hielt, und starrte aufs Meer und die Landschaft ringsherum. Es wirkte, als sei ich wegen des nahenden Herbstes in Lethargie verfallen. Ich dachte darüber nach, wie weit ich dem Bürgermeister und *zu' Cicciu* trauen konnte, ich dachte an meine Geschäftspartner, die in der Nacht meiner Flucht in der Dunkelheit auf mich gewartet hatten, an Salvino und seinen Sohn, die noch lebten und nicht wussten, was sie den Bullen verdankten.

Salvino musste ich dennoch umlegen. Eine Verfehlung wie die seine, die direkt die Interessen seiner Freunde berührte, konnte nicht hingenommen werden. Außerdem konnte er uns verraten, und ich verdächtigte ihn, gemeinsame Sache mit Baretta zu machen und uns um das Geld und die Drogen zu betrügen.

Auch meinen beiden anderen Partnern, Vanni und Aspanu, konnte ich nicht vollständig trauen. Vannis Bruder war eliminiert worden, auch wegen Drogen, und ich glaubte, dass er sich rächen wollte. Er wusste, dass unsere *capi* seinen Bruder hatten umbringen lassen. Zwar hatte er immer den Mund gehalten und so getan, als akzeptiere er das Urteil, wie es sich für einen echten *uomo d'onore* gehört. Die Regeln der *famiglia* sind wichtiger als Blutsbande, das weiß ein *soldato* der Cosa Nostra, denn es wird ihm vom Moment seines Eintritts an immer wieder vorgebetet. Mein Freund hatte sich also gefügt und die nicht besonders stimmigen Erklärungen geschluckt. Wenn ihm sein Leben lieb war, blieb ihm auch nichts anderes übrig. Aber in seinem Innern nährte er einen brennenden Hass, den er nicht zeigen durfte. Nun musste ich entscheiden, ob sein Bestreben, es den *capi* heimzuzahlen, stärker war als seine Angst, ertappt zu werden, und ob er mich eher als wertvollen Verbündeten oder als entbehrliche Marionette betrachtete.

Aspanu hingegen war trotz seiner langen Jahre als tüchtiger Mitarbeiter der Cosa Nostra immer noch *soldato* und bekam bloß ein Zehntel dessen, was er verdient hätte. Das wusste er nur zu gut. Allerdings machte er nebenbei Geschäfte, und das Geld, das er verdiente, investierte er im Gegensatz zu mir ziemlich geschickt. Dennoch konnte er einfach nicht darüber hinwegsehen, dass er immer noch auf der untersten Stufe stand – als einfacher Soldat. Die *famiglia* gab ihm Geld und nutzte ihn als eine Art Vollstrecker. Seine Aufträge führte er immer routiniert und fehlerfrei aus: Drogentransporte, Eliminierung gefährlicher Gegner, Beseitigung wenig vertrauenswürdiger *soldati*, das alles erledigte er ohne Probleme. Als junger Mann hatte er einfach und schlicht gehorcht. Als Erwachsener jedoch fiel es ihm zunehmend schwer, Befehle entgegenzunehmen, denn er meinte, er sei den *capi* ebenbürtig, sei genauso gut und genauso wertvoll wie sie. *Er* wollte jetzt Befehle erteilen, und ich hegte die Befürchtung, dass er aus diesem Grunde auch bereit war, mich zu töten. Wenn man es genau betrachtete, so war es durchaus möglich, dass Vanni und Aspanu, die älter, viel länger bei der *famiglia* und außerdem noch miteinander befreundet waren, mich einfach als Fußsoldat nutzten, um die *capi* zu stürzen und dann zu beseitigen und mich danach in aller Ruhe abzuservieren. Oder aber, wenn es schlecht lief, mich umzubringen, um sich selbst reinzuwaschen. Die Vorteile lagen auf ihrer Seite, die Risiken auf meiner.

Außerdem musste ich mich fragen, ob die *famiglia* mich wegen einiger Vorkommnisse in der Vergangenheit auf die Abschussliste gesetzt hatte. Ich wusste aus Erfahrung, dass es in solchen Fällen keinerlei Vorwarnung gab, im Gegenteil, man zeigte sich um der Täuschung willen noch liebenswürdiger und zuvorkommender. Und gab es eine bessere Gelegenheit, mich für immer loszuwerden, als mich nach dem Attentat an Borsellino nach Australien zu schaffen? Und wenn ich tatsächlich seit Jahren zum Abschuss freigegeben war, wussten wahrscheinlich auch Aspanu und Vanni davon. In diesem Fall barg es kaum Risiken, mit mir Geschäfte zu machen. Sie konnten das Geld aus dem Drogenhandel einstreichen, mich bei Gelegenheit um die Ecke bringen und auch noch gut dastehen. Oder sie taten nur so, als unterstützten sie mich, überwachten mich aber in Wirklichkeit, um ihre Loyalität gegenüber den *capi* zu beweisen!

Salvinos Tod aber würde bei der *famiglia* wie eine Bombe einschlagen. Ein *uomo d'onore* von einem Unbekannten eliminiert, das war unverzeihlich. Wir hatten geplant, uns diesen Umstand zunutze zu machen, indem wir Erklärungen verlangten, Zwietracht säten, einen Teil des Erschießungskommandos eliminierten und die *capi* gegeneinander aufbrachten. Indem wir also *tragediaturi* veranstalteten, ganz großes Theater, genau wie die *capi* selbst. Wir wollten es ihnen mit gleicher Münze heimzahlen. Am Ende, nach der Ermordung der wichtigsten Männer, würden nur noch Aspanu und Vanni zurückbleiben und die *famiglia* übernehmen. Sie gewannen damit mehr als ich. Daher waren sie vielleicht loyal geblieben. Eigentlich kapierte ich gar nichts mehr, aber wenn ich an Borsellino und an meine Flucht nach Australien dachte, spürte ich, dass da irgendwas faul war. Um ihn umzubringen, benutzten sie mich. Aber danach? Da stank etwas ganz gewaltig.

Oft dachte ich über den Tod nach, dabei kam mir häufig meine Kindheit in den Sinn, als alles angefangen hatte. Ich sah wieder Castelvetrano vor mir, meinen Heimatort mit den alten Gassen. Ich erinnerte mich an die Zeit, als die Cosa Nostra alles regierte, ohne dass ich es merkte. Denn ich war ein Kind und wusste nichts von *uomini d'onore*, der Gemeinschaft der *Ehrenmänner*. Das Dorf hatte immer eine *famiglia* gehabt, und sie war lange vor meiner Geburt aktiv gewesen. Sie hatte ihren Anteil an Salvatore Giulianos Tod – der eine Art sizilianischer Robin Hood gewesen war. Sie hatte ihn sogar in Castelvetrano in die Falle gelockt, und sein Statthalter, Gaspare Pisciotta, hatte ihn umgelegt. Das alles war vor langer Zeit passiert und wurde innerhalb der *famiglia* überliefert. Die Cosa Nostra hat ihre stärksten Wurzeln in der Provinz Trapani, und in meinem Dorf gab es eben diese ziemlich wichtige *famiglia*.

Meine Eltern hatten nichts mit der Mafia zu tun. Sie waren arm, wie die meisten Sizilianer in den fünfziger Jahren. Ich wurde 1956 als jüngstes von acht Kindern geboren, vier Jungen und vier Mädchen. Zwischen mir und dem Ältesten, Minicheddu, sind elf Jahre Altersunterschied.

Mein Vater war Bauer, und wir hatten nie Geld. Als Kind bestand mein Hauptproblem darin, etwas anderes zu essen zu bekommen als nur Brot und Gemüsesuppe. Mehr blieb für mich nie übrig, obwohl man mich ansonsten wie einen Erwachsenen behandelte. Ich hatte die Pflichten eines Mannes und die Rechte und Fähigkeiten eines Kindes. Kurz gesagt: Ich sollte nur gehorchen, und das passte mir nicht besonders. Ich wurde schon ziemlich früh rebellisch. Mit fünf, sechs Jahren konnte ich Befehle und Übergriffe nur noch schwer ertragen. Mir war bereits klar, dass Ratschläge und Anweisungen nur der Bequemlichkeit derjenigen dienten, die sie gaben. Allerdings brachte es mir eine Menge Schläge ein, wenn ich mich weigerte, meinem Vater und meinen Brüdern zu gehorchen. Nur meine *Mamma*, die ich abgöttisch liebte, verteidigte mich. Ich spürte, wie sehr sie mich mochte, wie nah sie mir stand, und respektierte sie wie sonst niemanden. Für sie war ich Enzuccio, für die anderen nur Enzo, Vincenzo oder Vicenzo oder, je nach Sachlage, ein Laufbursche, ein Problem, eine Nervensäge, eine Last. Ich wusste, dass ich mir gegenüber meinem Vater und meinen Brüdern jeden Meter Terrain mühsam erkämpfen musste, und lernte schon sehr früh, dass ich, wenn ich etwas haben wollte, es mir nehmen musste.

Keiner von uns wurde *uomo d'onore*, dennoch wurde in unserer Familie und im ganzen Dorf das Gesetz des Schweigens, die *omertà*, gewahrt und die Autorität des Staats missachtet. Mangelnde Bildung, Angst und Armut bewirkten in meiner Familie, dass wir zurückgezogen lebten, Stillschweigen bewahrten und uns vor anderen schämten. So zum Beispiel, als ich mit neun Jahren die Bullen in unser Haus lockte.

Eines Frühlingsabends spielte ich mit Freunden auf der Straße. Es war bereits dunkel. Etwa hundert Meter von unserem Haus entfernt errichteten die Carabinieri eine Straßensperre. Hin und wieder hielten sie jemanden an und wollten die Papiere sehen. Ich war gerade auf dem Nachhauseweg, als ich von weitem Minicheddu auf seinem Moped heranfahren sah. Er war damals zwanzig. Er fuhr ziemlich schnell, und sein Moped hatte keine Plakette, dafür aber einen frisierten Vergaser. Als die Streife die Kelle hob, drosselte Minicheddu das Tempo und tat so, als wollte er anhalten. Er sah sich die Carabinieri an, vergewisserte sich, dass er keinen von ihnen kannte, legte sich mit der Brust auf den Tank, schlang die Füße um das hintere Nummernschild, um es unkenntlich zu machen, gab Gas und brauste blitzschnell davon. Die Bullen konnten nicht rechtzeitig in ihren Wagen springen, so rasch war mein Bruder verschwunden. Ich stand da und sah die ganze Szene mit an. Ich war stolz auf meinen Bruder, weil er die Streife ausgetrickst hatte. Mir kam das Ganze vor wie ein Spiel, bei dem der Schlauere gewinnt. Also ging ich lächelnd zur Streife.

»Ziemlich toll mein Bruder, was?«

Die Carabinieri sahen mich an wie den Weihnachtsmann, der Geschenke bringt. Sie witterten die Gelegenheit, sich zu rächen und den, der sie gerade überlistet hatte, doch noch zu schnappen.

»Wieso, war das wirklich dein Bruder?«

»Aber ja doch, mein Bruder«, bekräftigte ich zufrieden. Ich erwartete eine Belohnung, das war das Mindeste.

»Und wo wohnt dein Bruder?«, fragte der Ältere mich freundlich.

»Wo er wohnt? Kommt mit, ich bringe euch zu uns nach Hause.«

Ich wollte ihnen zeigen, wo der Held wohnte, also begleitete ich sie bis ins Haus, wo Minicheddu schon eingetroffen war. Er bekam eine Geldstrafe für die fehlende Plakette, für zu schnelles Fahren und was weiß ich nicht alles. Noch während sie miteinander diskutierten, merkte ich, dass das Ganze eine böse Wendung nahm, doch wie böse, war mir in dem Moment noch nicht klar. Kaum waren die Bullen wieder weg, stürzten mein Vater, Minicheddu und sogar meine anderen Brüder auf mich und verabreichten mir eine Tracht Prügel. Noch heute, dreißig Jahre danach, erinnere ich mich an die Ohrfeigen, den Schmerz, ihre Raserei und die Demütigung. Ja, die Demütigung, denn sie gaben sich nicht damit zufrieden, mich zu schlagen, sie wollten mich auch bloßstellen.

»Du hast die Polizei in unser Haus gebracht. Du bist eine Schande für unsere Familie. Ein Verräter.«

Verräter, das war auf Sizilien eine tödliche Beleidigung. Wenn bei unseren Kinderspielen einer das Geheimnis der Gruppe ausplauderte, hieß es sofort: Verräter, Verräter, Verräter. Das war nicht scherzhaft oder neckend gemeint, sondern böse, es wog schwer und wurde den ganzen Tag und auch die nachfolgenden Tage ständig wiederholt. Verräter, Verräter, Verräter. Es war eine unauslöschliche Brandmarkung, die man niemals auf sich ziehen durfte. Und jetzt warfen meine Brüder und mein Vater mir diese Beleidigung unaufhörlich an den Kopf und schärften mir damit ein, dass ich niemals so etwas tun durfte. Nach dieser Lektion hasste ich die Carabinieri und die ganze Polizei. Von da ab machte ich einen weiten Bogen um sie, wenn ich sie in der Nähe unseres Hauses sah. Die Meinen kannten nicht die *omertà* der Cosa Nostra, sie hatten einfach nur die gleiche Mentalität wie die meisten Sizilianer, es war etwas, was sich übertrug, und ich übernahm es mühelos.

Ebenso lernte ich, viele missliebige Verbote zu umgehen. Ich musste nur gut, häufig und ohne mich zu verraten, lügen. Dann konnte ich das tun, was ich wollte, und nicht das, was andere mir sagten. Ich war nicht böse, nur eigenwillig. Für den Geschmack meiner Familie zu eigenwillig. Ich log, ich stahl, ich schwänzte die Schule wie alle anderen auch, nur eben öfter, fast gewohnheitsmäßig. Als ich zehn war, hatte mein Vater es satt, sich ständig Klagen über mich anzuhören, und beschloss, mich in die Klosterschule zu geben. Die lag in den Bergen im Landesinneren, in Partanna. Ich wollte gar nicht mehr zur Schule, den Morgen verbrachte ich meist damit, mir in verschiedenen Lebensmittelläden etwas zu essen zu besorgen. Natürlich waren mir Süßigkeiten am liebsten. Außerdem war ich ständig in Streitereien und Prügeleien verstrickt und erschien jeden Tag mit Blessuren zu Hause. Ich wurde also in die Klosterschule gebracht, um zu lernen, wie man spurt, doch bei den Schwestern fügte ich mich auch nicht besser ein. Ihre Regeln gefielen mir nicht, sie unterschieden sich gewaltig von meinen eigenen. Daher dachte ich ständig ans Weglaufen, und tatsächlich gelang mir auch zweimal die Flucht.

Das erste Mal 1967, in der Nacht von Allerheiligen. Tagsüber waren die Nonnen auf den Friedhof gegangen, um für die Toten zu beten. Dazu nahmen sie immer zwei Kinder mit, und dieses Mal hatten sie mich und meinen Freund Stefanuzzu ausgewählt. Der war klein und mager. Als er größer war, nahm es ein schlimmes Ende mit ihm. Mit achtzehn wurde er von seiner *Mamma* und seiner Schwester vergiftet, aber die kamen dafür ins Zuchthaus.

Auf dem Friedhof gingen die Leute an uns vorbei und gaben uns Almosen. Es waren viele Gläubige da, und so wanderte eine Menge Kleingeld in den großen, schwarzen Geldbeutel der Nonnen. Ein paar Frauen steckten auch mir und Stefanuzzu etwas zu, weil sie uns für Waisen hielten. Das war den Schwestern nur recht. Wir beteten fast den ganzen Tag und strichen ein hübsches Sümmchen ein. Der Beutel der Nonnen war prall gefüllt, und auch meine und Stefanuzzus Hosentaschen waren voller klingender Münzen. Gegen Abend kehrten wir reich und zufrieden in die Schule zurück. Dann schmiedete ich mit Stefanuzzu Pläne für den folgenden Tag. Die Schulräume befanden sich ein paar hundert Meter vom Kloster entfernt. Auf dem Weg dorthin wollten wir irgendwas kaufen, Schokolade oder Bonbons, und damit zu den absoluten Anführern werden, da wir etwas an die anderen zu verteilen hatten, je nach Freundschaftsgrad.

Unser Glück wurde von den Schwestern zunichtegemacht. Sie sahen uns drohend an und befahlen uns, unser Geld abzugeben.

»Los, raus damit«, sagten sie schroff.

Ich protestierte; nach einem ganzen Tag Beten auf dem Friedhof glaubte ich es verdient zu haben.

»Warum, das gehört doch uns.«

»Nein, nein, das gehört der Schule, nicht euch.«

Da ich das Geld nicht herausrücken wollte, gaben sie mir Ohrfeigen, bis ich schließlich kapitulierte und es ihnen aushändigte. Es war eine ganze Menge Münzen, Fünfer, Zehner und Fünfziger. Auch ein paar Hunderter hatte ich bekommen. Zum Trost gab eine der Nonnen mir und Stefanuzzu zwanzig Lire. Der Lohn für einen ganzen Tag Beten auf dem Friedhof.

»Da, das ist für euch. Der Rest kommt in den Klingelbeutel.«

Als sie gingen, war ich böse. Ich fühlte mich verraten und verkauft. Ich war fuchsteufelswild, geradezu außer mir. Als ich sah, wie eine der Schwestern den Beutel mit unserem Schatz in den Schrank in einem Zimmer an der Eingangshalle legte, kamen mir fast die Tränen. Ich wartete eine halbe Stunde, dann packte ich Stefanuzzu am Arm. Eine Schmach wie diese durften wir nicht hinnehmen.

»Diese verfluchten Schwestern, hast du das gesehen? Die haben uns einfach unser Geld abgeknöpft. Aber weißt du was? Jetzt holen wir uns alles und hauen ab.«

Mein Freund war so aufgebracht wie ich und musste nicht lange überredet werden. Leise, um nicht gehört zu werden, antwortete er nur: »Alles klar, bestens.«

Nach ein paar Stunden, als die Schwestern sich zurückgezogen hatten, gingen wir ins Zimmer, öffneten den Schrank mit dem Beutel, packten das Geld in unsere Taschen und verschwanden. Wir machten uns auf zum nahe gelegenen Bahnhof und kauften dort Fahrkarten. Ich weiß noch, dass meine nach Castelvetrano fünfzig Lire kostete. Dann umarmten wir uns und wünschten uns Glück. Eine Stunde später war ich bereits zu Hause, gab meiner Mutter die Beute und erzählte ihr, was passiert war. Aber natürlich wurde ich zwei Tage später wieder in die Klosterschule zurückgebracht, obwohl ich protestierte und ihnen klarzumachen versuchte, dass das gar keine gute Idee sei.

»*Mamma*, wenn du mich zurückschickst, schlagen die Nonnen mich tot, weil ich das Geld geklaut habe.«

Ich hatte Angst, denn ich kannte die Schwestern.

»Keine Angst, ich spreche mit ihnen, dann passiert dir schon nichts.«

Meine Mutter wollte nur mein Bestes, aber sie glaubte, dass die Leute taten, was sie sagten. Ich war zwar noch ein Kind, doch ich wusste genau, dass die Dinge sich anders verhielten. Jedenfalls wollte mein Vater nichts davon wissen, mich wieder zu Hause aufzunehmen, und eine andere Lösung gab es nicht. Also wurde ich wieder in die Klosterschule zurückgebracht. Als meine *Mamma* und ich dort ankamen, empfingen mich die Schwestern fast überschwänglich.

»Enzuccio, da bist du ja wieder! Sehr schön, komm herein.«

Sie waren ganz freundlich, und vor meiner Mutter umarmten sie mich sogar. Sie beruhigte mich.

»Siehst du, dass sie dir nichts tun?«

»Nein, *mamma*, sobald du weg bist, beziehe ich Prügel.«

»Aber nicht doch.«

Nach einer Weile verabschiedete sich meine Mutter. Die Nonnen warteten zur Sicherheit noch zehn Minuten und dann ging es los mit den Ohrfeigen. Ich bekam eine gesalzene Tracht Prügel. Später sah ich auch Stefanuzzu wieder. Seine Eltern hatten ihn noch am Tag unserer Flucht wieder zurückgebracht. Der Arme hatte ganz geschwollene Augen. Er hatte noch mehr abgekriegt, sie hatten ihn fast umgebracht, weil er früher zurückgekommen und ihr Zorn noch nicht verraucht war.

So verhielten sich die Menschen damals. Sie stellten Regeln auf, wie es ihnen gefiel, und wenn jemand sie nicht respektierte, dann gab's Schläge. Aber häufig hielten sich nicht mal mein Vater, meine Brüder oder die Nonnen an die Regeln, die sie selbst festgesetzt hatten. Sie änderten sie, wie es ihnen gerade in den Kram passte, und was sie vorher gesagt hatten, galt plötzlich nicht mehr. Mit Gewalt, mit Ohrfeigen und Schlägen, setzten sie ihr Recht durch, obwohl sie doch im Unrecht waren. Bei einem Kind war das leicht, aber wenn sie auf jemanden trafen, der stärker war als sie, dann verhielten sie sich ruhig. Die Schwestern hatten Stefanuzzu und mich mitgehen lassen, damit die Leute auf dem Friedhof Mitleid bekamen, sie hatten uns gezwungen, den ganzen Tag zu beten, und dann das Geld an sich genommen, das die Leute doch *uns* geschenkt hatten. Als wir da nicht mitmachen wollten, hagelte es Schläge. Und genau so lief das immer. Die Leute hatten einfach keine Ehre im Leib, und Achtung vor sich selbst hatten sie auch nicht. Sie verstanden nur die Sprache der Gewalt. Entweder man befahl, oder man gehorchte.

Ein Erdbeben befreite mich schließlich von der Klosterschule. Partanna befindet sich auf einem Berg, zu dessen Füßen das Valle del Belice liegt. Eines Abends im Januar 1968, wir schliefen schon in unserem Schlafsaal, fing mein Bett an zu wackeln. Zuerst begriff ich nicht, was das bedeutete, und gab meinem Bettnachbarn einen wütenden Fußtritt. Doch zwei Minuten später kamen die Schwestern ganz aufgeregt angelaufen, weckten alle Kinder und scheuchten sie hinaus. Der Schlafsaal lag im zweiten Stock. Sie trieben uns im Laufschritt die Treppe hinunter, während die Mauern knirschten und wankten. Nur in Schlafanzügen und mit den wenigen Decken, die wir in letzter Sekunde gerettet hatten, mussten wir hinaus in den Schnee. Fünfzig Kinder und zehn Nonnen. Beim ersten Beben waren wir noch drinnen, da brachen bereits Teile der Treppe und der Decke ein. Beim dritten, stärksten Beben jedoch standen wir schon draußen, zitternd vor Kälte und Angst, weil wir begriffen hatten, in welcher Gefahr wir uns befanden. Dann sackte die Klosterschule wie eine Sandburg in sich zusammen, es sah aus wie im Film. Aber im Stillen freute ich mich, denn jetzt durfte ich wieder nach Hause.

Sicherheitshalber floh ich jedoch noch in derselben Nacht und ging zu Fuß nach Castelvetrano. Es hatte keinen Sinn, in der Kälte zu stehen und abzuwarten. Als ich am nächsten Tag gegen Mittag ankam, empfingen mich die Klagen meiner Mutter, die mich für tot hielt. Die Nachricht von der zerstörten Klosterschule hatte in Windeseile Castelvetrano erreicht. Nach wenigen Tagen jedoch ging alles wieder seinen normalen Gang: Ich gehorchte nicht, und sie bestraften mich. Aus allen Richtungen hagelte es Befehle. Einer, der besonders gern herumkommandierte, war mein ältester Bruder Minicheddu. Er hielt sich für das Oberhaupt der Familie, außerdem hatte er einen ziemlich herrschsüchtigen Charakter. In Sizilien gilt es als selbstverständlich, dass der älteste Bruder das Kommando übernimmt, wenn der Vater nicht im Haus ist. Dann muss man ihm gehorchen. Ich allerdings hielt das nicht für zwingend notwendig. Es hing davon ab, was verlangt wurde. Wenn es unsinnig war, musste es nicht unbedingt gemacht werden.

Einmal saß mein Vater wegen irgendwelcher Streitigkeiten mit anderen Bauern für eine Weile im Gefängnis. In der Zeit kam Minicheddu von der Arbeit nach Hause und setzte sich wie ein Pascha, ein wahrer Alleinherrscher, an den Tisch. Schon sein Blick ging einem auf den Geist. Dazu gab er vollkommen unsinnige Anweisungen, um klarzustellen, wer das Sagen hatte.

Wer keine echte Autorität besitzt und von niemandem wirklich respektiert wird, muss sich ständig die Bestätigung seiner Macht holen. Das habe ich schon bei vielen gesehen.

Eines Tages kam er von der Arbeit, ließ sich mit uns am Tisch nieder und fing an, nach rechts und links Befehle zu erteilen. Bevor er sich setzte, gab er mir seine Schuhe und verlangte von mir, dass ich sie wegräumte. Das reichte mir schon. Dann fing er an zu essen, doch bereits nach zwei Minuten sagte er knapp: »Enzo, reich mir das Wasser.«

Die Flasche stand so nahe bei ihm, dass er nur den Arm hätte ausstrecken müssen, doch das war ihm nicht genehm. Er wollte lieber vom Kleinsten bedient werden. Bis jetzt hatte ich alles gemacht, unter Protest zwar und immer erst nach ein paar Ohrfeigen, aber ihm Wasser einzuschenken, das direkt vor ihm stand, war mir zu blöd. Also antwortete ich unfreundlich: »Wieso denn, schaffst du es nicht allein?«

Daraufhin verpasste er mir sofort eine saftige Ohrfeige, denn so sprach man nicht mit dem ältesten Bruder. Meiner Mutter, die immer zu mir hielt, tat das zwar leid, aber auch sie war der Meinung, dass man dem ältesten Sohn gehorchen muss, wenn der Vater nicht im Haus ist. Trotzdem wollte ich mich nicht fügen. Ich steckte den Schlag weg und sagte »Hornochse« zu ihm, was eine ziemliche Beleidigung war.

Jetzt wurde Minicheddu ernsthaft wütend.

»Was, du sagst ›Hornochse‹ zu mir?«, erwiderte er und ohrfeigte mich rechts und links. Doch je öfter er mich schlug, desto öfter sagte ich »Hornochse«. Ich bekam ziemlich viele Schläge, gab aber nicht nach.

»Hornochse, Hornochse, Hornochse, sechshundertmal sag ich's, Hornochse, Hornochse, tausendmal.«

Mit dem ständigen »Hornochse« brachte ich ihn ziemlich in Wallung. Er war zwar herrisch, dafür war ich bis aufs Blut gereizt. Am Ende geriet er wirklich in Rage, weil ich einfach nicht klein beigeben wollte.

»So, du sagst also immer noch ›Hornochse‹ zu mir?«

Außer sich vor Wut nahm er ein Seil und band es mir unter den Armen fest. Dann schleifte er mich auf den Hof, steckte mich in den Brunnen und hielt das andere Ende des Seils so fest, dass ich bis zur Mitte des Oberkörpers im Wasser versank.

»So, dann wollen wir doch mal sehen, wie lange du mich noch einen Hornochsen nennst.«

»Hornochse, aber nicht einmal, sondern hundertmal: Hornochse.«

Ich war noch viel wütender als er. Im Brunnen war es dunkel und kalt, und Minicheddu war ein echtes Arschloch. Langsam, ganz langsam ließ er mich weiter hinabsinken.

»Na los, sag noch einmal ›Hornochse‹, dann ersäufe ich dich.«

»Hornochse, Hornochse, Hornochse.«

Er ließ mich noch weiter hinabsinken, bis mir das Wasser buchstäblich bis zum Hals stand.

»Na los, immer nur weiter. Sag ›Hornochse‹. Dann bringe ich dich um, weißt du, ich lass dich ersaufen.«

»Hornochse, Hornochse.«

Ich verhaspelte mich, weil mir das Wasser jetzt bis zum Kinn reichte und ich kaum noch sprechen konnte. Da ließ er auch meinen Kopf unter Wasser tauchen. Jetzt konnte ich nichts mehr sagen, doch ich wollte ihm nicht die Genugtuung geben, gewonnen zu haben. Also streckte ich die Hand aus dem Wasser und zeigte ihm den Stinkefinger. Sagen konnte ich es nicht, aber zeigen konnte ich ihm immer noch, dass er ein Hornochse war. An diesem Punkt begriff er, dass bei mir nichts zu machen war, und zog mich heraus.

»Es ist sinnlos, selbst wenn ich dich umbringen würde, würdest du mich noch ›Hornochse‹ nennen.«

Doch dadurch wurde alles nur noch schlimmer mit mir. Ich ertrug keine Befehle mehr, wollte mich nicht mehr schlagen lassen und hasste alle herrischen Menschen. Wenn man mich gut behandelte, war ich gehorsam und loyal. Wenn man mir aber ohne Erklärung Anordnungen gab, wie die meisten um mich herum, insbesondere blödsinnige Anordnungen, dann handelte ich mir lieber Schläge ein, als sie zu befolgen. Vor allem tat ich nichts, wozu die Großen nicht selbst bereit waren. Wenn es ihnen schon nicht zusagte, warum sollte ich es dann tun?

Ich klaute, wo ich nur konnte, vor allem Essbares, und ich hatte kaum ein schlechtes Gewissen dabei, denn eigentlich war ich immer hungrig. Einmal klaute ich dem Pfarrer die Hostien und Bonbons, die er in der Sakristei aufbewahrte. Ich ging regelmäßig zur Kirche, ich war religiös, glaubte an die Wunder von Jesus und an den allmächtigen Gottvater. Ich hatte sogar bei einigen Messen als Ministrant gedient. Aber die Versuchung mit den Hostien und den Bonbons war für mich als Kind zu groß. Ich stahl sie, allein, und aß die Hostien sofort auf. Die Bonbons hingegen teilte ich mit meinen Spielkameraden. Natürlich petzte einer von ihnen. Also ließ mich der Pfarrer rufen und fragte mich wütend, ob ich der Dieb sei. Als ich sah, wie zornig er war, leugnete ich es, aber er war nicht überzeugt. Also wartete er einfach den richtigen Moment ab, die Beichte nämlich, nach der Sonntagsschule. Als ich zu ihm kam und mich niederkniete, war ich immer noch fest entschlossen, nichts zu sagen. Aber ich hatte einen Schwachpunkt, das war mein Glaube an die göttliche Strafe, an den Teufel und alles, was man mir darüber beigebracht hatte. Der Pfarrer fing an, mir Angst einzujagen.

»Sag die Wahrheit, Enzo, sonst endest du in der Hölle, und das ewige Feuer der Verdammnis wird deine Seele verzehren. Wenn du diese Sünde vor dem Herrn begangen hast, musst du es beichten und bereuen. Der Herr wird dir vergeben. Warst du es also, der die heilige Hostie von Jesus Christus gestohlen hat?«

Die Vorstellung vom Höllenfeuer machte mir gewaltig Angst. Ich glaubte an Hölle und Verdammnis und sprach stets meine Gebete. Ich wollte nicht für immer brennen. Also beichtete ich.

»Padre, es stimmt, ich habe die Hostien und die Bonbons gestohlen.«

»Ach, Enzo, was hast du getan? Du hast die heilige Hostie unseres Herrn gestohlen.«

»Padre, ich hatte solchen Hunger, dass ich sie aufgegessen habe.«

»Und die Bonbons?«

»Die Hälfte hab ich gegessen, aber die andere Hälfte habe ich meinen Freunden gegeben.«

Der Pfarrer hielt mir eine Standpauke und sagte, um mir die Absolution zu verdienen, müsste ich hundert Ave-Maria und hundert Vaterunser beten. Zweihundert Gebete waren nichts im Vergleich zum ewigen Feuer der Verdammnis. Ich musste mich auf einer Kirchenbank niederknien, und dann fing ich an, die Gebete aufzusagen. Es tat mir leid, dass ich den Herrn erzürnt hatte, und ich verspürte echte Reue. Über drei Stunden sprach ich die Gebete und blieb dabei die ganze Zeit auf Knien. Mir war klar, dass ich bei einem solchen Vergehen einiges für meine Vergebung tun musste. Am Ende war ich froh, denn ich hatte getan, was nötig war, um mit Gott, Jesus und den Heiligen wieder ins Reine zu kommen.

Zufrieden stand ich auf, da rief mich der Pfarrer in die Sakristei. Ich war kaum eingetreten, da fing er schon an, auf mich einzuschlagen. Er verpasste mir eine ordentliche Tracht Prügel, dabei wusste ich gar nicht, was er von mir wollte. Schließlich hatte ich doch meine Gebete gesprochen, und Gott war zufrieden, warum bekam ich dann jetzt noch Schläge? Glaubte er denn nicht an die Überlegenheit des allmächtigen Gottes? Ich hatte meine Strafe bereits erhalten und mir die Vergebung verdient, oder etwa nicht? Von da an sagte ich bei der Beichte sicherheitshalber nie wieder die Wahrheit.

Mehr Freude machte mir ein Diebstahl, den ich bei einem Tagelöhner verübte. Zusammen mit acht Kameraden schwänzte ich die Schule. Wir liefen aus dem Dorf Richtung Felder, um nicht von Lehrern oder Eltern gesehen zu werden. Es war Mai, aber die Sonne schien schon so heiß wie im Sommer. Wir spazierten herum, spielten und rannten, bis der Hunger übermächtig wurde. Dann machten wir eine kleine Pause, um nachzudenken, was wir essen könnten. Da hatte ich eine Idee. Ich sagte den anderen, wir müssten einen Bauern suchen, der gerade auf dem Feld arbeitete.

»Der hat sicher etwas zu essen und zu trinken dabei. Während er arbeitet, kriechen wir in den Heuhaufen und klauen ihm alles.«

Ich wusste, dass die Bauern einen Korb mit Brot und Käse im Heuhaufen aufbewahrten. Das hatte ich bei meinem Vater gesehen, als ich ihn bei der Arbeit auf unserem

Feld begleitet hatte. Wir spazierten noch etwa zwanzig Minuten weiter, bis wir endlich einen Mann auf einem Feld sahen. Fünfzig Meter von ihm entfernt gab es auch einen Heuhaufen. Ich forderte den aufgewecktesten meiner Spielgefährten auf, mich zu begleiten. Die anderen sollten zurückbleiben und auf uns warten. Langsam schlichen wir zwei uns zum Heuhaufen und krochen hinein, ohne dass der Bauer, der weiter das Feld bearbeitete, es bemerkte. Dort fanden wir einen schönen Laib Brot, Käse und eine Flasche mit kühlem Wasser. Ich sammelte alles ein, da bemerkte ich in einer Nische einen kleinen Welpen. Kleine Hunde hatten es mir schon immer angetan, ich war ein echter Hundenarr. Ich vergaß Wasser und Käse und schnappte mir den Welpen. Dann befahl ich meinem Begleiter, den Rest zu nehmen, und riet ihm, nach mir den Heuhaufen zu verlassen, sich aber immer in Deckung zu halten. Meine Beute war viel schwieriger abzutransportieren. Es war regelrecht gefährlich, mit einem Welpen in Händen über den Boden zu kriechen, weil er jederzeit bellen und den Bauern alarmieren konnte. Ganz still und heimlich entfernte ich mich vom Heuhaufen. Ich wollte schon wieder aufstehen und zu den anderen rennen, da ließ sich mein Freund von dem Bauern erwischen, und wir mussten, so schnell wir konnten, davonflitzen. Im Eifer des Gefechts ließ er Brot, Käse und Wasser fallen, ich dagegen verlor meine Beute nicht. Den kleinen Hund ganz fest im Arm, stand ich auf und gab Fersengeld. Wir ließen die Felder hinter uns, aber kaum waren wir in Sicherheit, gab es Streit wegen des Hundes. Jeder wollte ihn mit nach Hause nehmen, doch ich ließ mich auf nichts ein. Der Hund gehörte mir, da gab es nichts zu diskutieren. Ich war das Risiko eingegangen und hatte ihn mitgenommen, während meine Gefährten nur zugeschaut hatten. Ich hatte ihn, unter der Gefahr, erwischt zu werden, aus dem Heuhaufen geschafft, deshalb gehörte er mir, Schluss, aus, Ende. Sollten sie doch losziehen und sich selbst einen Hund besorgen, wenn sie unbedingt wollten. Ich jedenfalls nahm den Welpen mit nach Hause und erzählte meiner Mutter, ich hätte ihn gefunden. Denn mittlerweile wusste ich nur zu genau, dass man niemals die Wahrheit sagen sollte. Der Hund war ein Mischling, schwarz mit einem kleinen, weißen Fleck und furchtbar schlau. Ich nannte ihn Piru, das heißt »Birne« auf Sizilianisch. Als er größer war, nahm mein Vater ihn aufs Feld mit. Dort umrundete er ständig das gesamte Grundstück, ohne es zu verlassen. Er erkannte die Grenzen an, ließ aber auch niemanden auf unser Grundstück. Besser als die Menschen wusste er, dass man Zuwendung mit Treue vergalt. Meine Liebe zu Hunden und die Sache mit Piru dienten der Cosa Nostra viele Jahre später dazu, mich auf die Probe zu stellen.

Für meine Eltern brachten die Diebstähle, die Raufereien und meine ständige Rebellion nur Scherereien, Ärger und Probleme. Ein Freund meiner Familie dagegen deutete sie als Potential, das man ausbilden, Gaben, mit denen man arbeiten konnte. Er hieß Alberto Cusumano und war ein paar Jahre älter als mein Vater. Ich kannte ihn seit meinem zehnten Lebensjahr. Wenn er uns besuchte, war er immer sehr nett zu mir. Im Gegensatz zu den anderen schien er sich nie über meine Kapriolen aufzuregen. Zwar tadelte er mich, aber nicht wütend, sondern verständnisvoll. Er war es auch, der mir mein erstes Fahrrad schenkte, und hin und wieder steckte er mir etwas Geld zu, aber vor allem hörte er mir zu, wenn ich ihm die Gründe für mein Verhalten erklärte. Er interessierte sich für mich und war stolz auf das, was ich zustande brachte. Er gab mir Ratschläge und kleine Unterweisungen, eine Art Schule fürs Leben. Tadel gab es zwar auch nicht zu knapp, aber immer in nachsichtigem Ton.

Bei meiner Firmung bot er sich als Pate an. Da ich in der Mittelschule mehrere Male sitzengeblieben war, wurde ich erst mit fünfzehn gefirmt. Ich war überglücklich, ihn als Paten zu haben. Noch als ich zur Schule ging, mit zwölf, dreizehn Jahren, hatte ich bereits angefangen, bei ihm zu arbeiten. Er betrieb das Encal – *Ente Nazionale Confederale Assistenza Lavoratori* –, ein Gewerkschaftsbüro für die Belange von Arbeitern. Dort erledigte ich kleine Aufträge für ihn und lernte, wie die Dinge funktionierten. Cusumano richtete mich auf und gab mir Selbstvertrauen. Mit sechzehn, als ich die mittlere Reife bekam, übernahm er mich schließlich ganz. Als Gewerkschafter hatte er Einblick in das gesamte Netzwerk und alle Transaktionen des Ortes: die politischen Beziehungen, die Klientel, die Bürokratie und die Arbeitsgesuche. Viele Leute vertrauten ihm, da er ihnen gegen Geld, Respekt und Einfluss Gefallen erwies. Er verdiente viel, war aber nicht gierig und plagte sich auch nicht ab, um immer mehr zu verdienen.

Zu Beginn der siebziger Jahre, in der Zeit, als er mein Pate wurde, war er schon über sechzig. Ich gefiel ihm, weil er die Geschichte meiner Herkunft kannte. Die Mutter meiner Mutter war eine Catalano, sie entstammte einer Familie aus *uomini d'onore*, die später in die Vereinigten Staaten ging. Mächtige Leute, denen vor dem Krieg niemand etwas anhaben konnte. Für die Cosa Nostra sind Herkunft und Blutsverwandtschaft wichtig, und Cusumano war ein *uomo d'onore* alten Schlages, wie ich später erfuhr. In mir, als Einzigem meiner ganzen Familie, hatte er die richtigen Gaben entdeckt, und nur mir bot er die Patenschaft an. So sprach ich ihn mit *parrino* an – Pate auf Sizilianisch – und siezte ihn zeit meines Lebens. Er hatte sich meinen Respekt verdient. Er brachte mir vieles bei, manches mit Vorhaltungen, manches mit erklärenden Geschichten, und er wollte mich lehren, mich besser im Griff zu haben, nicht ständig meinen Impulsen nachzugeben. Da ich immer wieder in Prügeleien verwickelt war, sagte er mir, dass Gewalt das letzte Mittel der Wahl sei. Und er erklärte, dass selbst mitten im größten Übel das Gute hochgehalten werden müsse. Die Regeln, die er mir darlegte, schienen mir einleuchtend. Ich dachte, dass Menschen wie er daran glaubten, und ich wollte so werden wie er. Dennoch konnte ich nicht aus meiner Haut. Mein Charakter, mein Unabhängigkeitsstreben brachten mich dazu, viele Fehler zu machen.

Ständig sagte mir mein Pate, ich solle nicht stehlen, mich nicht in schlechte Gesellschaft begeben und erst nachdenken, bevor ich handelte. Ich mit meinen dreizehn, vierzehn Jahren hingegen wollte vor allem das nachholen, was ich bis dahin nicht gehabt hatte. Ich war lebenshungrig. Jede Woche bekam ich meinen Lohn, und zwar mehr, als ein Junge meines Alters brauchte. Wenn ich darum bat, gab mir Cusumano sogar noch etwas zusätzlich. Trotzdem stahl ich weiter. Nur um mir und anderen zu beweisen, dass ich keine Angst hatte, dass ich mutiger und stärker war als sie und jedes Risiko einging. Um zu zeigen, was für ein Kerl ich war. Mit vierzehn hatte ich bereits eine Menge kostspieliger Laster. Ich gab das Geld für Kartenspiel, Zigaretten und Frauen aus. In Wahrheit brauchte ich das Geld gar nicht, aber mir gefiel es, Risiken einzugehen, um es zu bekommen. Ich fing an, regelmäßig in ein Lokal in

Castelvetrano zu gehen, eine Studentenbar, in der sich auch zwielichtige Gestalten herumtrieben – Diebe, Räuber, meist kleine Fische, aber auch wirklich gefährliche Männer. Ich war der Jüngste und ständig bereit, mitzumischen, wenn sich das Risiko lohnte. Cusumano wusste von meinem Umgang und billigte ihn keineswegs. Indem er Freunde von ihm beauftragte, mich zu beobachten, erfuhr er, wohin ich ging und was ich tat. Er versuchte mir klarzumachen, dass meine Gefährten, die alle älter waren als ich, mich nur ausnutzten. Sie schickten mich vor, wenn sie selbst nicht mutig genug waren. Mein Pate redete mir stets ins Gewissen.

»Geh nicht mit dem, mit gewissen Leuten sollte man gar nicht verkehren. Der gibt sich nur mit dir ab, weil es für ihn von Vorteil ist, nicht weil er dein Freund ist.«

Ohrfeigen gab er mir auch. Wenn andere mich schlugen, auch mein Vater, ging ich sofort hoch. Ich geriet in Rage und wollte zurückschlagen. Nicht so bei meinem Paten, der wusste mich zu nehmen, gab mir Zuckerbrot und Peitsche. Er kritisierte mich, kam mir dann aber entgegen.

»Ich versteh dich, Enzuccio. Du bist ein impulsiver junger Mann. Wenn dir was in den Kopf kommt, machst du es sofort, aber du musst lernen, erst nachzudenken.«

Wenn ich ihn um etwas bat, sagte er meist erst nein, gab am Ende aber nach. Erst sagte er mir, ich sei im Unrecht, dann versuchte er, meine Gründe zu verstehen. Er behauptete, ich sei einfach zu gutmütig, arglos und großzügig und vertraute Personen, die es gar nicht verdienten.

»Wirf niemals Perlen vor die Säue«, sagte er ständig, wenn es um meinen Umgang ging.

Dabei warf ich den Säuen gar nicht so viele Perlen – das heißt Worte und Gunstbezeugungen – zu, im Gegenteil.

Mittlerweile hatte ich begriffen, dass Cusumano sich etwas Besseres für meine Zukunft vorstellte als die Niederungen, in denen ich mich bewegte. Er wollte aus mir einen *uomo d'onore* alten Schlages machen, der nur ein Wort sagt und von allen geliebt und verehrt wird. So wie er. Auf ihn hörten Arme und Reiche, Ungebildete und Professoren, bescheidene Leute und Honoratioren. Mit allen konnte er umgehen, für jeden, der sich an ihn wandte, fand er die richtigen Worte. Er glaubte an etwas, weil er ein echter Mann war. Aber auch er wusste nicht, dass für solche Männer in der neuen Welt kein Platz mehr ist.

Da ich Cusumanos Ratschläge missachtete, landete ich prompt im Jugendgefängnis, im Malaspina in Palermo. Allerdings nur für knapp zwei Monate, und dank der Empfehlungen meines Paten ging es mir ganz gut darin. Damals war ich vierzehn. Eines Tages schwänzte ich mal wieder die Schule und strich mit Nino, einem älteren Kumpan, durch die Felder. Ich hatte mittlerweile immer ein Klappmesser dabei. Es war zwar nicht besonders groß, erfüllte aber seinen Zweck. Irgendwann kamen wir zu einer Schotterstraße, auf der ein Fiat 500 stand. Die Gegend war abgelegen, kein Mensch war zu sehen. Ich spähte in den Wagen und sah eine Jägerjacke. Sofort dachte ich an Geld: Vielleicht hatte der Besitzer seine Brieftasche daringelassen, oder unter den Sitzen befand sich etwas Wertvolles. Ohne lange zu zögern, zerschnitt ich mit meinem Messer das Stoffdach des Autos. Wir öffneten die Tür und durchsuchten zwei Minuten das Wageninnere, ohne Erfolg. Wir fanden nichts. Die Jacke interessierte uns nicht, unsere einzige Beute war ein Päckchen Zigaretten. Als wir weitergingen, sahen wir in der Ferne einen Mann, der Spargel auf einem Feld stach, achteten aber nicht weiter auf ihn. Eine halbe Stunde folgten wir dem Schotterpfad und rauchten, etwas enttäuscht über die magere Ausbeute, die gestohlenen Zigaretten. Dann gingen wir am Waldrand entlang, doch plötzlich trat zwischen den Bäumen ein schmächtiges, kahles Männchen mit Brille hervor und kam uns entgegen. In der Hand hielt er ein Gewehr, und als er nur noch wenige Meter von uns entfernt war, richtete er es auf uns.

»Stehen bleiben.«

Wir waren verblüfft. Da uns nichts anderes einfiel, protestierten wir.

»Wieso stehen bleiben? Was wollen Sie denn? Wir haben nichts getan.«

»Ach, nichts getan? Ihr habt meinen Wagen kaputtgemacht.«

Es war der Besitzer des Fiat, und plötzlich hatte ich das Gefühl, dass dies der Mann auf dem Feld gewesen war, auch wenn ich ihn nur von weitem gesehen hatte. Verdammter Mist, wir hatten direkt vor seinen Augen sein Wagendach aufgeschlitzt, und jetzt war er stinksauer. Stinksauer und bewaffnet.

»Und die Zigaretten da, wo habt ihr denn die her?«

»Das sind meine, die rauche ich immer«, antwortete ich.

Nino hatte Angst, weil wir erwischt worden waren und der andere ein Gewehr hatte. Er war ganz bleich und stammelte nur herum. Ich war zwar auch nervös, aber er schien mir total in Panik zu sein. Der Mann jedoch wollte unsere Erklärungen nicht hören und befahl uns, ihm zu folgen.

»Das alles könnt ihr der Polizei erzählen.«

Als Nino das hörte, fiel er fast in Ohnmacht. Einen schönen Komplizen hatte ich mir da ausgesucht! Beim ersten bisschen Gegenwind fiel er schon um. Wir kletterten auf den Rücksitz des Wagens, der Mann setzte sich ans Steuer. Ich überlegte, ob ich ihm das Messer zwischen die Rippen rammen und abhauen sollte, aber Nino wollte nichts davon wissen. Als ich ihm pantomimisch mein Vorhaben andeutete, um seine Zustimmung zu bekommen, flüsterte er: »Nein, nein, das macht alles nur noch schlimmer.«

Wir fuhren in den Ort, zur Polizeiwache. Kaum waren wir ausgestiegen, sorgte ich dafür, dass ich das Messer loswurde. Es war schließlich ein Beweisstück. Im einzig möglichen Moment warf ich es unter das Auto. Dann wurden wir hineingeführt und auf zwei Zimmer verteilt, Nino ins rechte, ich ins linke. Als ich allein war, fiel mir ein, was Cusumano mir einmal über die Polizei gesagt hatte.

»Wenn die Bullen dich mit einem Kumpan schnappen«, hatte er erklärt, »stecken sie euch in unterschiedliche Zimmer. Dann versuchen sie, euch mit einer List ein Geständnis zu entlocken. Sie gehen zum einen und behaupten, der andere hätte gesungen. Aber das darf man ihnen nicht glauben.«

Da ich meinem Paten vertraute, rechnete ich also schon damit, dass sie so etwas versuchen würden. Nachdem ich kurze Zeit allein gelassen worden war, kam der *maresciallo*. Unfreundlich, autoritär, bereit, sich an uns Kindern abzureagieren.

»Warum hast du das Auto aufgeschlitzt?«, fragte er ohne Umschweife.

Ich leugnete vehement.

»Davon weiß ich nichts.«

Er verpasste mir eine Ohrfeige, dass mein Kopf zur Seite flog.

»Keine Ausflüchte, wir haben das Messer gefunden.«

»Welches Messer?« Eine weitere Ohrfeige ließ meine Kieferknochen knacken.

»Spuck's aus, sonst mach ich dich fertig. Dein Komplize hat gesungen und alles gestanden.«

Mit so etwas hatte ich schon gerechnet, daher glaubte ich ihm kein Wort. Mein Pate hatte mich schließlich vorgewarnt.

»Nino kann sagen, was er will. Wenn er behauptet, ich hätte ein Messer, ist er nicht ganz richtig im Kopf. Aber bringt ihn doch her, dann soll er's mir ins Gesicht sagen.«

Dafür erntete ich keine Ohrfeige, sondern nur ein knappes, gehässiges Lächeln. Der *maresciallo* drehte sich um und verließ das Zimmer, um nach einer Minute mit meinem Freund zurückzukommen. Nino heulte wie ein Schlosshund. Er wurde vor mich hingestellt und begann sofort zu jammern: »Warum sagst du nicht einfach die Wahrheit? Dass wir mit deinem Messer das Wagendach aufgeschlitzt und die Zigaretten geklaut haben? Gib's doch zu, Enzo, gib's zu.«

Der Idiot war schon beim kleinsten Druck zusammengebrochen. Ich hätte ihn erwürgen können! Ich brüllte: »Hornochse, Feigling, was erzählst du denn da? Welches Messer, welches Auto?« Ich wollte ihn umbringen, daher schnappte ich mir einen Stuhl, um ihn auf ihn zu schleudern. Aber der *maresciallo* hielt mich zurück und nutzte die Gelegenheit, mir noch ein paar Hiebe und Tritte zu verpassen. Es endete damit, dass wir Handschellen kriegten und ins Malaspina verfrachtet wurden, den Jugendknast in Palermo. Eine ziemlich harte Erfahrung. Die erste Woche bekam ich Einzelhaft. Es war das erste Mal, dass ich im Bau war. Die Einsamkeit verkraftete ich ganz gut, obwohl ich ein bisschen Angst vor dem hatte, was mich bei den anderen Häftlingen erwarten würde. Aber am meisten traf mich der Zigarettenentzug. Ich rauchte schon seit längerem, das war mein persönlicher Luxus, auf den ich nicht verzichten konnte. Wegen Zigaretten war ich im Bau gelandet, und jetzt musste ich ohne auskommen.

Nach einer Woche wurde ich zu den anderen gesteckt. Der Jugendknast ist schlimmer als der für Erwachsene. Dort gibt es strenge Hierarchien, die nach Alter und Straftat gestaffelt sind. Das Ansehen gründet sich auf das, was man getan hat, und darauf, wie stark und böse man ist. Ich war dort einer der Kleinsten, und groß und stark war ich auch nicht gerade. Also war es ziemlich gefährlich für mich. Auf zwei Sektionen waren siebzig, achtzig Jugendliche verteilt. In der einen waren die Vierzehn- und Fünfzehnjährigen, in der anderen die Sechzehn- bis Achtzehnjährigen. In jeder Sektion gab es von der Gefängnisleitung bestimmte Anführer, die oft nicht nur formhalber, sondern wirklich das Sagen hatten. Meiner hieß Leonardo und wollte als Erstes von mir wissen, warum ich im Knast war.

»Wegen Diebstahl. Ich wurde zwar nicht erwischt, aber mein Komplize hat gesungen.«

Das war die reine Wahrheit, außerdem konnte ich mich dadurch in ein besseres Licht setzen und Ärger vermeiden. Leonardo war vor allem durch die Tatsache beeindruckt, dass ich trotz Prügel nicht gestanden hatte, während Nino schon beim ersten Hieb eingeknickt war. Mein dummer Kumpan war auch im Malaspina gelandet, allerdings in der anderen Abteilung, weil er schon sechzehn war. Jetzt überlegte ich mir zusammen mit Leonardo, wie ich es ihm heimzahlen konnte. Denn der glaubte mir nicht so ohne weiteres, er wollte Beweise. Mein Freund hatte mich also verraten? Dann musste ich mich doch rächen. Das fand ich auch. Also schnappten Leonardo, ich und zwei seiner Freunde uns Nino, kaum dass er das erste Mal Hofgang hatte, drängten ihn in eine Ecke und verpassten ihm eine ordentliche Tracht Prügel.

»Verräter, Hornochse, du hast gesungen.«

Zwischen Hieben und Tritten versuchte Nino, sich zu rechtfertigen, und bestätigte so meine Geschichte.

»Ich wollte es nicht«, heulte er. »Sie haben mich geschlagen, ich wollte es nicht.«

Dafür bekam er noch mehr Hiebe und Tritte und war von da ab als Verräter gebrandmarkt. Meine Rache verschaffte mir nicht nur persönliche Befriedigung, sondern auch Ansehen bei den anderen, so dass ich für den Rest meiner Zeit im Malaspina mit Respekt behandelt wurde.

Als ich im Knast war, dachte nur mein Pate daran, mich wieder herauszuholen. Mein Vater war fuchtsteufelswild. Er schämte sich, dass sein Sohn im Gefängnis war, und dann auch noch wegen Diebstahls, wie ein nichtswürdiger Hühnerdieb. Außerdem war er viel zu geizig, um Geld für einen Anwalt lockerzumachen. Das verüble ich ihm nicht, weil er in Armut aufgewachsen war und als Bauer gelernt hatte, jede Lira zweimal umzudrehen. Wenn es nach ihm gegangen wäre, hätte ich bis zu meiner Volljährigkeit im Malaspina bleiben können, womöglich hätte man mir da noch Manieren beigebracht. Mein Pate aber war anderer Meinung. Er kannte den Anwalt Occhipini, der gleichzeitig Abgeordneter der Provinz Trapani war, und wusste, dass es nicht allzu schwierig war, mich wieder herauszuholen. Er ging zu meinem Vater, erzählte ihm von dem Anwalt und erklärte, mein Vergehen sei doch nicht allzu schlimm gewesen.

»Mein Lieber«, vertraute er meinem Vater an, »der Anwalt, den ich an der Hand habe, kann Enzo ganz leicht wieder rausholen.«

Mein Vater aber dachte nur an seine Brieftasche und wollte sich auf nichts einlassen. Schließlich kostete so ein Anwalt Geld.

»Mein Lieber«, antwortete er, »kümmern Sie sich darum.«

Da machte mein Pate folgenden Vorschlag:

»Sie wissen, dass Enzo fast wie ein Sohn für mich ist. Ich mag ihn wirklich sehr. Also steuert jeder von uns die Hälfte bei, und wir regeln es dann zusammen.«

Dem musste mein Vater wohl zustimmen, das verlangte der Respekt vor Cusumano. Er rückte hunderttausend Lire heraus – in den Siebzigern für einen Bauern ein ziemlicher Batzen –, und ich bekam meinen Anwalt. Nach vierzig Tagen Knast kam ich frei. Nino blieb sechs Monate.

Ich ging wieder zur Schule und ins Büro. Mein Pate hielt mir eine Standpauke. Er meinte, ich sei ein gewöhnlicher Kleinkrimineller, der einen blödsinnigen Diebstahl begangen habe, und das auch noch in Begleitung eines sogenannten Freundes, der mich beim ersten bisschen Gegenwind verraten habe. Deshalb hätte ich den Knast verdient.

Zufrieden war er nur mit meinem Verhalten gegenüber den Bullen. Zumindest da hatte ich mir seine Ratschläge zu Herzen genommen.

LEHRLING

Aus dem Gefängnis nahm ich den Vorsatz mit, etwas für meinen Körper zu tun und stärker zu werden. Ich hatte im Malaspina gemerkt, dass es Situationen gibt, in denen man sich nur auf seine Muskelkraft verlassen kann. In einem Kampf Mann gegen Mann halfen kein Ansehen, keine Freunde und keine Waffen, um einen Faustschlag abzuwehren. Und ich hatte es satt, ständig Prügel von meinem Vater, meinem Bruder, von einem Bullen oder irgendeinem anderen Stärkeren zu beziehen. Ich wollte unangreifbar werden. Also meldete ich mich mit anderen, ein wenig großspurigen und kampflustigen Jugendlichen in einem Boxclub an. Zweieinhalb Jahre lang ging ich zum Training. Ich bestritt einige Amateurkämpfe und war auch im Wettkampf Sizilien – Kalabrien dabei, der auf unserem Dorfplatz stattfand. Dabei erlebte ich Siege, Niederlagen und auch Pattsituationen. Mit meinen dreiundsechzigeinhalb Kilo kämpfte ich in der Klasse Superleichtgewicht. Mein Bruder Minicheddu wog viel mehr, obwohl er genauso groß war wie ich. Er war nur erheblich kräftiger. Das Training war ziemlich hart für mich, vor allem, weil ich nicht aufhören wollte zu rauchen und immer kurzatmig war.

In dieser Zeit trat ich auch der *Fronte della Gioventù* bei, zusammen mit meinen Boxfreunden. Ihre Ideen sagten mir zu, außerdem war es eine Zeit, in der man Partei ergreifen musste. Da mir die Kommunisten nichts sagten, wurde ich

Faschist. Im Grunde nur zum Zeitvertreib, um mit anderen Jugendlichen, die ich kannte, zusammen zu sein. Wir spielten vor der Niederlassung des *Movimento Sociale* Fußball, also lag es nahe, gemeinsam in die Partei einzutreten.

1973 kam Almirante zu einer Kundgebung in unseren Ort, und ich stand auf der überfüllten Piazza mit meinen Freunden in der ersten Reihe. Eine Gruppe Maoisten-Leninisten – die wir nur Mao Mao nannten – machte Krawall, protestierte lautstark und brüllte Parolen. Da ich boxte, gehörte ich immer zu den Ersten, die Streit anfingen und sich prügeln wollten, ich suchte geradezu nach einer Gelegenheit. Und so bildeten wir von der Fronte della Gioventù einen kleinen Trupp und nahmen uns die Mao Mao vor. Wir kreisten sie ein und lieferten uns eine Schlägerei mit ihnen. Dabei verbrannten wir ihre Fahnen, hauten ihnen mit Stöcken auf den Kopf und rannten anschließend zu ihrer Niederlassung, um dort Türen und Möbel zu Kleinholz zu verarbeiten.

Ich ging keinem Kampf aus dem Weg, aber noch mehr war ich an Geld interessiert, denn mittlerweile waren meine Ansprüche gestiegen. Ich hatte reiche Freunde, vor allem aus der Fronte della Gioventù, Söhne von Ärzten und Ingenieuren und sogar Grundbesitzern.

Im Büro konnte ich leicht Kontakt mit verschiedenen Kleinkriminellen knüpfen, die hin und wieder Wohnungen ausraubten. Sie kamen auf Arbeitssuche zu meinem Paten, und während ich versuchte, ihnen zu helfen, plante ich gleichzeitig Diebeszüge mit ihnen. Wenige Kilometer vom Ort entfernt befand sich der archäologische Park von Selinunt, eine Fundgrube interessanter Objekte, wenn man wusste, wo man sie loswurde, fast wie eine Open-Air-Bank. Eines Abends klaute ich mit einem Bekannten, den ich im Büro kennengelernt hatte, zwei wunderschöne Statuenköpfe und verhökerte sie zu einem guten Preis.

Ich raubte auch mehrere Wohnungen aus. Dabei nahm ich immer das Geld und, wenn ich welche fand, auch Waffen. Sizilianische Häuser sind voller Waffen. Alte Pistolen und Gewehre aus dem Krieg, Jagdgewehre und moderne Pistolen zum Zielschießen. Ich nahm alles, was ich kriegen konnte, und versteckte es auf den Feldern meines Vaters. Später benutzte ich die Waffen bei Gelegenheit auf der Jagd.

Cusumano erzählte ich nie von diesen Diebstählen, aber er bekam stets Wind davon und machte mir Vorwürfe. Er wollte mein Leben in vernünftige Bahnen lenken, doch bei mir war das nicht einfach. Er versuchte es mit Beispielen und erzählte Geschichten, die ich häufig nicht verstand, weil er sich nicht klar ausdrückte. Die Lehren daraus sollte ich eher erahnen als begreifen, und zwar ohne Fragen zu stellen. Allmählich gewöhnte ich mich an diese Art des indirekten, bedeutungsgeladenen Sprechens – es war das *baccagghiu* der Cosa Nostra.

Minicheddu setzte mir immer noch zu, oft aus den banalsten Gründen. Es reichte schon, wenn ich mich mit jemandem traf, der ihm nicht passte. Dass ich älter wurde und boxen konnte, schüchterte ihn nicht besonders ein, denn er war noch immer der Ältere, Stärkere und Mächtigere.

»*Parrino*, ich glaube, ich muss ihn umbringen, damit er mich in Ruhe lässt.«

Ich dachte wirklich, das sei die einzige Lösung. Aber er sah mich mit zusammengekniffenen Augen an und murmelte: »Man muss nicht gleich den Bruder umbringen, da gibt es andere Möglichkeiten.«

Damit wollte er sagen, dass ich mich nicht einfach so, ohne Konsequenzen, des Problems entledigen konnte. Bevor ich jemanden umbrachte, der mir den Respekt verwehrte, konnte ich erst mal versuchen, mir Respekt zu verschaffen. Minicheddu musste begreifen, dass ich in der Lage war, mich zu wehren. Ihm musste die Lust vergehen, mich zu triezen. Ich dachte ein paar Tage darüber nach, bis er selbst mir dabei half, eine Lösung zu finden.

Minicheddu hatte sich aus wer weiß welchen Gründen in den Kopf gesetzt, dass ich abends um neun Uhr zu Hause sein musste. Wenn ich später kam, gab es Prügel. Und ich bekam ziemlich oft Prügel. Als ich es eines Tages mal wieder ziemlich ausgereizt hatte, schlug er härter zu als sonst. Ich versuchte mich zu wehren, hatte aber keine Chance. Er war siebenundzwanzig und ich sechzehn, außerdem wog er gut zwanzig Kilo mehr als ich. Ich bekam seine Hiebe am ganzen Körper zu spüren.

»Du bist spätestens um neun zu Hause«, befahl er.

»Was glaubst du, wer du bist? Papa?«

»Ich warne dich, wenn du morgen wieder zu spät kommst, gibt's eine Tracht, die sich wirklich gewaschen hat.«

Das war sein Fehler: Da er mich gewarnt hatte, konnte ich mich wappnen. Am nächsten Tag ging ich in einen kleinen Laden am Markplatz des Dorfes und kaufte ein Schnappmesser, aber diesmal ein großes, aufgeklappt 44 Zentimeter lang, ein wirklich schönes Stück. Am Abend bereitete ich Minicheddu eine Überraschung, denn ich hatte wirklich genug. Statt um neun kam ich erst um Mitternacht nach Hause, um ihn zu provozieren. Er würde auf mich warten, da war ich sicher. Kaum hatte ich die Schwelle überschritten, sah ich ihn mitten im Zimmer stehen. Er wollte auf mich losgehen, aber ich ließ ihm gar nicht erst die Möglichkeit dazu, sondern sprang ihn an, richtete mein Messer gegen seine Kehle und knurrte dabei wie ein angeschossenes Tier.

»Los, dann schlag mich doch, du Bastard, du Hornochse, schlag mich, dann schneid ich dir die Kehle durch.«

Ich hielt ihm das Messer an die Kehle und warf ihm Beleidigungen an den Kopf. Die Klinge ritzte ihm die Haut an, so schwer fiel es mir, mich zu beherrschen. Jahrelang aufgestaute Wut über seine Demütigungen, seine Schläge, seine gewaltsam durchgesetzten Befehle, über die Sache mit dem Brunnen, über seine Übermacht, die ich nicht länger ertrug. Ich würde es nicht länger dulden, das musste er in aller Klarheit begreifen.

»Von jetzt an lässt du mich in Ruhe, sonst schlachte ich dich ab wie ein Tier.«

Mit dieser Reaktion hatte Minicheddu nicht gerechnet. Ich war sein jüngster Bruder, dem er immer überlegen gewesen war, für ihn war ich noch ein Kind. Doch an diesem Abend spürte er meine Wut, meinen Rachedurst, meine Gewaltbereitschaft. Er wurde leichenblass und zischte: »Was fällt dir ein? Ab heute hast du keinen Bruder mehr.«

In diesem Satz schwangen Unglaube, Wut und Angst mit. Nun, da er nicht mehr seine Hände gegen mich verwenden konnte, versuchte er es mit Liebesentzug, mit der Berufung auf die Familie. Aber was sollte ich mit einem Bruder, der mich jedes Mal, wenn er mich sah, verprügelte?

»Schön, aber du hast auch keinen Bruder mehr!«, brüllte ich. »Für wen hältst du dich eigentlich, du Arschloch?«

Ich ließ ihn los, hielt aber immer noch das Messer auf ihn gerichtet. In dieser Nacht lernte er ein für alle Male, mich in Ruhe zu lassen. Wenn er mich weiter schlagen wollte, würde er ein Risiko eingehen, zu dem er offenbar nicht bereit war.

Ich hatte den Rat meines Paten befolgt. Ich hatte mir Respekt verschafft, ohne das Blut meines Bruders zu vergießen. Und später, als ich verhaftet wurde und floh, stand Minicheddu mir bei, war am ehesten bereit, mir zu helfen, weil ihn meine Macht als *uomo d'onore* faszinierte, der Respekt, den man mir entgegenbrachte und von dem auch er profitierte. Wir vertrugen uns wieder, doch von da an waren die Rollen vertauscht. Wenn ich es befahl, half er mir; was ich beschloss, führte er aus.

Ich hörte nur auf die Ratschläge meines Paten. Und selbst ihm gehorchte ich nicht immer, auch wenn ich spürte, dass er nur mein Bestes wollte. Cusumano war der Erste und Einzige nach meiner Mutter, der sich um mich kümmerte, ohne Gegenleistungen zu erwarten. Er gab mir Zuneigung, Aufmerksamkeit und manchen guten Rat, und später retteten mir seine Empfehlungen das Leben. Doch im Gegenzug verlangte er nie etwas von mir. Als ich als Jugendlicher bei der Encal zu arbeiten anfing, behandelte er mich nicht wie einen Laufburschen, den man ausnutzen kann. Im Gegenteil, nach ein paar Jahren zog er sich immer mehr zurück und überließ mir zunehmend das Geschäft. Am Ende nutzte mir die Arbeit, was Kenntnisse und Beziehungen anging, wesentlich mehr, als ich ihm nutzte. Ich folgte ihm in allem, was er mir riet und auftrug, und gab mir Mühe. Er verdiente sich meine Treue und Ergebenheit. Er war ein Mann nach meinem Geschmack, ein echtes Vorbild.

In meiner Freizeit allerdings missachtete ich seine Ratschläge und beging weiterhin kleinere Straftaten. Bei einem meiner Einbrüche gab ich der Cosa Nostra die Gelegenheit, mich auf die Probe zu stellen. Im Jahre 1973, als man sonntags nicht Auto fahren durfte, plante ich zusammen mit einem etwas älteren Kumpan namens Passalacqua einen Einbruch in einem winzigen, abgelegenen Landhaus auf der Straße zum archäologischen Park. Es gehörte einem gewissen Vito Buono, der die von der Polizei beschlagnahmten Wagen bewachte. Da sonntags kein Auto fuhr und das Landhaus leerstand, weil die Bewohner alle am Meer waren, gingen wir kein großes Risiko ein. Wir konnten in aller Ruhe hineinspazieren, an uns nehmen, was sich zu stehlen lohnte, und wieder verschwinden, ohne Angst zu haben, von einem plötzlich heimkehrenden Hausherrn überrascht zu werden. Doch wir wussten nicht, dass Buono zur Cosa Nostra gehörte und unantastbar war. Wir wussten gar nichts von den *uomini d'onore* und den Regeln, an die sie gebunden waren.

Wir hielten es für eine ganz einfache Sache. Am helllichten Tag brachen wir die Tür auf und drangen ins Haus ein. Dort durchwühlten wir die Schränke, bis wir die Juwelen, die Ringe und den Goldschmuck der Frau fanden, dazu eine automatische Waffe, einen Patronengurt mit Munition für Jagdgewehre, Maschinengewehre und Gewehre vom Typ Beretta Elica. Mich interessierten Waffen mehr als Geld. Daher wollte ich das Gewehr und die Munition behalten, während Passalacqua zwei Drittel des Schmucks bekam. Er war überaus zufrieden mit der Aufteilung, genau wie ich. Ich ging sofort daran, Gewehr und Munition auf dem Land meines Vaters zu verstecken. Ich vergrub es, in eine Plane eingeschlagen, an einer Stelle, an der niemals umgegraben wurde, um sicherzugehen, dass es nicht zufällig von einem Landarbeiter gefunden wurde.

Cusumano sagte ich nichts davon. Er sah meine

Freundschaft mit Passalacqua gar nicht gern und lag mir ständig in den Ohren, ich sollte ihn fallenlassen. Jedes Mal, wenn mein Freund mich im Büro abholte, machte mein Pate eine entsprechende Bemerkung. Natürlich erst, wenn Passalacqua wieder gegangen war.

»Der gefällt mir gar nicht, man sieht doch schon von weitem, dass er ein Dieb ist«, brummte er etwa.

Ich hielt den Mund, weil ich wusste, dass er Diebstahl als etwas betrachtete, was unter unserer Würde war. Er hatte mir beigebracht, wie wichtig es war, schweigen zu können, und nach dem Einbruch in Buonos Haus dachte ich bei mir, wenn man eine Automatik besaß, würde man sie früher oder später auch benutzen, also wäre es besser, dass so wenige wie möglich davon wussten. Ein Mann musste über Wichtiges schweigen können, auch wenn es keine unmittelbar zwingenden Gründe dafür gab. Dank Passalacqua jedoch verbreitete sich in gewissen Kreisen das Gerücht, dass ich das Gewehr hatte. Cusumano stellte mich daraufhin zur Rede. Ich leugnete es, ich leugnete immer alles.

»Enzuccio, wenn du es sagst, dann glaube ich dir. Aber vergiss nicht, dass ich es herausbekomme. Früher oder später erfahre ich alles.«

Das war nur allzu wahr. Was er über mich wissen wollte, bekam er heraus, sei es mit List und Tricks, sei es mit Hilfe von Informanten, sei es mit Fragen und Gefälligkeiten.

Ich wusste nicht, dass ich eine Verfehlung begangen hatte, die mich das Leben kosten konnte. Buono hatte sich bei anderen *uomini d'onore* wegen des Einbruchs beschwert und sie gebeten, Nachforschungen zu betreiben. Also streckte mein Pate seine Fühler aus und erfuhr, was geschehen war. Passalacqua war so dumm, dass er mit unserem

Coup herumgeprahlt hatte. Und so fühlten einige *uomini d'onore* ihm auf den Zahn, aber im Guten: Sie boten ihm Geld, gingen diplomatisch vor, waren nett und freundlich, und brachten ihn ganz ohne Mühe dazu zu singen. Er sagte, ich hätte das Gewehr, aber er wisse nicht, wo es sei, denn ich hätte es ihm nicht gesagt. Cusumano überredete daraufhin die *famiglia*, mich als eine Art Strafe auf die Probe zu stellen.

Zwei Wochen später trat eine Gruppe Männer an mich heran. Unter ihnen befand sich der Kommunalrat der Democrazia Cristiana, ein gewisser Antonio Capogreco, der elf Jahre älter war als ich, genau wie mein Bruder. Ich kannte ihn gut, da er das örtliche Kino besaß und nie Eintritt von mir nahm. Es gab einige, die keinen Eintritt zahlen mussten, damit verschaffte sich Capogreco Sympathien, die er für die Wahlen brauchte. Ich war erfreut, als ich ihn sah. Er war ein distinguierter, eleganter Mann, immer sauber, rasiert und gepflegt, mit glatten, ordentlich gescheitelten Haaren. Er wurde respektvoll *professore* genannt, da er studiert hatte, was man ihm auch anhörte. Bei ihm waren Vincenzo Luppino, der Sekretär der DC von Castelvetrano und Präsident der örtlichen, aufsteigenden Fußballmannschaft, Vanni Santagata und *zu' Cicciu*, mit vollem Namen Francesco Messina Denaro, mit damals etwa vierzig Jahren der Älteste der Gruppe. Sie baten mich freundlich, mit ihnen aus der Stadt rauszufahren.

»Komm, Enzuccio, mach eine kleine Spazierfahrt mit uns.«

Da ich wusste, dass Capogreco und Luppino einflussreiche Leute waren und ich in gutem Kontakt zu ihnen stand, folgte ich ohne Einwände ihrer Einladung. Wir verließen mit dem Wagen den Ort und fuhren in die Nähe des alten Flughafens, auf dem im zweiten Weltkrieg die Amerikaner gelandet waren. Als wir dort ausstiegen, veränderten sich plötzlich ihre Mienen und ihr Ton. Schroff forderten sie mich auf, ihnen zu verraten, wo ich den Schmuck und das Gewehr von Buono gelassen hätte. Sie bedrohten mich und gaben mir Ohrfeigen. Vor allem wollten sie wissen, wo ich das Gewehr versteckt hatte. Sie waren überzeugt, dass es in meinem Besitz war. Ich fand es klüger, den Mund zu halten, genau wie mein Pate mir geraten hatte. Also leugnete ich, das Gewehr versteckt und den Einbruch begangen zu haben oder auch nur die Diebe zu kennen. Daraufhin verstärkten sie ihre Hiebe und Drohungen. Ich bekam einen Faustschlag in den Magen, der mich zusammenklappen ließ, aber das war ich vom Boxen gewohnt.

»Aufgepasst, Junge, sonst nimmt es ein schlimmes Ende mit dir. Es wäre besser, du würdest den Mund aufmachen und alles erzählen.«

Sie waren gefährlich und mächtig. Doch genau aus diesem Grunde hatte ich beschlossen, nichts zu sagen, selbst wenn sie mich umbringen wollten. Mit Gewalt war bei mir noch niemand durchgekommen. Irgendwann zogen Santagata und Luppino dann ihre Messer und hielten sie mir an die Kehle.

»Jetzt ist es aus mit dir. Rede, sonst stechen wir dich ab.«

Als ich spürte, wie ihre Klingen mir gegen die Haut drückten, wuchs meine Wut. Abstechen wollten sie mich? Na, dann bitte! Mein Zorn war größer als meine Angst. Ich spuckte Santagata ins Gesicht und fing an, sie zu beschimpfen. Schließlich hatte ich nichts mehr zu verlieren.

»Ihr Bastarde, ihr Hornochsen, ihr elenden Hurensöhne.«

Doch während ich mit Beleidigungen um mich warf, merkte ich plötzlich, dass Capogreco und Messina Denaro lächelten. Sie zogen ihre Messer zurück, und dann fing der Professor ganz ruhig und ohne jede Drohung an zu reden.

»Sehr schön, du weißt also nichts von einem Gewehr. Wenn du behauptest, du weißt nichts davon, dann weißt du es auch nicht. Aber eines will ich dir sagen. Lass in Zukunft die Finger von fremden Wohnungen. Einer wie du hat es nicht nötig, Einbrüche zu begehen. Und deinen Freund Passalacqua solltest du fallenlassen, denn der hat dir keinen Freundschaftsdienst erwiesen.«

Damit hatte er mir eine Lehre erteilt. Er ließ mich wissen, dass ich freikam, weil ich meinen Wert unter Beweis gestellt und allen Drohungen widerstanden hatte, nicht, weil ich unschuldig war.

»Ich«, fuhr Capogreco fort, »bin ein Freund deines Paten Cusumano. Lass dir von ihm helfen und schlag von nun an andere Wege ein. Und wenn du noch mal jemandem schaden willst, dann informiere dich vorher, wer es ist. Das solltest du doch eigentlich wissen, schließlich bist du schon siebzehn. Wie auch immer, lassen wir das, geschehen ist geschehen.«

Sie ließen mich laufen, und während ich zu Fuß nach Hause ging schwankte ich zwischen Verblüffung und Wut. Luppino war Politiker, ein einflussreicher Mann, Präsident der hiesigen Fußballmannschaft, und dennoch hatte er mich mit dem Messer bedroht. Capogreco war Kommunalrat und genoss ebenfalls höchstes Ansehen. Hinter der Fassade jedoch waren beide Männer, die Angst und Schrecken verbreiteten.

Allerdings schätzten sie meinen Mut. Sie wussten genau, dass ich den Einbruch begangen hatte, doch das Gewehr war ihnen nicht so wichtig, schließlich hatten sie es mir gelassen. Sie hatten meine Reaktion abgewartet, und meine Unverschämtheit hatte ihnen gefallen, sogar, dass ich sie bespuckt hatte. Dann hatten sie mir klar und deutlich zu verstehen gegeben, dass ich gewisse Leute meiden musste und es unter meiner Würde war, Wohnungen auszurauben. Genau wie mein Pate immer sagte. Andererseits hatten sie Hand an mich gelegt, mir das Messer an den Hals gedrückt, und aus diesem Grunde hasste ich sie. Niemand durfte mehr Hand an mich legen.

Am Tag danach erzählte ich Cusumano von dem Vorfall und sagte, ich wollte mich an seinem Freund Capogreco rächen. Ich hatte mich keineswegs beruhigt, nur weil sie mich hatten laufenlassen. Mein Pate hingegen erklärte mir die Angelegenheit auf seine Weise und sagte, ich dürfe es diesen Männern nicht übelnehmen.

»Du musst das respektieren, denn du hättest für einen Freund dasselbe getan.«

»Parrino, sie haben mich mit dem Messer bedroht.«

»Ja, aber wenn einer deiner Freunde in Schwierigkeiten wäre und dich um Hilfe bäte, würdest du da nicht auch das Messer zücken und mit Gewalt drohen? Siehst du, sie haben nur das getan, was du auch getan hättest.«

Cusumano gab sich alle Mühe, damit ich mir Capogreco, Luppino und Santagata nicht zu Feinden machte. Kurz darauf traf ich sie in seiner Begleitung an, was, wie ich inzwischen denke, Absicht war. Der Pate stellte sie mir vor, machte Scherze und versuchte gute Stimmung zu verbreiten. Nach und nach schwand mein Misstrauen. Dann forderte mein Pate mich auf, meinen Umgang mit Kleinkriminellen aufzugeben, genau wie Capogreco mir nahegelegt hatte. Denn für jemanden, der ein *uomo d'onore* werden wollte, ziemte sich das nicht. Die Angehörigen der Cosa Nostra brachen nicht in Wohnungen ein, ihr Kodex verbot das. Diebstähle waren etwas für Nichtsnutze. Die gemeine Kriminalität wurde kontrolliert, und wer sich nicht kontrollieren ließ – es gab immer jemanden, der es einfach nicht begreifen wollte –, wurde eliminiert. Daher war es Cusumano so wichtig, dass ich gewisse Kumpane fallenließ. Es war nicht nur eine Empfehlung zu meinem Besten, sondern ein notwendiger Schritt, um in die *famiglia* aufgenommen zu werden. Daraufhin ging ich nicht länger in die Studentenbar und trennte mich von meinen Freunden. Ich blieb allein, inmitten von *uomini d'onore*.

Als ich mehr in die Vorgänge des Gewerkschaftsbüros eingebunden wurde, bekam ich auch erheblich mehr Geld. Die meisten Leute, die zur Encal kamen, wollten entweder eine Rente oder einen Schwerbehindertenausweis, obwohl es ihnen bestens ging. Ohne die entsprechenden Kenntnisse war dies nicht leicht zu bekommen. Dazu musste man Ärzte und Angestellte verschiedener Ämter bemühen, die Renten bewilligten, man brauchte Beziehungen, Zeit und Geduld. Cusumano hatte all dies im Überfluss. Er übernahm die gesamte Organisation, vom Antrag bis zum bürokratischen Akt selbst. Zusätzlich jedoch verpflichtete er seine Kunden, der Gewerkschaft beizutreten und jedes Jahr fünfzehn- bis zwanzigtausend Lire Mitgliedsbeitrag zu bezahlen. Sobald der Antrag ausgefüllt war, traten die Ärzte in Aktion, die, je nach Fall, eine Diagnose stellen und den Grad der Behinderung festlegen mussten. Im Verlauf dieses bürokratischen Vorgangs, der immer mindestens zwei Jahre dauerte, konnte das Prozedere beliebig verlangsamt oder beschleunigt werden, je nachdem, was günstiger für uns war.

Eigentlich war es ganz einfach, eine Pension gewährt zu bekommen. Da es jedoch zwei oder drei Jahre bis zur Auszahlung dauerte, musste der frischgebackene Rentenempfänger alle Rückstände, die bis dahin aufgelaufen waren, sofort nach Ersterhalt vollständig ans Gewerkschaftsbüro übergeben. Die Beträge gingen immer in die Millionen. Dem Kunden blieb dann die weiter laufende Rente, die er ohne unsere Hilfe niemals bekommen hätte.

So verdiente mein Pate gut und genoss zudem die Wertschätzung und den Respekt der Leute. Bei Wahlen wurde Cusumano oft gefragt, wen man wählen sollte, zumindest von Kunden, deren Gesuch bereits stattgegeben worden war. Doch die anderen, über deren Vorgang noch nicht entschieden war, ließen sich auch leicht überzeugen. Es reichte, ihnen zu erklären, dass sie ihren Rentenanspruch oder ihre Invalidität leichter zugesprochen bekämen, wenn sie unsere Kandidaten wählten – die je nach Lage der Dinge von der PLI, der PSI, der DC, der PSDI oder der PRI sein konnten. Auf diese Art konnte mein Pate so viele Stimmen gewinnen, dass er mitentschied, wer in den Kommunalrat einzog.

Als ich vollständig mit meinem Bekanntenkreis brach, wurde ich noch mehr in die Vorgänge des Büros eingebunden. Langsam, unter verschiedenen Vorwänden und mit fortgesetzten Ratschlägen, führte mich mein Pate an die Männer der Cosa Nostra heran. Zum Beispiel bat mich Capogreco, ihm in seinem Kino auszuhelfen.

»Könntest du mir einen Gefallen tun und einmal die Woche für mich arbeiten, Enzuccio? Ich bezahle auch dafür. Ich habe schon mit deinem Paten gesprochen, und er ist einverstanden.«

»Natürlich, ich stehe zu Ihrer Verfügung. Was soll ich

tun?« Wenn Cusumano bereits zugestimmt hatte, konnte ich wohl kaum so unhöflich sein und ablehnen.

»Du könntest sonntags ins Kino kommen und auf etwaige Störenfriede achten. Kümmere dich um die Kasse, und behalte die Jugendlichen im Auge«, erklärte er.

Das war keine große Sache. Also übernahm ich das eine ganze Weile einmal die Woche, während das Büro geschlossen war. Dabei wollte man *mich* im Auge behalten, sehen, wie ich mich machte und ob ich Capogrecos Autorität anerkannte. Es gab keinerlei Probleme.

Trotz der Empfehlungen meines Paten hatte ich allerdings immer noch meinen Charakter, daher nahm ich mir nicht alles, was er sagte, zu Herzen. Zwar traf ich mich nicht mehr mit meinen alten Freunden, aber meine persönlichen Angelegenheiten regelte ich immer noch auf meine Art und Weise. So stand ich zum Beispiel auf Kriegsfuß mit zwei Schäferfamilien, zuerst aus Rache, später aus Liebe.

Beim ersten Mal ging es um den Weinberg meines Vaters. Eines Tages im März war ich gerade mit der *Mamma* zu Hause, als ich ihn vom Feld kommen sah. Er war vollkommen erschüttert und sagte immer wieder: »Ich bringe ihn um, ich mach ihn fertig, ich bringe ihn um.«

Meine Mutter, die wissen wollte, was passiert war, musste sehr in ihn dringen, bevor er aus seiner Raserei erwachte. Dann erzählte mein Vater vom Streit mit einem Schäfer zwei, drei Tage zuvor, und dabei kamen ihm vor Wut die Tränen. Es war das erste Mal, dass ich ihn so verletzt und frustriert sah. Dieser Schäfer war ein wirklich sturer Bursche. Es war zum Streit gekommen, weil seine Schafe auf unserem Land weideten und die Saat aufgefressen hatten. Zuerst hatte Papà das schweigend geduldet, doch als es zwei-, dreimal passierte, hielt er es nicht mehr aus. Er stellte den Schäfer zur Rede, aber der war jünger und stärker und zog ihm mit seinem Knüppel eins über. Als mein Vater sich so bedroht sah, holte er die Axt hervor, die er zum Beschneiden der Pflanzen brauchte. Daraufhin ergriff der Schäfer die Flucht und ließ seine Schafe im Stich. Da richtete mein Vater in seiner Wut die Axt gegen die Schafe. Vor lauter Zorn tötete er sieben, acht von ihnen und kam dann nach Hause, ohne ein Wort zu sagen.

Drei Tage später wütete der Schäfer, der zwei Hütten auf freiem Feld hatte, wo er mit seiner Familie übernachtete, heimlich in unseren Weinbergen. Die Hälfte wurde zerstört. In jener Jahreszeit waren die Trauben ziemlich anfällig, schon wenn man sie nur berührte, fielen sie ab. Selbst beim Unkrautjäten musste man aufpassen, keinen Schaden anzurichten. Mein Vater sah die Arbeit eines ganzen Jahres zunichtegemacht, der Schaden ging in die Millionen. Er war außer sich vor Zorn und konnte sich nicht mehr beruhigen, weil er befürchtete, der Schäfer würde auch noch die andere Hälfte zerstören.

»Hört zu«, verkündete er, »heute Nacht schlafen wir alle im Weinberg und warten ab, was passiert. Wenn er dann auftaucht, bringen wir ihn einfach um.«

Ich wusste, dass er das nur so dahersagte. Mein Vater war zwar uns gegenüber autoritär, aber grausam oder gar blutrünstig war er nicht. Außerdem hatte er keine anderen Waffen außer ein paar Messern und einer alten Pistole, die nicht mal richtig funktionierte. Er wollte einfach nur den Rest seines Weinertrags retten. Daher beschloss er, sich mit seinen Söhnen auf die Lauer zu legen, komme, was da wolle. Er war sich zwar sicher, dass der Schäfer der Übeltäter war, konnte es aber nicht beweisen. Daher galt es, ihn auf frischer Tat zu ertappen. So machten wir uns bereit, die Nacht in unserem Weinberg Wache zu halten.

Zwar hatte ich zu meinem Vater ein schwieriges Verhältnis, weil ich sein autoritäres Gebaren nicht ertrug, aber er war immer noch mein Vater, und sein Schmerz war mir zu Herzen gegangen. Ich wollte ihm helfen. Ich empfand tiefen Hass gegen den Schäfer, der sich so schändlich verhalten hatte. Doch als wir aufbrechen wollten, sprang meine Mutter auf und sagte: »Aber Enzuccio bleibt hier, den nehmt ihr nicht mit.«

Mein Vater, der nur an den Weinberg dachte, widersprach: »Nein, der kommt auch mit.«

Ich wollte auch mit, aber meine *Mamma* wusste, wie sie ihren Mann überzeugen konnte. Sie behauptete, sie habe Angst, allein zu bleiben. Wenn jemand käme, um sich zu rächen, bräuchte sie einen Mann in der Nähe. Das war natürlich ein Vorwand, in Wahrheit wollte sie mich nur von der Gefahr fernhalten. Sie hielt mich immer noch für ein schwaches, zerbrechliches Kind, trotz meiner Einbrüche und Raufereien, trotz meiner Streitsucht und der Zeit im Jugendknast. Ich war der Jüngste im Haus, und mein Vater sagte mir nach wie vor, wo es langging. Der Unterschied zwischen mir und dem Rest meiner Familie bestand darin, dass ich mit List und Tücke vorging, wenn ich jemanden strafen wollte, während meine Brüder nur ihre Fäuste gebrauchen konnten. Meine Mutter bot all ihre Überredungskünste auf, bis mein Vater sich schließlich geschlagen gab und bereit war, mich zu Hause zu lassen. Da nahm ich *Mamma* beim Arm und führte sie in ein anderes Zimmer, um mit ihr zu sprechen.

»Hör mal, mach dir keine Sorgen, aber es ist besser, wenn ich mitgehe.«

»Nein, ist es nicht. Du musst hierbleiben, du bist der Jüngste.«

»*Mamma*, wenn ich dabei bin, kann ich die anderen schützen, sogar Papa. Was wollen sie schon allein ausrichten? Sie haben nur vier Messer und eine kaputte Pistole. Wenn die Schäfer bewaffnet sind, können sie sie umbringen, ist dir das klar?«

Genau davor hatte meine *Mamma* Angst.

»Umso besser, wenn du hierbleibst. Wollt ihr denn alle sterben?«

»Jetzt sag ich dir mal was, aber es ist ein Geheimnis, du darfst auch Papa nichts verraten, es soll eine Überraschung werden. Ich habe ein gutes Gewehr versteckt, mit Patronen. Das hole ich, dann stelle ich mich vor die anderen, und wenn einer Papa oder die Brüder bedrohen will, knalle ich ihn ab. Ich beschütze sie, du musst dir keine Sorgen machen. Du kannst ruhiger sein, wenn ich mitgehe, als wenn ich hierbleibe. Und jetzt hör auf zu diskutieren, denn ich gehe sowieso mit, ob du willst oder nicht.«

Es war schon seltsam, aber gegenüber meiner Mutter hatte ich noch nie gezeigt, wie gewalttätig ich sein konnte. Es war eine ziemliche Überraschung für sie, mich so reden zu hören, und schließlich gab sie ihre Einwilligung.

»Du bist wie mein Bruder Nino, Enzo, der hat uns auch beschützt.«

Das war ein schönes Kompliment für mich, weil ich wusste, dass ihr Bruder ein sehr starker, mutiger und angesehener Mann gewesen war. In den düsteren Zeiten vor dem Krieg hatte es fähige Männer wie ihn gebraucht, um zu überleben.

»Also gut, geh«, sagte meine Mutter, »offenbar weißt du, was du tust, ich habe keine Angst mehr, geh.«

Ich kehrte zu meinem Vater und meinen Brüdern zurück, und dann machten wir uns gemeinsam auf den Weg zu den Feldern. Als wir dort angekommen waren, wollte ich das Gewehr holen. Ich sagte also, ich müsse mal fünf Minuten verschwinden.

»Was willst du denn machen?«, fragte mein Vater.

»Ich weiß schon, was ich mache.«

Meine Brüder hielten mich für einen Trottel, der nun doch noch Angst bekommen hatte. Sie hatten sich schon immer für besonders stark und schlau gehalten. Tatsächlich waren sie auch mutig, aber eben nicht ausgefuchst genug für eine solche Unternehmung. Ich grub das Gewehr aus, lud es und band mir den Patronengurt um. Als ich zurückkehrte, sahen sie nur einen bewaffneten Mann, der aus der Dunkelheit auftauchte.

»Wer ist da?« Schon am Tonfall hörte man ihre Aufregung.

»Keine Angst. Ich bin es.«

Ich musste sie beruhigen, denn sie alle wollten wissen, wo ich das Gewehr herhatte.

»Macht euch darüber keine Gedanken, es gehört mir.«

Mein Vater warf mir einen seltsamen Blick zu, es gelang ihm nicht, mich mit einem Gewehr in Verbindung zu bringen. Ich sah ihm in die Augen und erkannte, dass ich mehr Hass auf den Schäfer empfand als er.

»Papa«, sagte ich, »lass uns zur Hütte des Schäfers gehen und ihn umbringen.«

Er traute seinen Ohren nicht. Wir waren losgezogen, um einen Beweis, eine Bestätigung zu bekommen, nicht, um ein Massaker anzurichten. Papa wollte kein unschuldiges Blut vergießen, mich aber hatte der Hass in seiner Gewalt.

»Bist du verrückt geworden, Enzo? Beruhige dich.«

»Verrückt? Wieso denn verrückt? Hast du nicht gesehen, was er angerichtet hat? Los, gehen wir und bringen alle um.«

Ich übertrieb es, weil ich das Gefühl hatte, die Familienehre verteidigen zu müssen, schließlich war ich der Einzige mit einem Gewehr. Wir beschlossen, auf unserem Besitz Aufstellung zu nehmen. Wir postierten uns jeweils hundert Meter vom anderen entfernt um die Weinberge herum, und ich stellte mich mit geladener und schussbereiter Waffe an den vordersten Punkt. So verbrachten wir die Nacht, in Kälte und Nieselregen. Gegen die Unbilden des Wetters schützten wir uns mit Planen und Decken, fanden aber wegen der Unbequemlichkeit und unserer Anspannung überhaupt keinen Schlaf. Nichts geschah, vom Schäfer gab's nicht die geringste Spur. Am nächsten Morgen kehrten wir schweigend nach Hause zurück. Ich ruhte mich ein paar Stunden aus und ging dann wie immer ins Büro meines Paten.

Sofort erzählte ich ihm von der Geschichte mit dem Schäfer, von unserer Nachtwache, von dem Hass, den ich immer noch empfand.

»Können Sie sich vorstellen, was dieser verfluchte Schäfer meinem Vater angetan hat? Dieser Bastard hat ihm den Weinberg zerstört. Ich muss ihn einfach umbringen, er verdient den Tod.«

Cusumano sah mich nur an, lächelte und gab mir eine Ohrfeige.

»Was soll das denn?«, fragte ich verblüfft. Da wollte ich die Ehre meiner Familie verteidigen und erntete dafür Ohrfeigen?

»Enzo, hast du immer noch nicht gelernt, dass du deine Impulsivität zügeln musst?«

»Sie haben doch gehört, was er verbrochen hat! Und ich werde nicht feige kneifen.«

»Ja, ich weiß, ich weiß. Trotzdem darfst du nicht sagen, dass du ihn umbringen willst.«

»Er verdient es aber doch, *parrino*.«

Ich ließ nicht locker, einerseits, weil ich den Schäfer hasste, andererseits, weil ich Cusumanos Einstellung wirklich verstehen wollte, denn nachdem er mich geohrfeigt hatte, war er ganz ruhig geblieben und hatte mir nicht wie sonst wegen meiner Dummheiten Vorhaltungen gemacht.

»Sieh mal, Enzo, dein Vater hat recht, zwar hat er diesen Schlag nicht verdient, aber dennoch hat er vorher den Schäfer provoziert.«

Zugegeben, Papa hatte die Schafe getötet, trotzdem war der Schäfer schuld, weil er zugelassen hatte, dass sie ihm die Aussaat wegfraßen. Also hatte er die Strafe doch wohl verdient.

»Ich muss mich rächen, *parrino*. Ich muss diesem verfluchten Kerl etwas antun. Schließlich geht die Sache nicht nur meinen Vater etwas an, sondern die ganze Familie, also auch mich.«

»Ist gut. Dann denk wir was aus. Aber du darfst ihn nicht töten. Ich weiß, du bist dazu in der Lage, aber du darfst es nicht tun. Jeder stirbt zu seiner Zeit. Allerdings kannst du schon einen kleinen Rachefeldzug starten.«

»Was für einen Rachefeldzug?«

»Denk mal darüber nach, wie du dich rächen kannst, ohne jemanden zu töten.«

Also dachte ich nach.

»Ich könnte ihm all seine Schafe umbringen, *parrino*, sie erschießen. Wenn er den Weinberg meines Vaters zerstört, töte ich ihm seine Schafe.«

»Sehr gut, genau das war auch meine Idee. Tu das.«

Ich wartete drei Tage ab, und dann begab ich mich nachts zur Hütte des Schäfers.

Meiner Familie sagte ich nichts, es bestand kein Grund dazu. Ich fuhr vermummt mit dem Motorrad bis auf zwei Kilometer an die Hütte heran, die weit abgelegen mitten auf den Feldern stand. Es galt vorsichtig zu sein, denn der Schäfer war bewaffnet. Ich schulterte das geladene Gewehr und wanderte bis zur Hütte, wo die Schafherde weidete. Dann versteckte ich mich hinter einem Felsblock, der größer war als ich, und lehnte mich mit dem Rücken gegen ihn. Ich nahm die Schafe aufs Korn und fing an, mitten in die Herde zu schießen. Mit fünf Schüssen hatte ich bereits ungefähr zwanzig erledigt. Schon beim dritten Schuss jedoch wurde aus der Hütte das Feuer erwidert. Weil es aber tiefschwarze Nacht war, konnte man mich im Schutz des Felsblocks kaum sehen. Daher behielt ich die Ruhe, auch wenn ich nicht wusste, wie viele Schützen es waren. Ich lud das Gewehr nach und schoss noch einmal mitten in die Herde. Als ich keine Munition mehr hatte, zog ich mich zurück und machte mich auf den Heimweg. Ich hatte Rache genommen, ohne dass mich jemand gesehen hatte. Jetzt konnte dieser Bastard nur noch seine Verluste zählen.

Meine zweite Fehde gegen Schäfer wurde durch ein Mädchen ausgelöst, das Rosa hieß und achtzehn war, genau wie ich. Sie hatte vier Brüder, von denen der älteste, Martino, siebenundzwanzig war. Damals hatte ich ein frisiertes Motorrad, das ziemlich schnell war. Mit dem holte ich Rosa ab, und dann fuhren wir an ein stilles, geheimes Plätzchen. Wir schliefen nicht miteinander, weil wir damals glaubten, dass man zuerst heiraten müsse, aber ich hatte große Lust dazu, denn ich war verliebt. Sie gefiel mir sehr, sie war nett, hatte einen schönen Körper und ein ebenso schönes Gesicht. Es war die typische Jugendliebe, und wir hatten große Pläne. Eines Tages wurden wir von jemandem überrascht, der so schlau war, sofort zu Rosas Brüdern zu gehen und ihnen alles zu erzählen. Sie kam aus einer Schäfersfamilie. Das waren Leute, die nicht lange fackelten. Als wir uns kurze Zeit darauf in unserem üblichen Versteck in den Feldern küssten, tauchte plötzlich Martino auf. Als Erstes gab er Rosa eine Ohrfeige, woraufhin ich ihn sofort angriff. Vom Boxen her saßen mir immer noch die Fäuste locker – ich war wendig und wusste meine Hiebe zu setzen –, aber er war größer und kräftiger, so dass ich letzten Endes mehr Prügel bezog, als ich austeilte. Er war fuchsteufelswild, und da er die Ehre seiner Schwester verteidigen wollte, begnügte er sich nicht damit, mich zu verprügeln, sondern zog eine Pistole und bedrohte mich damit.

»Dieses Mal«, sagte er, »lasse ich dich am Leben. Aber wenn ich dich noch einmal bei meiner Schwester sehe, jage ich dir eine Kugel in den Kopf. Am besten lässt du dich gar nicht mehr blicken, denn sollte ich dich auf der Straße treffen, könnte ich Lust kriegen, dich doch umzubringen.«

Er wollte mir Angst einjagen, und das gelang ihm auch sehr gut, da er eine Waffe hatte. Ich hasste ihn dafür. Aber in dieser Situation konnte ich nichts anderes tun, als mich ruhig zu verhalten.

»Schon gut, schon gut, ich treff mich nicht mehr mit Rosa, keine Sorge.«

Er nahm seine Schwester mit und ließ mich auf Rache sinnen. Was wollte er eigentlich? Schließlich liebte ich Rosa, es war mir ernst mit ihr, er dagegen hatte mich geschlagen und bedroht, hatte sogar eine Waffe auf mich gerichtet. Ich beschloss, es ihm mit gleicher Münze heimzuzahlen, er sollte genauso viel Angst haben wie ich, wenn nicht noch mehr. Schließlich besaß ich ja ein Gewehr, wovon er natürlich nichts wusste.

Am selben Abend noch begab ich mich zu meinem Versteck und grub das Gewehr aus. Ich zog mir eine Mütze tief ins Gesicht, so dass ich im Dunkeln nicht zu erkennen war, und machte mich auf zu Rosas Haus, das ein gutes Stück vom Ort entfernt lag. Dort lud ich das Gewehr mit fünf Patronen und schoss auf die Tür und die Fenster. Chaos brach aus. Dann floh ich.

In Sizilien ist so etwas unverzeihlich. Rosas Vater und ihre Verwandten erstatteten keine Anzeige, sondern betrieben auf eigene Faust Nachforschungen. Es war nicht schwer, den Schuldigen zu finden. Ich hatte ein Motiv, der älteste Bruder wusste ja genau, was er mir angetan hatte. Die Sache kam auch meiner Familie zu Ohren, und mein Vater und mein Onkel mischten sich ein. Es gab Diskussionen, Streit, Geschrei. Am Ende wurde einmütig beschlossen, die Sache auf sich beruhen zu lassen. Sie verziehen mir, weil ich noch ein Junge war und meine Gründe gehabt hatte. Schließlich war ich mit der Waffe bedroht worden. Rosas Bruder hatte einen Fehler begangen, ich hatte einen Fehler begangen, damit war die Angelegenheit erledigt.

Rosa ging mir dennoch nicht aus dem Sinn. Sollte ich sie etwa von einem Tag auf den anderen vergessen, nur weil man mir verboten hatte, sie zu treffen? Sie durfte nicht mehr das Haus verlassen, außerdem bekam sie Schläge. Ich suchte alle möglichen Orte auf, wo ich sie zu sehen hoffte, doch vergeblich. Eines Tages ging ich zu einem meiner Verwandten, der in ihrer Nähe wohnte, und ließ mich dort am Fenster blicken. Ich hoffte immer noch, sie zu treffen und einen Blick mit ihr wechseln zu können. Tatsächlich sah ich sie auch, im Hof des Nebenhauses zusammen mit ihrer Mutter, einem jüngeren Bruder und einem jungen Mann, den ich kannte und der ein paar Jahre älter war als ich. Was machte der bei Rosa? Er legte ein vertrauliches Verhalten an den Tag, irgendwann berührte er sie sogar an der Schulter! Sie hatten sie in ihrem Haus verlobt, um sie von mir fernzuhalten. Doch mit was für einem Kerl! Einem hässlichen, einfältigen Typen, über den ich mich mit meinen Freunden immer nur lustig machte. Jetzt durfte er Rosa umarmen und ich nicht. Allein bei der Vorstellung kochte mir das Blut. Unbemerkt trat ich vom Fenster zurück und hatte nur noch einen Gedanken.

»Du«, dachte ich, »bist mit niemandem verlobt.«

Ich wusste so einiges über diesen Mann, der nur wenig älter war als ich. Ich wusste, wo er wohnte und welchen Weg er gehen musste, um Rosa zu besuchen. Sieben, acht Tage später begab ich mich eines Abends wie gewöhnlich auf die Piazza, wo es eine Jukebox gab, die man mit hundert Lire in Gang setzen konnte. Es nieselte, und ich wollte gerade eine Bar betreten, als ich sah, wie der Trottel herausgeputzt und mit einer Schallplatte in der Hand vorbeispazierte. Damals pflegte man seiner Verlobten Schallplatten zu schenken. Ich dachte sofort: »Sieh mal an, der Hornochse hat eine Scheibe gekauft und will sie ihr jetzt bringen.«

Er beachtete mich nicht und hatte auch keinen Grund, sich Sorgen zu machen. Ich kannte den Weg, den er zu Rosa nehmen musste, und brauchte nur eine Sekunde, um einen Plan zu schmieden. Ich sah schon genau die Stelle vor mir, die mir für meinen Plan dienlich sein würde. Er spazierte so gemächlich vor sich hin, dass ich ihm in einiger Entfernung folgen konnte. Normalerweise ging ich nie ohne Waffen aus, ich besaß ein Messer und eine Pistole, die ich mir ein paar Jahre zuvor bei meinen Halbweltfreunden besorgt hatte. Sein Pech, dass ich an diesem Abend beides dabeihatte. Ich folgte ihm bis zu einer engen Gasse, die von Mauern begrenzt und nur spärlich beleuchtet war. Dort holte ich ihn ein, packte ihn ohne Vorwarnung an den Schultern, stieß ihn in einen dunklen Hinterhof und schleuderte ihn zu Boden. Ich ließ ihm nicht mal die Zeit zu reagieren, sondern hielt ihm die Pistole ins Gesicht und das Messer an die Kehle. Er war fassungslos, mein Angriff traf ihn völlig unerwartet. Vor lauter Schreck wurde er ohnmächtig.

Und so einen Schwächling wollte man Rosa zum Mann geben!

Ich verpasste ihm drei, vier Ohrfeigen und fing an, ihn zu schütteln, damit er wieder zu sich kam. Das tat er nach kurzer Zeit auch, aber er war vollkommen verängstigt. Ich nahm ihm die Schallplatte ab und zerschlug sie auf seinem Kopf.

»Wo willst du hin, du Bastard? Ich weiß, wohin du gehst, aber ich verbiete dir, Rosa anzurühren, hast du verstanden?« Er war völlig fassungslos und begann, sich jammernd zu entschuldigen.

»Ich kann nichts dafür, ich bin einfach mit ihr verlobt worden.«

»Erbärmlicher Hornochse. Rosa gehört mir. Wusstest du nicht, dass sie mein Mädchen ist?«

»Nein, davon wusste ich nichts«, heulte er.

»Hey, du Hornochse, Rosa ist mein Mädchen, und wenn du nicht die Finger von ihr lässt, bringe ich dich um, ich ramm dir mein Messer in den Leib und knall dich ab.

Und nicht nur dich, sondern auch deine *Mamma*, deinen Papa und deine ganze Familie. Pass nur auf.«

Jetzt schluchzte er und suchte nach Worten, um sich zu entschuldigen. Langsam tat er mir sogar leid.

»Ist schon gut, Enzo, beruhige dich. Ich will deine Rosa ja gar nicht, ich will sie nicht mehr, Enzo, sie gehört dir.«

»Sehr schön, so gefällst du mir.«

Ich half ihm, wieder aufzustehen, und versuchte ihm den Staub aus den Kleidern zu klopfen. Zwar zielte ich nicht mehr mit meinen Waffen auf ihn, drohte ihm aber weiter.

»Du weißt also, was du zu tun hast? Du gehst jetzt zu Rosa und sagst ihr, die Verlobung sei gelöst, du seist nicht mehr interessiert. Aber wehe, du sagst ein Wort von dem, was hier vorgefallen ist, dann bringe ich dich um.«

Er war so verängstigt, dass ich trotz meiner Wut versuchte, ihn aufzubauen, bevor ich ihn wegschickte.

»Ich hab nichts gegen dich persönlich, schließlich wusstest du ja nicht, dass Rosa mein Mädchen ist. Aber jetzt geh, und ich empfehle dir, die Verlobung zu lösen.«

»Ja, ja, Enzo, mach dir keine Sorgen.«

Doch als er bei Rosa ankam, hielt er sich nicht an die Absprache.

Kaum war der Blödmann eingetreten, fing er auch schon an zu heulen.

»Enzo will mich umbringen.« Enzo hier, Enzo da. »Helft mir, sonst knallt er mich ab.«

Er musste wohl noch den Schreck verdauen. Aber Rosas Vater und ihre Brüder waren aus anderem Holz geschnitzt. Als sie sahen, wie er weinte, trösteten sie ihn nicht, sondern jagten ihn fort.

Verdammt noch mal, dachten sie. Wir sollten doch besser darauf achten, wem wir unsere Tochter geben.

Der Arme hatte Ohrfeigen bekommen, war ohnmächtig geworden, war mit dem Messer bedroht worden, und jetzt wurde er auch noch aus dem Haus seiner Verlobten geworfen. Das kam auch meinen Eltern zu Ohren, die schon mit Rosas Eltern verhandelt hatten, nachdem ich deren Haus beschossen hatte. Danach bekam ihre Familie mehr Respekt vor mir. Ihrer Mentalität zufolge war ihnen jemand wie ich lieber als jemand, der sich angreifen ließ. Es überzeugte sie davon, dass ich Rosa wirklich liebte, und sie bewunderten, dass ich Stärke demonstriert hatte. Sie sprachen mit meiner Familie, gaben zu, mich falsch beurteilt zu haben, und schlugen eine Verlobung vor: »Wir vergessen alles und arrangieren das. Enzo ist es ernst mit ihr.«

So sprachen sie mit meinem Vater, ohne dass ich davon wusste. Am Tag danach kam mein Vater zu mir und verkündete: »Also, Enzo, du gehst wirklich immer aufs Ganze, was? Aber jetzt hörst du auf damit. Wenn du keinen Ärger mehr machst und dich anständig verhältst, versuchen wir, die Heirat mit Rosa zu arrangieren. Dann ist es doch gut, oder?«

»Aber ich will die Rosa gar nicht mehr, Papà.«

»Was soll das heißen? Du hast doch das ganze Theater nur veranstaltet, weil du sie unbedingt haben wolltest.«

Meine Reaktion kam für ihn vollkommen unerwartet, für mich übrigens ebenso. Bis zu diesem Augenblick hatte, nach allem, was geschehen war, nicht die entfernteste Möglichkeit einer Heirat bestanden. Erst jetzt, als mein Vater alles mit mir klären wollte, erkannte ich, dass Rosa mich nicht mehr interessierte.

»Ja, aber wenn sie mich wirklich lieben würde, hätte sie nie in die Verlobung mit einem anderen einwilligen dürfen. Sie hätte sich nicht zwingen lassen dürfen, auch wenn sie sie totgeprügelt hätten, sie hätte sich nicht verloben dürfen. Ich weiß noch genau, dass sie sagte, ich wäre ihr wichtiger als jeder andere, das Wichtigste überhaupt. Für mich ist sie eine Hure, sie hat sich zwar nicht ficken lassen, aber innerlich ist sie eine Hure. Ich will sie nicht mehr, sie ekelt mich an.«

Diese Entschiedenheit überraschte meinen Vater zwar, doch dann kam er zu dem Schluss, dass es tatsächlich besser so war. Denn bei ihm und meiner *Mamma* war genau dasselbe passiert. Ihre Familie war gegen die Verlobung der beiden gewesen. Meine Mutter hatte Prügel bezogen und Hausarrest bekommen, doch sie blieb dabei, dass sie meinen Vater wollte und keinen anderen. Sie türmten zusammen, und am Ende beugten ihre Eltern und Brüder sich ihrem Willen. Solches Glück hatte ich nicht, da Rosa nicht so charakterstark gewesen war. Mein Vater gab sich mit meiner Entscheidung zufrieden, und zu meiner Genugtuung widersprach er nicht mal oder wütete herum. »Ich bin wirklich deiner Meinung, Enzo. Du hast recht, aber belassen wir es jetzt auch dabei.«

Um bei Rosas Familie die Wogen zu glätten, wurde ich sechs Monate nach Rom geschickt. Einen Monat war ich zur Grundausbildung beim Militär, dann bewirkte mein Vater die Entlassung.

In der Hauptstadt arbeitete ich für Freunde von Cusumano und bekam bereits einen Vorgeschmack darauf, wie es war, unabhängig zu sein. Denn genau so fühlte ich mich, ohne Eltern, Befehle, Pflichten, Fehden und Familienprobleme.

BANDIT

Die Freiheit in der Stadt gefiel mir, plötzlich war die Welt größer geworden, und Castelvetrano schien mir kleiner und beengter denn je. Als ich nach Sizilien zurückkehrte, um das Gewerkschaftsbüro zu übernehmen, ertrug ich es einfach nicht länger, bei meiner Familie zu wohnen. Schon vor meinem Aufenthalt in Rom hatte ich es schwierig gefunden, aber jetzt ging es einfach nicht mehr. Ich wollte allein über mein Leben entscheiden, mein Schicksal selbst in die Hand nehmen. Also verbrachte ich viel Zeit außerhalb des Hauses, im Büro, und abends war ich mit Freunden unterwegs. Meinen alten Bekanntenkreis hatte ich aufgegeben, teilweise weil Cusumano darauf bestanden hatte, teilweise weil ich so lange weg gewesen war. Im Büro war viel zu tun. Die Kommunalwahlen standen kurz bevor, und die Vorsitzenden des *Movimento Sociale* fragten mich, ob ich mich aufstellen lassen würde. Sie meinten, ich könne dank meiner Arbeit im Gewerkschaftsbüro die nötigen Stimmen auf mich ziehen, um den dritten Ratssitz zu ergattern. Ich sprach mit Cusumano und bat ihn um seine Unterstützung.

»Ich schaffe es nur, wenn Sie mir helfen.«

Er brauchte erst etwas Bedenkzeit, da er bis dato immer die Demokraten und Sozialisten unterstützt hatte. Aber bei mir war das natürlich etwas anderes. Er fragte nur: »Glaubst du denn an das, was du tust?«

»Natürlich glaube ich daran, *parrino*.«

Mit vierzehn war ich der Fronte della Gioventù nur wegen meiner Freunde beigetreten, aber jetzt mit neunzehn war ich überzeugtes Mitglied.

»Dann«, beschied mein Pate, »werde ich dir ein wenig helfen. Du bekommst zwar nicht meine volle Unterstützung, denn auch meine Freunde brauchen mich, aber ein wenig helfe ich dir schon. Meine Stimme und die meiner Familie sind dir sicher.«

Schön, das war doch schon etwas. Ohne ihn hätte ich mir keine Hoffnungen gemacht, gewählt zu werden. Ein wenig Unterstützung war besser als nichts. Am Ende jedoch landete ich nur auf Platz fünf und konnte nicht in den Kommunalrat einziehen. Doch für einen Neunzehnjährigen und den jüngsten aller Kandidaten hatte ich mich gut geschlagen, und meine Partei bekam den dritten Ratssitz. Langsam wurde mir auch klarer, wie die Dinge funktionierten. Die Stimmen, die Cusumano bei den Kommunalwahlen sammelte, entschieden über einen oder zwei Räte, zum Beispiel Capogreco, und wurden dann bei allen weiteren Wahlen, für Provinz, Region und Land auf die Kandidaten übertragen, die sich mit Capogreco einigen konnten. Die vielen Arrangements, Gefälligkeiten und Verpflichtungen resultierten in Stimmen, die zum Beispiel ich bekommen hatte. Diese wurden dann an Freunde abgegeben, die zwar weniger einflussreich waren, aber dennoch berücksichtigt werden mussten.

Mein Pate war hoch angesehen bei Männern, die nach Geld und Erfolg gierten, weil er seine Rolle spielte, sich aber im Hintergrund hielt. Bei den Wahlen kandidierte er niemals, sondern nutzte seinen Einfluss dazu, andere wählen zu lassen. Er verwandte die vielen von ihm eingeholten Stimmen zu seinem Nutzen, ohne jedoch aufzufallen. Die Mächtigen, denen er so seine Dienste zur Verfügung stellte, wussten das zu schätzen. Ich sah einmal, wie ihm einer der Honoratioren einen Umschlag mit Geld geben wollte, Millionen, um sich für seine Bemühungen zu bedanken. Cusumano wollte den Umschlag nicht, er wies ihn zurück und lehnte jede Belohnung ab, doch am Ende musste er akzeptieren, weil der andere darauf bestand.

Ich verwandte meine Kräfte auf die Arbeit und die Politik. Und ich suchte auch alte Freunde auf, die ich aus den Augen verloren hatte. Einer davon war Lillo, mit vollem Namen Calogero Santagata, den ich schon seit meiner Kindheit kannte. Als wir älter wurden, hatten wir nicht mehr viel miteinander zu tun, denn er war weiter zur Schule gegangen. Mittlerweile studierte er an der Universität von Palermo Medizin, und wir gingen abends oft zusammen aus. Bei diesen Gelegenheiten sah ich auch häufig seinen älteren Bruder Vanni, der mich nach dem Diebstahl des Gewehrs und des Schmucks mit dem Messer bedroht hatte. Aber das war längst vergessen. Vanni war sieben Jahre älter als Lillo und ich, war aber gern mit uns zusammen – immer in Begleitung seines gleichaltrigen Freundes Aspanu.

Jedes Mal, wenn wir ins Kino gingen, besuchten wir auch Capogreco und hielten ein Schwätzchen mit ihm. Er empfing uns in seinem winzigen Büro im Erdgeschoss mit einer Tür zur Straße und unterhielt sich eine Weile mit uns. Jetzt weiß ich, dass sie mein Verhalten prüfen wollten, meine Reaktionen, meine Worte, meinen Respekt ihm gegenüber. Capogreco war ziemlich zufrieden mit meinen neuen Freunden und lud mich immer wieder ein, auf ein Schwätzchen zu ihm zu kommen. Nie sprach er über Kriminelles, Einbrüche und dergleichen. Höchstens mal über mindere Gesetzesverstöße bei meiner Arbeit im Gewerkschaftsbüro, kleine Vergehen. Den Staat zu betrügen, Rentenzahlungen ohne Berechtigung zu erwirken, gesunde Menschen offiziell zu Schwerbehinderten erklären zu lassen, all dies betrachtete man eher als Unregelmäßigkeit denn als Straftat ... Es war normal, selbstverständlich, so lief das eben. Man brauchte nur darauf zu achten, dass man zu denen gehörte, die die Regeln aufstellten, und nicht zu denen, die sie befolgen mussten.

Ohne es zu wissen, näherte ich mich langsam der *famiglia* von Campobello di Mazara an, dem Nachbarort von Castelvetrano. Als Jugendlicher hatte ich mich in der Unterwelt von Campobello herumgetrieben und dabei auch einen *uomo di rispetto* namens Natale L'Ala kennengelernt. Zusammen mit anderen Kleinkriminellen hatte ich ihn um Erlaubnis gebeten, einem Bauern das Vieh zu stehlen. Das war nicht meine Idee gewesen, denn ich begriff nicht, warum man die Zustimmung eines Fremden einholen musste, um einen Coup, den man selbst geplant hatte, durchzuziehen. Ich erklärte es mir so, dass L'Ala einträglichere Geschäfte als wir betrieb und man sich daher gut mit ihm stellen musste. In der Tat betraute er uns nach dem Diebstahl mit kleinen Spezialaufträgen wie zum Beispiel der Verbreitung von Falschgeld. Er gab uns falsche Banknoten zu fünfzig- und zehntausend Lire. Damit gingen wir in Geschäfte, kauften etwas für tausend Lire, bezahlten aber mit den Zehntausendlirescheinen oder auch, wenn wir etwas für fünftausend gekauft hatten, mit Fünfzigtausend und strichen das Wechselgeld ein. Das brachten wir dann zu L'Ala, der uns dafür bezahlte, allerdings für meinen Geschmack immer zu gering. Damals war ich der Meinung, dass ich mehr verdiente und meine Leistung nicht angemessen gewürdigt wurde. Ich konnte es kaum abwarten, mich von diesen Verbindlichkeiten zu befreien und nach meinem Gusto zu leben. Ich meinte, klüger und auch mutiger als die Alten zu sein. Jetzt weiß ich, wenn ich nur meinem Instinkt und nicht dem Rat meines Paten gefolgt wäre, hätte ich wahrscheinlich nicht mal mein zwanzigstes Lebensjahr erreicht.

Mit neunzehn also spurte und arbeitete ich. An Geld fehlte es mir nicht, da mein Pate mir mehr und mehr das Büro überließ und ich es praktisch leitete. Mein wahres Interesse jedoch galt den Frauen und dem Glücksspiel, zwei Lastern, die sich trefflich miteinander verbinden ließen und dazu führten, dass ich erneut das Gesetz brach. Zusammen mit Biagio, einem Freund aus Campobello, der nur ein wenig älter war als ich, trafen wir uns mit zwei Schwestern. Deren Vater war ein *uomo d'onore*, den Biagio kannte, ich aber nicht. Wir besuchten zuerst sie und danach illegale Spielhöllen. Beide hatten wir eine Schwäche für Glücksspiele, vor allem für Karten, weil es Spannung in unser Leben brachte. Eines Abends setzten wir alles, was uns zur Verfügung stand. Aber wir hatten kein Glück. Bis zu diesem Moment hatten wir nie über Möglichkeiten illegaler Geldbeschaffung gesprochen.

Zu jener Zeit gab es in unserer Gegend eine Reihe Einbrüche. Jeden Tag konnte man in der Zeitung von ausgeraubten Banken, gestohlenen Millionen und verschwundenen Juwelen lesen. Als wir all unser Geld verloren, fingen wir an, darüber zu witzeln, dass uns jetzt nur noch ein Banküberfall helfen konnte.

»Wer weiß, vielleicht starte ich einen schönen Coup«, sagte ich.

»Hast du überhaupt den Mumm dazu?«, erkundigte sich Biagio, um das Feld zu sondieren.

»Na klar«, versicherte ich knapp.

Doch auch ich war mir nicht sicher, wie ernst mein Kumpan es meinte, und wollte mich erst vergewissern.

»Wo bekäme man denn die Waffen her?«

»Das ist kein Problem. Die gibt es überall.«

Nun wusste mein Freund, dass ich Pistolen und Munition besorgen konnte. So testeten wir uns gegenseitig, von Scherz zu Scherz, von Frage zu Frage, bis wir uns einig waren. Unser erstes Opfer sollte ein Spieler werden, der die Spielhölle mit Taschen voller Geld aufsuchte. Er hatte stets dicke Geldbündel mit zwei, drei Millionen dabei, die er beim Setzen hervorholte. Es handelte sich um einen etwa fünfzigjährigen Mann, eher klein und untersetzt, mit einem dicken Bauch. Ich glaube, dass er Kaufmann war.

Am festgesetzten Abend gingen wir in die Spielhölle und warteten auf unser Opfer. Wir hielten uns im Hintergrund, um ihn beim Spielen zu beobachten. Als er ankam, hatte er drei Geldbündel zu jeweils einer Million Lire dabei. Er spielte, gewann, und seine Bündel wurden immer größer. Wir spielten an anderen Tischen, um nicht allzu sehr aufzufallen. Dabei kümmerte es uns nicht, dass wir verloren, da unser Opfer ja für uns mitgewann. Ich wusste, dass der Mann in Castelvetrano wohnte, hatte ihn jedoch noch nie im Ort gesehen.

Als er aufbrach, folgten wir ihm nach draußen. Auf dem Parkplatz konnten wir ihn nicht überfallen. Doch als er mit dem Wagen davonfuhr, hängten wir uns an ihn dran. Zwar hatten wir zwei Pistolen dabei, wollten sie aber nicht benutzen, da wir meinten, leichtes Spiel zu haben. Die Straße zwischen Campobello und Castelvetrano führt vier Kilometer durch einen Wald, in dem es dunkel und kurvig ist. Während wir den Spieler verfolgten, zogen wir uns zur Tarnung Damenstrümpfe über den Kopf. Dann fragte ich Biagio, ob er meine Hilfe bräuchte oder ob ich lieber bei laufendem Motor im Wagen warten sollte.

»Nein, nein, ich kümmere mich schon allein um ihn.«

Am günstigsten Punkt der Strecke überholte ich den Wagen des Dickwanstes, stellte mich quer zur Straße und zwang ihn damit anzuhalten. Biagio stieg aus, öffnete die Beifahrertür und zielte auf ihn. Eine ganz einfache Sache. Aber zehn Sekunden später hörte ich ihn brüllen: »Hilfe, Enzo, Hilfe!«

Ich stürzte zu ihm, sah, dass unser Opfer den Arm meines Komplizen gepackt und so verdreht hatte, dass er die Waffe gegen sich selbst richtete. Biagio hatte ihn unterschätzt, war zu nah an ihn herangegangen und drohte nun sich selbst in die Brust zu schießen. Ich rannte um den Wagen herum und riss an der Fahrertür. Glücklicherweise ging sie sofort auf. Biagio brüllte: »Schieß, los, schieß, sonst knallt er mich mit meiner eigenen Pistole ab!«

Doch das passte mir gar nicht, außerdem war das Risiko ja auf Biagios Seite, deshalb konnte ich mir erlauben, ruhig Blut zu bewahren. Meine Waffe war eine ziemlich schwere Halbautomatik Kaliber 9. Ich packte sie am Lauf und hämmerte dem Kerl dreimal mit dem Kolben auf den Kopf, bis er losließ und bewusstlos auf seinem Sitz zusammensank. Daraufhin schnappten wir uns seine Brieftasche und verschwanden.

Jetzt hatte mein Komplize gesehen, aus welchem Holz ich geschnitzt war, schließlich hatte ich mich besser geschlagen als er. In der Folge planten wir weitere, einträglichere Coups. Ich hatte ein Juweliergeschäft in Campobello ins Auge gefasst, das mir ein leichtes Ziel zu sein schien, und schlug vor, es auszurauben. Aber Biagio, der sich besser auskannte als ich, meldete Zweifel an. »Zuerst müssen wir wissen, wem es gehört, Enzo, oder besser: wem es nicht gehört.«

Er hatte einen Paten, der ganz anders war als meiner, obwohl beide zur Cosa Nostra gehörten. Er hieß Nunzio Spezia und war etwa fünfundvierzig. Er hatte graumeliertes Haar, eine stämmige Figur, ein rundes Gesicht und wirkte kräftig und zupackend, nicht so diplomatisch und geheimnisvoll wie Cusumano. Mit seinem Patensohn sprach er so unverhüllt, als wäre dieser bereits ein Mitglied der Cosa Nostra, das nun von ihm ausgebildet wurde. Spezia genoss zwar Ansehen und wurde allerorten ehrerbietig gegrüßt, war jedoch eher grob und gab sich befehlsgewohnt. Er besaß Ländereien, und er hatte zwangsweise viele Jahre im Norden verbracht. Biagio stellte mich ihm als zuverlässigen Partner vor.

Wir erklärten ihm unseren Plan, auch wenn mir das eigentlich nicht passte, weil ich nicht bei jedem meiner Schritte um Erlaubnis fragen wollte. Aber Spezia ließ uns nicht mal ausreden.

»An den geht ihr nicht ran.«

»Wieso denn?«, fragte ich, weil ich nicht gleich aufgeben wollte. »Das ist doch ein ganz einfacher, vollkommen problemloser Coup.«

»An den geht ihr nicht ran, sonst seid ihr tot.«

Tja, das war eindeutig. Der Juwelier hatte gefährliche Freunde, und dass wir um Erlaubnis gefragt hatten, rettete uns das Leben. Also ließen wir diesen Plan fallen. Mittlerweile jedoch wusste die *famiglia* von Campobello, dass ich in der Lage war, gewisse Aufträge auszuführen, genau wie die *famiglia* von Castelvetrano. Außerdem hatte ich beim Überfall auf den Spieler meinen Mut bewiesen, was Biagio seinem Paten mit Sicherheit erzählt hatte. Als ich Nunzio Spezia persönlich verschiedene Straftaten vorschlug, zeigte ich mich außerdem bereit, für Geld einiges zu riskieren.

Unterdessen jedoch kam es in meinem Leben zu unerwarteten Komplikationen, denn das Mädchen, mit dem ich mich damals traf, die Tochter eines *uomo d'onore*, war schwanger geworden. Zwar gefiel sie mir, aber ans Heiraten hatte ich eigentlich nicht gedacht – ganz im Gegensatz zu ihrem Vater, den ich noch nicht kennengelernt hatte, der aber jetzt zu mir kam und mir den Kopf zurechtrückte. Ich sollte meinen Fehler wiedergutmachen, es ging nicht an, einfach so die Ehre eines Mädchens zu beflecken. Da mein zukünftiger Schwiegervater ziemlich überzeugend war, heiratete ich seine Tochter schließlich, allerdings nur standesamtlich, nicht kirchlich, wie er verlangte. Ich war zwar in dieses Mädchen verliebt, sah sie aber nicht als die Frau meines Lebens. Im Grunde übernahm ich nur die Verantwortung für einen Fehltritt. Ich mochte sie und war auch stolz darauf, Vater zu werden. Aber obwohl sie mich zu nehmen wusste, waren wir kein glückliches Paar, einfach deshalb, weil sie nicht die Frau war, mit der ich den Rest meines Lebens verbringen wollte. Auch nach der Hochzeit fiel es mir schwer, mich wie ein verheirateter Mann zu verhalten. Biagio heiratete übrigens die Schwester meiner Frau. So hatte ich mit einem Schlag zwei Verwandte aus der Mafia gewonnen, meinen Schwiegervater und meinen Schwager.

Den nächsten Coup schlug mir Spezia vor, über meinen Schwiegervater. Ein Raubüberfall auf die Winzergenossenschaft von Castelvetrano, zusammen mit Biagio,

Aspanu, einem weiteren jungen Mann namens Jacu und Cicciu Tilotta, der ebenfalls aus Castelvetrano kam. Cicciu war ein Hüne, fast einen Meter neunzig groß, und wog über hundert Kilo. Er war kräftig gebaut und muskulös, ein Kerl, mit dem man sich besser nicht anlegte. Allerdings vertraute er zu sehr auf seine Kraft, und das war, glaube ich, sein Ende.

Ich kannte alle meine Komplizen. Jacu war ein wenig kleiner als ich, mager, gepflegt, mit hellbraunen Haaren und einem fein geschnittenen Gesicht. Er gab sich sehr höflich und geduldig und bewegte sich äußerst langsam, doch ich merkte schnell, dass er in Aktion ganz anders war, schneller als wir, kaltblütig und grausam. Er stammte aus einer Familie von Großgrundbesitzern und kannte sich mit Wein aus, denn er verkaufte ihn. Mit Aspanu hatten wir noch nie zusammengearbeitet, und ich konnte mir nicht vorstellen, dass jemand wie er, der etwas Besitz hatte und Geschäfte betrieb, sich mit Raubüberfällen abgab. Als er das Gegenteil bewies, stieg er um einiges in meiner Achtung. Aspanu hatte wirklich Mumm. In Wahrheit machte er jedoch mit, um meine und Ciccius Reaktionen zu testen. Er prüfte uns im Auftrag der *famiglia*, wir waren seine *cavalli* – Untergebene, die er für sich arbeiten ließ. Jacu hingegen wurde von Biagio überwacht, der bereits verdienter *soldato* der *famiglia* von Campobello war. Dieser Raub war eine Art Gesellenstück vor den Meistern. Doch nur Jacu ahnte etwas davon. Ich hingegen hatte sowieso immer den Drang, mich zu beweisen, daher konnte ich den Test leicht bestehen, obwohl ich nicht wusste, dass die Cosa Nostra dahintersteckte. Das Ganze sollte Mitte November, nach der Weinlese, stattfinden, da wir davon ausgingen, dass die Kassen der Genossenschaft dann voll wären. Danach sollten wir Spezia die Beute geben, der sie für uns aufteilte. Ich brauchte Geld, da ich inzwischen Vater einer Tochter geworden war und bis dahin mit Sparen nicht viel im Sinn gehabt hatte.

Als der *Capo* sicher war, dass sich genug Geld in der Winzerkasse befand, war der Zeitpunkt zuzuschlagen gekommen. Wir zogen uns Nylonstrümpfe übers Gesicht und zückten die Waffen. Aspanu und ich hatten Gewehre mit abgesägtem Lauf, Cicciu Tilotta, Biagio und Jacu dagegen Trommelrevolver, die keine Patronenhülsen auswarfen. Leider hatten wir uns verrechnet. Unsere Ausbeute war mager, drei, vier Millionen in bar und noch mal sechs Millionen in Schecks. Wir nahmen alles mit, waren aber ziemlich enttäuscht, vor allem Tilotta und ich, da wir nur das Geld im Kopf hatten. Doch als wir Spezia die Beute aushändigten, überraschte er uns.

»Ihr habt euch tapfer geschlagen und könnt alles behalten.«

Diese großzügige Geste wussten wir sehr zu schätzen. Viel später sollte ich lernen, dass es günstig ist, selbst den Moment zu bestimmen, in dem man Freunden einen Gefallen erweist, denn dann bestimmt man auch, wann und wie sie sich revanchieren müssen. Spezia brauchte das Geld nicht und verzichtete darauf, um uns einen Gefallen zu tun. Nun standen wir in seiner Schuld.

Wir teilten das Bargeld gerecht auf, und Cicciu übernahm es, die Schecks einzulösen. Er behauptete, dazu müsse er sich mit einem Freund in Palermo in Verbindung setzen, und dann würde es ein paar Monate dauern, bis sie eingelöst würden. Keiner von uns protestierte, da wir ihm vertrauten.

Wenige Tage später kamen Nunzio Spezia, Tilotta und

Capogreco in Begleitung meines Schwiegervaters zu mir ins Büro.

»Enzo«, setzte Capogreco an, »Cicciu braucht eine Bescheinigung. Für eine Anstellung bei der Gemeinde muss er eine Behinderung aufweisen.«

»Kein Problem«, antwortete ich.

Dazu musste mein Pate nur ein paar Ärzte bemühen und sich dann beim Bürgermeister Vito Lipari einsetzen, der die Macht hatte, Einstellungen durchzusetzen.

Spezia und Capogreco wiesen Tilotta an, monatlich eine Million an mein Büro zu zahlen, fünf Monate lang. Das war praktisch sein gesamter Anteil aus unserem Überfall, und noch mehr. Es überraschte mich, Spezia und Capogreco zusammen zu sehen, da sie so unterschiedlich waren. Die Geschäfte hatten sie zusammengebracht, obwohl man mir zu verstehen gab, dass der Professor das Sagen hatte und er eher Spezia benutzte als umgekehrt.

1976 waren fünf Millionen eine Menge Geld. Cicciu war zufrieden, dass man ihm einen Arbeitsplatz besorgen würde, hatte aber eigentlich eine direkte Intervention von Capogreco erwartet, der, wenn er wollte, das Problem ohne viele Vermittler lösen konnte. Tilotta ahnte wohl, dass der Umweg über mein Büro zwar notwendig war, aber vor allem dazu diente, ihm Geld abzuknöpfen und Zeit zu schinden. Wenn er eines über meine Arbeit wusste, dann, dass ich sie nicht aus Wohltätigkeit und Nächstenliebe verrichtete. Ich bereitete alles Nötige vor und bekam noch am Tag des Antrags die erste Rate von Tilotta, die ich sofort an Capogreco weiterleitete. Sieben Wochen später jedoch schwand Ciccius Vertrauen in unser Büro und die diffizilen Vorgänge der Bürokratie schlagartig. Plötzlich passte es ihm nicht mehr, im Voraus fünf Millionen für eine Stelle zu zahlen, die er erst in ein, zwei Jahren bekommen würde. Er wollte auch nicht mehr begreifen, dass die Cosa Nostra ihn testete und seine Treue auf die Probe stellte. Wenn er zahlte, würden sich in der Zukunft mehr als genügend Gelegenheiten zum Geldverdienen ergeben. Aber er beschloss, nicht mehr zu zahlen. Er hatte kein Vertrauen in Lobbyisten und hielt sich für stärker, mutiger und klüger als alle anderen. Was Stärke und Mut angeht, hatte er wohl recht, aber ansonsten irrte er sich.

Er kam zu mir, sagte, er würde nicht mehr zahlen, und forderte seine Million zurück. Ich machte Ausflüchte und versuchte Zeit zu gewinnen, weil es natürlich nicht in Frage kam, ihm das Geld zurückzugeben. Da drohte er mir, denn er war doppelt so stark wie ich und ging keiner Prügelei aus dem Weg. Er fluchte und brüllte, musste am Ende jedoch ohne sein Geld abziehen. Ich ging mit der Sache zu Capogreco, der versprach, eine Lösung zu finden. Es kam zu einem regen Austausch von Botschaften und Verhandlungen, aber Cicciu Tilotta hatte sich in den Kopf gesetzt, dass er sein Geld zurückwollte. Die Schecks aus dem Einbruch bei der Winzergenossenschaft wollte er uns auch nicht mehr auszahlen. Er fühlte sich sicher: Solange er nicht seine Million zurückbekam, würde er das Geld von den Schecks behalten.

Capogreco wies Biagio und Jacu an, sich mit Tilotta zu treffen und ihn in sein Haus zu bringen, ohne jemandem etwas zu sagen. Erst schlugen mehrere Versuche fehl, weil Cicciu misstrauisch war. Am Ende erklärte er sich jedoch bereit, seine Komplizen aus dem Bruch zu treffen. Eines Abends im Januar holten wir drei, Biagio, Jacu und ich, ihn mit meinem Wagen ab, einem Fiat mit vier Türen. Nur Biagio stieg aus und läutete an Tilottas Haustür. Er wollte vermeiden, dass jemand ihn sah, aber Tilottas Schwiegervater konnte ihn durchs Fenster deutlich erkennen. Als Cicciu herauskam, fuhren wir vier direkt zu Capogrecos Villa.

Dort ging es ein paar Stunden hin und her. Da ich noch jung war, meldete ich mich kaum zu Wort. Vor allem Capogreco sprach und erklärte Tilotta, dass der Nachweis der Behinderung bereits angefordert sei und durch den Vorgang Kosten anfielen, die bezahlt werden müssten. Cicciu benahm sich die ganze Zeit, als sei ihm das egal. Er wollte keine Begründungen, er erklärte nicht, warum er sein Geld zurückforderte, sondern drohte nur, das Geld aus dem Erlös der Schecks für sich zu behalten. Damit unterschrieb er sein Todesurteil, das eigentlich schon beschlossen, aber noch nicht verkündet war, weil man zuerst hören wollte, ob er etwas zu seiner Verteidigung vorzubringen hatte.

Schließlich gab Capogreco Ciccius Forderung zum Schein nach. Er verkündete, die Million würde in ein paar Tagen zurückerstattet, und entließ uns. Doch als auch ich aufbrechen wollte, bat er mich, Biagio und Jacu meinen Wagen zu leihen, damit sie Tilotta nach Hause bringen konnten. Ich glaube, das war das Zeichen, dass sie ihn umbringen sollten, denn ich war nicht eingeplant. Sie hatten sich alles schon vorher zurechtgelegt. Wenn Capogreco mich aufforderte, den Wagen zu verleihen, hieß das, das Urteil sollte vollstreckt werden.

Als die anderen drei aufbrachen, blieb ich also in der Villa. Zehn Minuten später zog Biagio im Wagen seine Halbautomatik Kaliber 22. Kaum sah Cicciu das vom Rücksitz, stürzte er nach vorn und versuchte ihn zu entwaffnen. Er bekam einen Schuss in die Seite, schaffte es aber allein durch seine Masse und Kraft, Biagio abzuwehren und eine der hinteren Türen des Wagens zu öffnen. Obwohl er verwundet war, versuchte er, auf die Felder zu fliehen, über den Wassergraben hinweg, der die Straße säumte, doch es gelang ihm nicht. Biagio holte ihn nach wenigen Metern ein und erledigte ihn mit mehreren Schüssen. Seine große, massige Leiche ließ er einfach am Straßenrand liegen.

Eine Viertelstunde nach ihrem Aufbruch klingelte es an Capogrecos Tür, und Biagio rief mich hinaus. Ich verabschiedete mich vom Hausherrn, und als ich unten ankam, wusste ich sofort, was los war. Nach der Version meiner Gefährten hatte Tilotta sie angegriffen, und sie hatten ihn im Auto erschießen müssen. Der *Professor* blieb außen vor, auch wenn er das Ganze angeordnet hatte. Ich hingegen musste die Spuren in meinem Wagen beseitigen. Ein schönes Geschenk hatten sie mir da gemacht.

Ich brachte Biagio und Jacu zu meinem Haus, wo sie ihre Wagen geparkt hatten, und fuhr dann weiter zu den Feldern meines Vaters. Dort entfernte ich die Flecken von den Sitzen und verbrannte die Fußmatten. Ich versuchte zwar, alles so gründlich wie möglich zu beseitigen, aber das war nicht leicht. Das Blut war bereits geronnen und hart und widerstand allen Anstrengungen, wie sehr ich auch mit feuchten Lappen herumscheuerte. Ich brauchte mehr als eine Stunde. Als ich schließlich nach Hause fuhr, war mir klar, dass das Ergebnis nicht ausreichte. Jedes Mal, wenn ich auf der Fahrt nach hinten blickte, stach mir ein dunkler Fleck ins Auge. Weitere Spuren waren auf der Seite des Beifahrersitzes zu sehen. Die hatte Tilotta dort hinterlassen, als er sich auf Biagio gestürzt hatte, um ihm die Waffe zu entreißen.

Die Version, die sie mir erzählt hatten, fand ich nicht

besonders überzeugend. Ich ging eher davon aus, dass es sich um eine missglückte Exekution gehandelt hatte – was ja auch stimmte, doch das erfuhr ich erst Jahre später. Biagio schaffte es nie, Distanz zu wahren, wodurch er seine Arbeit erheblich erschwerte. Er ließ seine Opfer einfach zu nah an sich heran. Mit der Waffe in der Hand fühlte er sich unangreifbar und war nicht auf gewalttätige Reaktionen gefasst. Vielleicht glaubte er, wem mit der Waffe gedroht würde, dem bliebe gar nichts anderes übrig, als sich ruhig zu verhalten und abknallen zu lassen. Damit brachte er sich jedes Mal in Schwierigkeiten. Dennoch bewunderte ich ihn, denn er hatte kaltblütig einen Menschen umgebracht. Er war grausam, mutig und zu allem fähig. Damit machte er seine mangelnde Körperkraft mehr als wett. Mir blieb nun nichts anderes, als die Spuren zu verwischen.

Da ich mit dem Ergebnis meiner Anstrengungen keineswegs zufrieden war, rief ich trotz der vorgerückten Stunde meinen zweitältesten Bruder Petru heraus, kaum dass ich Castelvetrano erreicht hatte. Ich erklärte ihm, ich bräuchte seine Hilfe und er solle Putzmittel und Fleckenentferner mitbringen, da ich den Wagen reinigen müsse. Er stellte keine weiteren Fragen, da mein Anblick bereits für sich sprach. Mein Mantel hatte Blutflecken abbekommen, als ich auf den Feldern das Auto geschrubbt hatte, und meine Miene war angespannt. Meine Brüder betrachteten mich schon seit einiger Zeit nicht mehr als lästiges Ärgernis. Meine Beziehungen, mein politischer Einfluss, das Büro, die Freundschaft mit meinem Paten und Capogreco, der Umgang mit Vanni, Aspanu und hochgeschätzten Gleichaltrigen hatten mir einen Nimbus verliehen, der sich auch auf die ganze Familie und Verwandtschaft erstreckte. Deshalb schämten sie sich nicht mehr wegen der Scherereien, für die ich ab und zu noch sorgte, sondern fühlten sich verpflichtet, mir zu helfen. Ich war viel schneller als sie zum Mann geworden, kannte einflussreiche Leuten und verdiente höchsten Respekt.

Petru wollte nicht wissen, von wem das Blut stammte, und ich hatte auch nicht die Absicht, es ihm zu sagen. Er half mir, den Wagen zu säubern, dann verabschiedeten wir uns, und ich kehrte nach Hause zu meiner Frau und meiner mittlerweile drei Monate alten Tochter zurück.

Unglücklicherweise führten die polizeilichen Nachforschungen bereits drei Tage später zu mir. Die *Carabinieri* hatten in Tilottas Haus einen Brief gefunden, in dem ich beschuldigt wurde: »Im Todesfall sollte bekannt werden, dass ich dem jungen Vincenzo Vecchio eine Million geliehen habe.«

Ich weiß nicht, was Cicciu sich dabei gedacht hatte. Wenn es einen gab, der ihn nicht umbringen wollte, dann doch ich. Und ausgerechnet mich hatte er »im Todesfall« belastet. Seine Frau erzählte den Bullen, dass ich das Geld bekommen hätte, um Tilotta eine Stelle zu besorgen, was ja auch hunderprozentig stimmte. Nur kam das den *Carabinieri* nicht besonders wahrscheinlich vor. Sie hatten mich, den Vorbestraften, dazu den belastenden Brief und die Zeugenaussage seiner Frau. Sie fanden auch einen kleinen, von Cicciu gezeichneten Plan, auf dem die Niederlassung meines Büros und die der Democrazia Cristiana besonders markiert war. Ich glaube, damit wollte er auf die Rolle von Capogreco und Bürgermeister Lipari hinweisen, der ganz am Ende noch seine Zustimmung zur Einstellung geben musste. Also hatte mein ehemaliger Komplize doch noch Angst bekommen, er hatte gewusst, welches Risiko er einging, dann aber den Falschen belastet. Da die *Carabinieri* keine einzige echte Spur hatten, reichte ihnen das. Sie hatten keine Zeugen, die mich am Abend des Mordes mit Cicciu gesehen hatten, weil Biagio an seiner Tür geläutet hatte. Niemand hatte mich gesehen. Die Mordwaffe wurde auch nicht bei mir gefunden, und zwar schlicht und einfach deshalb, weil ich sie nie besaß. Außerdem war ich nicht der Mörder. Meine Hände wurden auf Schmauchspuren untersucht, aber mit negativem Ergebnis, denn ich hatte ja nicht geschossen. Doch all das kümmerte die Bullen überhaupt nicht, sie suchten einen Schuldigen, und da kam ich ihnen gerade recht.

Da ich meine Frau nicht mit in die Sache verwickeln wollte, hatte ich dummerweise kein Wort zu ihr gesagt, was jetzt dazu führte, dass mein Alibi sich bereits nach den ersten Befragungen als löchrig erwies. Die Zeiten stimmten nicht überein, und es ergab sich eine Spanne von zwei Stunden, in der ich den Mord hätte begehen können. Meine Frau hatte an diesem Abend ihre Eltern in Campobello di Mazara besucht. Ich sagte wahrheitsgemäß aus, dass ich ihr nachgefahren und dann wieder zurückgekehrt sei, und verlängerte lediglich die Dauer meines Besuchs. Dennoch hätte ich immer noch genug Zeit gehabt, nach Castelvetrano zurückzufahren und Tilotta umzubringen. Die Großmutter meiner Frau, die der Cosa Nostra nahestand, behauptete, mich noch nach dem von meiner Frau angegebenen Zeitpunkt in Campobello gesehen zu haben. Doch da die beiden Orte sehr nahe beieinanderliegen, blieb auch dann noch genug Zeit für den Mord. Die *Carabinieri* suchten nicht großartig nach Beweisen, ihnen reichte der Umstand, dass meine Verteidigung dürftig war. Schließlich rückte ich mit dem Alibi aller Schuldigen heraus: »Ich war bei einer Frau. Den Namen kann ich nicht nennen, das wäre nicht fair. Außerdem bitte ich Sie, meiner Frau gegenüber Stillschweigen zu bewahren, weil sie nichts davon weiß.«

In der ersten Januarwoche des Jahres 1977 steckten sie mich ins Gefängnis, wo ich fast zwei Jahre, bis Dezember 1978, blieb. Da ich die Justiz und ihre Büttel hasste, verriet ich keinen meiner Komplizen. Weder erzählte ich von dem Treffen bei Capogreco, noch erwähnte ich Biagios Namen, nicht mal aus Versehen. Der war nach dem Mord vorsichtshalber nach Deutschland abgeschoben worden, zu sizilianischen Freunden, blieb dort mehrere Jahre und kehrte nur für die Sommerferien nach Castelvetrano zurück. Er war sozusagen suspendiert, konnte sich aber auch dort nützlich machen.

Auf meinen Prozess musste ich zwei Jahre im Gefängnis von Favignana warten, einer Insel vor Trapani. Die Cosa Nostra hatte zwar die Macht und die Gelegenheit, mich zu befreien, unterließ es aber aus zweierlei Gründen: Erstens sollte ich auf die Probe gestellt werden, man wollte sehen, wie gut ich den Knast vertrug, und zweitens brauchte man vertrauenswürdige Männer im Gefängnis. Außerdem konnte die Organisation zwar die nötigen Ausnahmen machen, wenn es in ihrem Interesse lag, aber für einen, der noch nicht mal dazugehörte, der noch nicht seinen Eid abgelegt hatte, wollte man sich nicht übermäßig ins Zeug legen.

Einen meiner Verteidiger lernte ich im Knast kennen, als Mithäftling. Er hieß Totò Giordano, war Rechtsanwalt und hochgeschätztes Mitglied der *famiglia* von Campobello. Er war an der Entführung Corleos beteiligt, dem Vetter der Salvos, der '75 verschleppt worden und nie wieder aufgetaucht war. Das alles erfuhr ich erst viel später, aber ich verstand mich gut mit ihm, sowohl innerhalb als auch außerhalb des Gefängnisses. Noch während ich auf meinen Prozess wartete, kam er frei und wurde dann einer meiner Verteidiger. Die anderen suchte ich nach ihrem Ruf aus.

Das Gefängnis ist wie ein kleiner Staat, straff durchorganisiert, mit Regeln und ungeschriebenen Gesetzen. Wenn man die nicht schnell lernt, ergeht es einem schlecht, denn die Sanktionen werden ohne Verzögerung und Gnade erteilt. In Haft muss man um alles kämpfen, ums Überleben, um Privilegien, um Geld und die Kontrolle über illegale Tauschgeschäfte. Es gibt keinen besseren Ort als den Knast, um ungestraft das Gesetz zu übertreten. Doch wenn man die Regeln der Inhaftierten bricht, ist man ein toter Mann. Im Gefängnis darf man betrügen, stehlen und morden, aber man darf niemals die Hierarchien missachten.

Wenn jemand Neues kommt, will man von ihm erst einmal wissen, weswegen er einsitzt. Bewaffneter Raubüberfall und Mord sorgen für höchsten Respekt, im Allgemeinen sind die Urheber solcher Straftaten sehr angesehen und können sich durchsetzen, müssen aber untereinander um die Befehlsgewalt kämpfen. Die einflussreichsten Insassen sind die mit den meisten Beziehungen, und diesbezüglich sind *die uomini d'onore* ungeschlagen. Allerdings dürfen Angehörige der Cosa Nostra nicht damit herumprahlen, weshalb es ab und zu notwendig ist, Mördern und Räubern zu erklären, wer wo in der Hierarchie steht. Es gibt immer einen, der sich für stärker oder schlauer hält. Somit braucht ein *uomo d'onore*, der sich bei einem außerhalb der Mafia Respekt verschaffen will, die Hilfe von *piciotti*, Handlangern, die sich um delikate Angelegenheiten wie das Zurechtstutzen von Möchtegernbossen kümmern.

Wahre Macht hat jedoch, wer die illegalen Geschäfte innerhalb des Gefängnisses kontrolliert: Handel mit Drogen und Waffen, Bestechung der Wachen, Erschleichung von Geldern und Vergünstigungen, Manipulation der Prozesse. Der reibungslose Ablauf hängt maßgeblich vom Einsatz der richtigen Männer bei strategisch wichtigen Arbeiten ab. Die Verwaltung der Girokonten und der Einkauf sind die entscheidendsten Posten.

In der Verwaltung der Konten arbeiteten sowohl Wachen als auch Häftlinge. Sie registrierten die Einnahmen und Ausgaben der Insassen, natürlich nur die offiziellen, und verzeichneten, wie viel sie bekamen und wie viel sie ausgaben. Genau der richtige Ort also, um den Staat wie auch schwächere Häftlinge zu betrügen. Außerdem konnte man sich hier mit den Wachen über Dienstleistungen einigen, die nichts mit der Verwaltung zu tun hatten, aber dennoch von Nutzen waren. Es gab Wachbeamte, die sich für einen bestimmten Tarif – fünfhunderttausend Lire pro Gefallen – anboten, Nachrichten, Geld oder heiße Ware zuzustellen. Nach ein paar Monaten in Haft wurde ich wegen meines guten Rufs ausgerechnet zur Verwaltung der Konten abbeordert. Allerdings konnte ich nichts einstecken, da man sich in der Anfangszeit still verhalten und lernen muss.

Es gab dort einen Häftling, Guido aus Alcamo, der ein wahrer Meister der Zahlen war. Ursprünglich hatte er im Ordnungsamt gearbeitet, saß aber jetzt wegen Mordes an seiner Frau hinter Gittern. Er kannte sich mit den Bilanzen der Gemeinde aus und durfte sich nach seiner Verurteilung um die des Gefängnisses kümmern. Er ließ nichtexistente Gelder auf dem Papier erscheinen und existente verschwinden und rechnete Summen so lange hin und her, bis sie am Ende dort landeten, wo er es wollte, das heißt in seiner Tasche und der seiner Auftraggeber – bei den *uomini d'onore* und dem Gefängnisdirektor höchstpersönlich. Guido gehörte zwar nicht zur Cosa Nostra, war aber dennoch unantastbar, da er eine äußerst wichtige Funktion innehatte. Allerdings wusste er um seinen Wert und ging einem gewaltig auf die Nerven. Eines Tages nervte er mich so, dass ich ihm ein, zwei Fausthiebe verpasste. Ein anderer wäre dafür sofort eliminiert worden. Mich rettete meine Stellung in der Hierarchie und die Freundschaft mit Totò Giordano. Ich wechselte den Posten, und da ich die mittlere Reife hatte, wurde ich Schreiber, ein wunderbarer Job.

Während der Einkauf nur damit beschäftigt ist, den Gemeinschaftseinkauf zu organisieren, sammelt der Schreiber Spezialbestellungen wie zum Beispiel Schokolade oder Zigaretten, Dinge also, die man schriftlich beim Direktor beantragen muss. Er hat freien Zutritt zu allen Zellen und nimmt Wünsche entgegen: Unterredungen mit der Familie, Anrufe nach Hause oder zum Anwalt. Im Zuge seiner Aufgaben kann er Nachrichten und Befehle übermitteln sowie Gefallen erweisen und kommt sofort in Kontakt mit Neuzugängen, die er einschätzen und an sich binden kann.

Im Gefängnis gibt es viele Messer und ebenso viele Durchsuchungen, die im Allgemeinen negativ ausfallen. In Favignana endeten die Durchsuchungen aus zweierlei Gründen fast immer ergebnislos: Erstens wurden die Messer sorgfältig so gearbeitet, dass sie nicht nur scharf, sondern auch möglichst flach und leicht zu verstecken waren, und zweitens hatte ich eine schöne Mappe, in der ich die

Listen mit den Wünschen der Häftlinge aufbewahrte. Wenn eine Durchsuchung anstand, erfuhr ich es vor allen anderen, da ich mich außerhalb der Zellen aufhielt. Ich gab denen, die es wissen sollten, Bescheid und übernahm dann die Messer meiner Freunde, um sie entweder in meiner Tasche oder in der Mappe unter den Listen zu verstecken. Dann drehte ich weiter meine Runde, während die Wachen in die Zellen gingen und sie von oben bis unten durchsuchten. Da ich auf dem Gang blieb, beachteten sie mich nicht. Bei meinen Freunden fanden sie nichts, aber manchmal waren sie so freundlich, die Messer von jemandem zu beschlagnahmen, der gefährlich werden konnte und daher besser unbewaffnet blieb.

Dann waren da noch die anspruchsvolleren Aufträge: Drohungen, Prügelstrafen, Morde. Die Cosa Nostra prüft zukünftige Angehörige auf Fähigkeiten jeder Art. Sie müssen *uomini d'onore* Respekt erweisen, sich anderen gegenüber aber durchsetzen, das heißt, sie müssen die Hierarchien erfassen und akzeptieren, ohne genau zu wissen, wer zur *famiglia* gehört und wer nicht. Natürlich merkt man sofort, wer respektiert wird und wer nicht, dennoch sind für Außenstehende wie mich die für *uomini d'onore* verbindlichen Regeln nicht ohne weiteres einsichtig. Anwärter auf das Amt des *piciotto* müssen mutig sein und keine Gefahr scheuen, dürfen gleichzeitig aber nicht unnötig auffallen, müssen also ihre Kühnheit unter Kontrolle haben. Für die Cosa Nostra ist es von größter Bedeutung, *soldati* anzuheuern, die ihre Gefühle verbergen und Feinde täuschen können, jedoch gleichzeitig treu zu ihren Verbündeten stehen. Diese Eigenschaften sind selten in einem Mann vereint. Wem das Lügen zur zweiten Natur wird, der lügt am Ende immer, um der Vorsicht und des Vorteils willen, und zwar gegenüber Feinden, Freunden und Verwandten gleichermaßen. Lüge und Treue lassen sich nur selten miteinander vereinbaren.

Während meiner Zeit auf Favignana kamen auch Vanni Santagata und einer seiner Brüder ins Gefängnis. Sie waren eines Raubüberfalls angeklagt, den sie auch begangen hatten, mussten jedoch nicht lange bleiben. Ich war ihr Vertrauter. Hin und wieder besuchte sie auch Lillo, der mir jedes Mal Nachrichten von meinen Eltern und Grüße von Capogreco und meinem Paten überbrachte. Die Brüder Santagata kamen innerhalb weniger Monate wieder frei. Darin zeigte sich der Unterschied unserer Bedeutung: Sie waren schuldig und frei, ich war im Grunde unschuldig und eingesperrt.

Nach gut anderthalb Jahren Gefängnis, in denen ich meinen Nutzen für die Cosa Nostra unter Beweis stellen konnte, setzte der Staat endlich meinen Prozess an. Der Staatsanwalt war ein gewisser Ciaccio Montalto. Er war von meiner Schuld überzeugt und setzte das Straßmaß auf vierundzwanzig Jahre an. Zwar hatte Tilottas Schwiegervater ausgesagt, dass nicht ich am Abend der Tat an ihrer Tür geläutet hatte. Und der Schmauchspurentest war auch negativ ausgefallen, obwohl die Bullen nachher behaupteten, ich hätte auch Handschuhe tragen können. Gegen mich sprach nur eine Lücke von anderthalb Stunden in meinem Alibi sowie der Brief und die Skizze des Toten. Eigentlich zu wenig für die Anklage, fanden ich und meine Anwälte, zu denen sich nach seiner Freilassung auch Totò Giordano gesellte.

Ich weiß noch, dass ich während des Prozesses die Möglichkeit hatte, meine Familie länger zu sehen, vor allem Minicheddu, der mittlerweile meine Vormachtstellung anerkannte und sogar stolz darauf war. Eines Tages kam er zu mir und fragte mich, ob ich Cicciu Tilotta denn tatsächlich ermordet hätte. Er wollte wissen, ob sein Bruder wirklich den Mumm gehabt hatte, einen solchen Koloss zu erledigen.

Er nahm mich beiseite und sagte: »Du musst mir die Wahrheit sagen, Enzo. Hast du ihn nun umgebracht oder nicht? Warst du dabei oder nicht?«

Wir waren zwar Brüder, Blutsverwandte, aber gewisse Fragen darf man einfach nicht stellen. Ich versuchte, so wenig wie möglich preiszugeben. »Ich war nicht dabei. Aber du darfst mir nicht mehr solche Fragen stellen.«

Meine Antwort genügte ihm nicht. Er wollte mir zu verstehen geben, dass er Bescheid wusste, die Wahrheit ahnte und dennoch weiterhin zu mir hielt.

»Alles klar, Enzo, wenn du ihn umgelegt hast, war das gut, wenn du dabei warst, auch, denn dann hattest du ein Motiv, und er hat es verdient. Wenn du sagst, du weißt nichts davon, dann weißt du auch nichts davon. Aber für mich bist du es gewesen.«

»Denk doch, was du willst, Minicheddu. Du hast deine Frage gestellt, aber in Zukunft musst du das unterlassen.«

Ich hätte ihm auch sagen können, dass ich in die Sache verwickelt war, aber das Gesetz des Schweigens gebot, dass ich nicht mal meinem Vater die Wahrheit sagen durfte, und er wusste das. Er durfte absolut nichts erfahren.

Der Prozess ging gut aus: Freispruch aus Mangel an Beweisen.

Im Dezember 1978, nur wenige Tage nach meinem zweiundzwanzigsten Geburtstag, kam ich frei, und das war genau das Geschenk, das ich mir gewünscht hatte.

INITIIERTER

Als ich nach Castelvetrano zurückkehrte, hatte ich Schwierigkeiten, wieder ins Berufsleben zurückzufinden. Mein Pate hatte sich ein Jahr vor meiner Inhaftierung zur Ruhe gesetzt, und während meiner Zeit im Gefängnis war das Encal geschlossen. Da die Bullen mir im Nacken saßen, war es nicht leicht, das Büro wieder in Gang zu bringen. Direkt nach meiner Ankunft wurde ich zu Capogreco gerufen, der mich zu meinem Verhalten während des Prozesses beglückwünschte. Der Professor riet mir zu ein paar Monaten Luftveränderung.

»Enzuccio, warum gehst du nicht nach Mailand? Du hast doch eine verheiratete Schwester da oben, nicht wahr? Dann sieh dich mal ein bisschen im Norden um, bis die Bullen dich vergessen haben. Danach schaue ich, ob es hier nicht etwas Schönes für dich gibt.«

Ich freute mich, dass er mich nicht vergessen hatte. Schließlich hatte ich kein Wort über das Treffen in seinem Haus gesagt und so meine Loyalität bewiesen. Ich war der Meinung, dass ich für meine zwei Jahre Knast entschädigt werden musste, und Capogreco ließ durchblicken, dass er sich um mich kümmern würde. Es war kein Problem für mich, seinen Rat zu befolgen. Ich fuhr nach Mailand zu meiner Schwester und schlug mich mit ein paar Aufträgen und etwas Geld von meinem Paten durch. Als ich im Frühsommer nach Sizilien zurückkehrte, besuchte ich mehrere

Male Cusumano, der sich immer noch wie ein Vater um mein Befinden und meine Ausbildung sorgte. Als wir eines Tages miteinander plauderten, verriet er mir, dass der Schäfer, dem ich ein paar Jahre zuvor als Vergeltungsmaßnahme die Schafe abgeknallt hatte, ermordet worden war. Da erinnerte ich mich daran, was mein Pate gesagt hatte, als ich nach Rache schrie: *Jeder stirbt zu seiner Zeit.*

Damit wollte er mir bedeuten, dass es sinnlos war, einen bereits zum Tode Verurteilten zu ermorden. Dieser hier war, mit einigen Jahren Verzögerung, an einem Gewehrschuss gestorben. Ich wollte mehr wissen, aber mit seiner üblichen Zurückhaltung beließ es Cusumano dabei. Er war der Meinung, wenn ich die Bedeutung hinter seinen Worten erfasste, würde ich mich als guter Fang für die *famiglia* erweisen, da ich die Intelligenz und die notwendigen Fähigkeiten für einen wichtigen Posten bewies. Für die Zukunft, die er sich für mich vorstellte, wäre es nützlich, wenn ich meinen Kopf anstrengte. Aber ich war nicht aus demselben Holz geschnitzt wie er, weder so feinsinnig noch so diplomatisch oder strategisch, wie er erhoffte.

Vom Temperament her waren wir uns ähnlich, aber er hatte sich mehr unter Kontrolle. Als er von dem Schäfer berichtete, ließ er durchblicken, dass er in seiner Jugend auch jemanden umgebracht hatte. Er erzählte von einer Fehde, in der ihn jemand schwer beleidigt hatte.

»Du musst wissen«, sagte er, »dass ich damals genauso impulsiv war wie du und ihm am liebsten sofort das Messer an die Kehle gesetzt hätte. Ich plante, ihm vor seinem Haus aufzulauern, zu warten, bis es dunkel wäre, und ihm dann die Kehle durchzuschneiden. Aber ich tat es nicht, ich verzichtete darauf. Nach einiger Zeit jedoch wurde er erstochen aufgefunden.«

Im Grunde war klar, dass er ihn umgebracht hatte, und noch klarer war, dass er trotz der vielen Jahre, die seitdem vergangen waren, und trotz des Vertrauensverhältnisses, das uns verband, so etwas niemals zugeben durfte.

Ein anderer Punkt, auf dem Cusumano beharrte, war der, dass man seine Tugenden, den besseren Teil seiner selbst, unbedingt verbergen müsse.

»Es ist dumm, Menschen sein Herz zu öffnen, die es nicht verdienen, und gefährlich, es denen zu öffnen, die es ausnutzen könnten.«

»Das verstehe ich nicht, *parrino*. Soll ich dem Professor gegenüber also nicht treu und loyal sein?«

»Capogreco verdient höchsten Respekt, und dieser Respekt wird ihm auch immer erwiesen, mehr noch, als du meinst. Denk stets daran, dass er ein Mann von großem Wert ist.«

Ich verstand, dass es nicht nur richtig war, bedeutenden Leuten Ehrerbietung zu erweisen, sondern vor allem nützlich. Dies wollte mein Pate mir begreiflich machen. Aus irgendeinem tieferen Grund, den ich nicht vollständig begriff, war es lebenswichtig, seine positiven Gefühle zu verbergen. Mir wurde bewusst, wie wichtig die Kunst der Täuschung war, die ich im Gefängnis bereits gelernt hatte. Aber mir war immer noch nicht ganz klar, wieso ich Zuneigung und Loyalität verbergen musste, wo ich doch ständig dazu aufgefordert wurde, sie zu beweisen.

»Sieh mal, Enzo«, erklärte er mir, »hier in Castelvetrano gab es mal zwei Männer, Peppe und Cicciu, die sich auf den Tod nicht leiden konnten. Jeden Tag stritten sie in aller Öffentlichkeit miteinander, sie bedrohten und prügelten sich. Alle dachten, sie würden sich irgendwann umbringen, einer von beiden müsste letztendlich sterben.

Aber wie sah es in Wirklichkeit aus? Am Tag bekämpften sie sich, und in der Nacht aßen und tranken sie miteinander, sie amüsierten sich und gingen gemeinsam auf Raubzug und Mord aus. Doch niemand verdächtigte sie, weil man sich nicht vorstellen konnte, dass Peppe und Ciccio irgendetwas gemeinsam taten, schon gar nicht rauben, schießen und morden.«

Zu Cusumano ging ich stets gern, um etwas über das Leben und meinen Platz darin zu erfahren. Damals hatte ich immer noch Mühe, mich durchzuschlagen. Ich wandte mich an Aspanu und Vanni, die oft kleinere Aufträge für mich hatten. Vanni besaß gemeinsam mit einem seiner Brüder einen Supermarkt, in dem er auch Hehlerware verhökerte. Aspanu arbeitete damals in einem Bauunternehmen und hatte immer Geld, mehr, als er beim Bau verdiente. Die beiden hielten zu mir und betrauten mich mit kleineren Aufträgen. Im Sommer besuchte ich Capogreco deshalb nur selten, ich schaute ein paarmal bei ihm im Kino vorbei und plauderte mit ihm, aber ich war zu sehr mit Geldverdienen beschäftigt, und er bot mir nicht viele Gelegenheiten dazu. Mit einem alten Freund, einem Schäfer namens Vincenzo Cuttonaro, wollte ich eine Tierzucht aufziehen, die nach unseren Plänen rentabel sein würde, weil wir die Tiere von anderen Züchtern in der Gegend stehlen wollten. Anfang Oktober, als ich ein paar Spezialaufträge für meine beiden Kumpel erledigte, gleichzeitig vergeblich versuchte, das Büro wieder in Gang zu bringen und die Sache mit Cuttonaro zu starten, richtete mir Vanni eines Tages aus, der Professor wolle mich sprechen, da er mich seit einiger Zeit nicht gesehen habe.

»Los, trink einen Kaffee mit ihm. Heute Abend ist er im Kino. Du gehst hin, und ihr trinkt Kaffee miteinander.«

Nach dem Abendessen machte ich mich also wie besprochen auf zu Capogreco. Da die Tür zum Büro offen stand, steckte ich den Kopf hindurch, trat aber nicht ein. Ich wollte mich nur sehen lassen. Capogreco plauderte gerade mit einem Großgrundbesitzer, einem gewissen Masino, der mir zwar schon den einen oder anderen Gefallen erwiesen hatte, den ich aber nicht mochte.

Zwei Monate zuvor hatte er mir eine Million geliehen, ohne dass ich darum gebeten hatte. Einfach so, weil er wusste, dass ich in Schwierigkeiten war. Außerdem schwärmte er ständig von mir. »Enzo, dir tue ich immer gern einen Gefallen.«

»Ich bin Ihnen zu tiefstem Dank verpflichtet, Don Masino. Wann soll ich Ihnen das Geld zurückgeben? Sie brauchen mir nur den Tag zu nennen, schon haben Sie es zurück.«

»Ach, ich bitte dich, Enzo, tu, was du tun musst, regle deine Angelegenheiten, und gib mir das Geld zurück, wenn du es entbehren kannst.«

Eines Tages hatte ich ihn mit dem Auto begleitet, als er ein Paket abholen wollte. Auf der Fahrt erwies er mir die Ehre, mich wie einen Vertrauten zu behandeln, und fing an, gegen Capogreco zu wettern.

»Der Professor scheint zwar ein guter Mensch zu sein«, bemerkte er, »aber in Wahrheit denkt er bloß an sich selbst. Für einen Freund springt er nur ein, wenn es für ihn günstig ist. Nicht so wie du und ich.«

Das war zu einer Zeit, da ich Capogreco nur selten sah und dachte, dass er sich nach meiner Entlassung nicht gerade besonders dankbar gezeigt hatte. Dennoch sagte ich nichts zu Masino, und er deutete mein Schweigen als Vorwurf.

»Ich weiß, dass ich so was nicht zu dir sagen sollte, Enzo, denn du bist sein Freund. Ich lass nur Dampf ab, erzähl ihm nichts davon.«

Doch natürlich ging ich sofort zu Capogreco und berichtete ihm alles. Ich hatte nicht bemerkt, dass die beiden Füchse das gemeinsam ausgeheckt hatten, um meine Treue auf die Probe zu stellen.

Als ich zu dem Zeitpunkt, den Vanni mir genannt hatte, zum Büro des Kinos kam, fand ich die beiden in ein angeregtes Gespräch vertieft, und nachdem ich mich an der Tür gezeigt hatte, rief ich nur kurz: »Ich komme später noch mal wieder«, um ihnen klarzumachen, dass ich nicht stören wollte. Ich schickte mich schon zum Gehen an, aber der Professor wollte mich sehen.

»Nein, nein, Enzuccio, komm, komm rein.«

Er forderte mich auf, Platz zu nehmen, und fragte, ob ich was trinken wolle.

»Einen Kaffee, Enzuccio?« Ich nickte, woraufhin er sich an Masino wandte: »Und was willst du?«

»Auch einen Kaffee.«

»Sehr schön, also drei Kaffee.«

Capogreco nahm das Telefon und wählte die Nummer der Bar. Da sich niemand meldete – so sagte er zumindest –, musste jemand zu Fuß hinüber und die Bestellung aufgeben. Ich erhob mich sofort, da die Aufgabe dem Jüngsten zufiel. Auch Masino bot sich an. Aber der Professor hielt uns beide zurück.

»Nein, nein, bleibt hier, ich kümmere mich darum.«

Er ging und blieb etwa zehn Minuten fort. Als er zurückkam, trug er ein Tablett mit einer Kanne Kaffee, drei Gläsern und einem halbvollen Zuckerstreuer. Er stellte die Gläser vor uns hin und schenkte den Kaffee ein.

Mir war es peinlich, mich so von einem viel angeseheneren und mächtigeren Mann bedienen zu lassen. Der Professor fragte mich freundlich, wie viel Zucker ich wolle, und gab mir die entsprechende Menge. Das Gleiche tat er bei Don Masino, und als auch er alles hatte, was er wollte, tranken wir zusammen unseren Kaffee. Capogreco wandte sich an seinen Freund: »Du brauchst dir wegen dieser Angelegenheit keine Sorgen zu machen. Ich kümmere mich darum, sei ganz beruhigt.«

Ich dachte, er sei einer seiner normalen Kunden, denn davon hatte Capogreco als Kommunalrat und Stadtrat Tausende. Es war ein Zeichen seiner Macht, genau wie die vielen ehrerbietigen Grüße, die ihm auf der Straße entgegengebracht wurden. Dann wandte er sich an mich, zeigte jedoch auf Don Masino: »Enzuccio, ihr kennt euch zwar schon, solltet euch aber noch besser kennenlernen. Behalte immer im Kopf, dass Masino mir am Herzen liegt und deshalb allen am Herzen liegen sollte.«

Ich dachte, Capogreco mache gute Miene zum bösen Spiel, da ich ihm doch von Masinos Bemerkungen erzählt hatte. Aber er meinte es wirklich ernst. Zwischen den beiden herrschte ein Einvernehmen, das sich meinem Verständnis entzog. Sie spielten Theater, um meine Reaktionen einzuschätzen. Dann verabschiedete sich Don Masino, und ich blieb mit dem Professor allein zurück.

»Also, Enzuccio, du lässt dich gar nicht mehr bei mir blicken, du gehst mir aus dem Weg. Dabei habe ich in den letzten Wochen öfter an dich gedacht.«

»An mich?«

»An dich, aber nicht nur. Vielleicht sollte ich es dir doch nicht erzählen.«

Er wollte meine Neugier wecken.

»Aber doch, bitte.«

»Ich weiß nicht, ob dir das klar ist, aber du bist ein verdienter und wichtiger Mann.«

Dieses Kompliment bestätigte meinen Verdacht, dass er mich mit Schmeicheleien einwickeln wollte. Nur wusste ich nicht, was er von mir wollte. Ich reagierte mit Bescheidenheit auf seinen Lobgesang, genau wie mir Cusumano beigebracht hatte.

»Wir alle sind wichtig«, wehrte ich ab.

»Nein, nein, das stimmt nicht. Du bist für mich wichtig. Weißt du noch, wie wir aus dir herausprügeln wollten, wo du das Gewehr versteckt hattest? Ich gab dir zwar Ohrfeigen, aber innerlich weinte ich, weil du mir am Herzen lagst. Du weißt doch, dass ich immer nur dein Bestes wollte?«

»Aber natürlich weiß ich das.«

»Ich habe schon immer gewusst, dass du ein ganzer Mann bist, denn ganze Männer werden nicht gemacht, sondern geboren. Du bist der Stolz deiner Familie, und damit will ich weder deinen Vater noch deine Brüder schmähen. Du bist einfach besser als sie.«

Jetzt spürte ich, dass er mich in etwas Großes verwickeln, mich noch mehr an sich binden wollte, doch was das genau war, konnte ich mir nicht vorstellen.

Als Nächstes erging sich Capogreco in Reden über die Gesellschaft, die verschiedenen Kategorien von Menschen, den Platz, den man in einer Hierarchie einnahm.

»Bei Menschen«, fuhr er fort, »muss man manchmal die Peitsche einsetzen. Aber das Gute muss immer vorgehen.«

Genau das hatte auch mein Pate gesagt.

»Allerdings muss ein guter, ein wertvoller Mensch nicht blöd sein. Denn das Leben ist so, dass der Größere den Kleineren frisst, und der Mensch muss seiner Natur folgen und darf ihr nicht zuwiderhandeln. Du und ich sind dazu bestimmt, uns über die anderen zu erheben, genau wie der Löwe dazu bestimmt ist, den Hirsch zu fressen. Uns trifft keine Schuld, wenn wir als Löwen geboren werden und den Hirsch fressen müssen.«

Während dieser Reden ging hin und wieder jemand auf der Straße vorbei und grüßte, denn die Tür stand offen. Aber er winkte alle sofort weiter.

»Heute Abend«, sagte er, »möchte ich nur mit dir sprechen, Enzuccio, heute Abend bist du mir wichtiger als meine Familie.«

»Nicht doch, Professor, wichtiger als die Familie?«

»Du hast recht, nicht wichtiger, aber doch genauso wichtig. Denn du liegst mir am Herzen wie meine Familie.«

»Das verstehe ich nicht, was habe ich denn Tolles getan?«

Zwar sprach ich immer nur gut von ihm, hatte Proben bestanden und war Fallen wie der von Don Masino ausgewichen. Ich war immer da gewesen, wenn er mich gebraucht hatte, und hatte große Treue bewiesen. Wenn ich es recht bedachte, war Capogreco der zweitwichtigste Mensch für mich, direkt nach meinem Paten.

»Enzuccio, du bist loyal, und das ist heutzutage eine seltene Eigenschaft. Aber du hast sie bewiesen. Erinnerst du dich noch an die Sache mit dem Gewehr? Du hast kein Wort verraten, trotz der Schläge. Dein Freund hingegen hat für ein paar Lire sofort alles ausgespuckt. Siehst du den Unterschied? Du hast zwar auch viele schlechte Eigenschaften, bist zum Beispiel sehr impulsiv, aber bei dir überwiegen die guten Eigenschaften die schlechten. Und jetzt ist es Zeit, dass du noch besser wirst, dank deiner Beziehungen. Ich werde für das, was ich bin, respektiert, aber auch für die Freunde, die mir wohlgesinnt sind.«

So verbrachten wir den Abend mit Gesprächen über die Moral, allerdings sprach nur er, und ich bemühte mich, zu verstehen, worauf er hinauswollte. Als er mich entließ, war es schon sehr spät, und er bat mich, am nächsten Abend wiederzukommen.

»Wenn es dir passt, Enzuccio, würde ich dich gerne morgen zur selben Zeit wiedersehen, um noch einen Abend mit dir zu verbringen.«

»Natürlich passt es mir.«

»Schön, dann bis morgen.«

Am folgenden Abend ging ich pünktlich nach dem Essen zum Kino. Capogreco wartete bereits im Büro, allein. Ich trat ein, wir begrüßten uns, und dann fragte er mich, ob ich einen Kaffee wolle.

»Ja, gern.«

»Weißt du was, wir brauchen erst gar nicht anzurufen, es nimmt sowieso niemand ab. Gestern war es mir ein Vergnügen, den Kaffee zu holen, aber heute hätte ich es gern, wenn du gingest.«

»Aber sicher doch.«

»Dann hör zu, Enzuccio. Bestell zwei Kaffee, und lass dir dazu ein ganzes Glas Zucker geben. Bitte, ja? Aber sag, dass du den Zucker extra bezahlst.«

Jetzt begriff ich gar nichts mehr! Dennoch folgte ich seiner Anweisung, ging zur Bar, holte den Kaffee und ein Tablett und sagte, ich bräuchte dazu ein Glas Zucker. An der Kasse erklärte ich dann, ich würde den Zucker extra bezahlen. Zehn Minuten später war ich wieder im Büro des Kinos.

»Setz dich, Enzuccio, setz dich.«

Ich stellte die Gläser vor uns hin und wollte den Kaffee einschenken. Aber er hielt mich auf.

»Nein, nein, ich schenke dir ein.«

Ich sah ihm dabei zu, ohne zu begreifen, was er vorhatte.

Offenbar hielt er eine Art Zeremoniell ab, das mir rätselhaft erschien. Er war ein bedeutender, stolzer, von allen geachteter Mann, der sich normalerweise nicht damit abgab, Freunden Kaffee einzuschenken oder übertriebene Ehrerbietung zu zeigen. Nur jetzt, für mich.

»Den Zucker tust du hinein, Enzuccio.«

»Gut. Wie viel möchten Sie?«

»Mach nur, mach nur.«

Ich gab einen Teelöffel hinein und hielt dann inne.

»Genug?«, fragte ich, weil ich wusste, dass er normalerweise nur einen Löffel nahm.

»Nein, mehr bitte.«

Beim dritten Teelöffel Zucker hielt ich wieder inne, obwohl er nichts gesagt hatte.

»Sonst wird es zu süß, Professor.«

Nach dem fünften Löffel lächelte er immer noch aufmunternd und sagte: »Wenn du ihn mir gibst, ist der Zucker noch besser und wird mir außerordentlich schmecken.«

Also gab ich ihm weiter Zucker in seine Tasse, bis der Kaffee fast bedeckt war. Mittlerweile war er nur noch eine braune Masse, eine kleiner, schlammiger, leicht ekliger Hügel. Ich wusste nicht, was ich sagen sollte. Ich empfand Respekt und Ehrerbietung gegenüber Capogreco, er war viel besser und klüger als ich, daher musste das Ganze einen Sinn haben, und ich wollte keine dummen Fragen stellen.

»Noch mehr, Professor?«

»Mach nur weiter, keine Angst. Ich möchte Zucker, und ich möchte, dass du ihn mir gibst. Achte darauf, dass es nicht überquillt, weil es das Köstlichste auf der Welt ist und ich es heute Abend genießen möchte. Und da es mir noch besser schmeckt, wenn du es mir gibst, darfst du nichts verschwenden.«

Ich sah mich gezwungen, den Zuckerhügel langsam und vorsichtig einzuebnen, damit nichts überlief, bis die Tasse bis zum Rand gefüllt war.

»Jetzt geht nichts mehr hinein.«

»Dann hör mal auf. So gefällt mir das. Weißt du eigentlich, wie viele Jahre ich schon darauf warte, dass du mir dieses Hügelchen aufschüttest? Siehst du das? Streich noch ein wenig darüber, damit es richtig schön glatt wird.«

»Erlauben Sie, aber wollen Sie das wirklich alles trinken? Ich kann es kaum glauben. Jedenfalls wäre für alle Fälle noch mein Kaffee da, in den habe ich noch gar keinen Zucker getan.«

»Lass deinen Kaffee stehen, Enzuccio.«

Er nahm sein Glas.

»Gib mir den Löffel.«

Er nahm ihn, stieß ihn bis auf den Grund seines Glases und zog ihn voller Zucker wieder heraus. Dann steckte er ihn in den Mund und sah mich dabei an.

»Ah, köstlich.«

Er zog den leeren Löffel aus seinem Mund, stieß ihn wieder ins Glas, holte ihn voll Zuckermasse hervor und hielt ihn mir vor den Mund.

»Hier, probier mal.«

Da wurde mir klar, dass dies ein entscheidender Augenblick war. Eine Art heiliges Ritual, wie bei einer Messe. Ich war stolz und froh, dass er mich daran teilhaben ließ. Ich kostete und legte dann den Löffel weg, weil ich dachte, es wäre beendet. Aber Capogreco befahl: »Gib mir den anderen Löffel, den sauberen.«

Als ich gehorchte, holte er sich aus seinem Glas einen Löffel Zuckermasse und gab ihn in meinen Kaffee, der nun so gezuckert war, wie er es mochte.

»Jetzt trinken wir Kaffee, wie es sich gehört.«

»Aber ich bitte Sie, trinken Sie ihn allein.«

»Nein, Enzuccio, zuerst du, aber höchstens drei Schlückchen. Du kannst wählen, ob du ein, zwei oder drei Schlückchen trinkst, aber nicht mehr bitte.«

Ich trank drei, benetzte mir aber kaum die Lippen. Der größere Teil blieb für ihn.

»Wie ist er?«, fragte er.

»Köstlich, nur ein bisschen kalt.«

Ich gab ihm das Glas, und er leerte es mit einem großen Schluck. Obwohl ich mich bemühte, einen Sinn in dem Ganzen zu erkennen, gelang es mir nicht recht. Daher saß ich verlegen da und lächelte ihn unsicher an.

»Hast du denn gar nichts verstanden, Enzuccio? Kommt dir das alles verrückt vor?«

»Nicht im Geringsten. Ich sehe, dass wir vom selben Glas getrunken und vom selben Löffel gegessen haben, und das war sehr schön für mich, da ich Sie so schätze. Ich fühle mich geehrt. Sie haben mir das Privileg gewährt, mit Ihnen zu trinken, und darüber bin ich wirklich froh. Und das sage ich, weil ich wirklich so empfinde.«

»Ah, das empfindest du so. Aber was denkst du eigentlich wirklich über mich?«

»Nur Gutes. Sie verdienen den Respekt, den Ihnen die Menschen entgegenbringen. Sie sind eine bedeutende

Persönlichkeit, und ich erinnere mich an die Worte meines Paten …«

»Die immer die besten sind, vergiss das nicht.«

» … dass Sie viel klüger und wichtiger sind als ich.«

»Enzuccio, du weißt doch, dass ich das Leben besser kenne als du. Und ich sage dir jetzt, dass ich mich viel geehrter fühlen kann als du, weil du, ohne das Leben zu kennen, so geantwortet hast, als würdest du es bereits kennen. Du selbst hast die Dinge gesagt, die ich sagen müsste, und da jeder Mensch seinen Wert hat, hast du ebenfalls einen Wert, und zwar einen großen. Was glaubst du, wer hat mehr Wert, du oder ich?«

»Was für eine Frage, Sie natürlich!«

»Bist du davon überzeugt?«

»Aber sicher, Sie haben Einfluss, sind geachtet und wissen viel mehr als ich. Kein Vergleich zu mir!«

»Du sagst die ganze Zeit, dass ich von uns zweien der Bedeutendere wäre, daher kann ich dir erklären, warum ich deinen Kaffee getrunken habe. Ich wünsche, dass der Mensch, der mir am Herzen liegt, Süßes aus meinem Mund kostet. Von dir habe ich nichts genommen, aber du hast meinen Speichel geschluckt, und ich habe ihn dir gegeben, weil ich wusste, dass du mich für bedeutender hältst. Deshalb habe ich dir etwas von mir gegeben. Du hast drei Schlucke getrunken und ich alles, weil mir mehr vom Kaffee zustand. Wenn ich nicht gewollt hätte, dass du davon trinkst, hättest du nicht einen Tropfen davon getrunken, denn im Leben trinkt jeder nur das, was er verdient. Es gibt welche, die trinken einen Schluck, aber du hast drei getrunken, und zwar nur deshalb, weil du deinen Wert kennst. Dann gibt es welche, die gar nichts trinken, und welche, die dir den Kaffee bringen, den du dann ganz trinkst. Aber, Enzuccio, vergiss nie, dass drei Schlucke Kaffee etwas Gutes sind und viel.«

Dieses Ritual hatte er eigens für mich erdacht, denn später erfuhr ich, dass er bei den anderen, die er anheuerte, so etwas nicht machte. Die Sache mit dem Kaffee war nur für mich gedacht. Er hatte mich den Zucker extra zahlen lassen, um mir dessen Wert zu zeigen, die Bedeutung des Süßen im Leben. Er studierte meine Reaktionen, und ich wartete darauf, dass er sich erklärte.

»Sag doch mal, Enzuccio, ob du glaubst, was ich dir sage. Wenn du anderer Meinung bist, kannst du es mir ruhig sagen, es ist nichts Schlimmes dabei, du kränkst mich nicht damit.«

»Aber natürlich bin ich Ihrer Meinung.«

»Was glaubst du, warum ich mich so verhalte?«

»Denken Sie an die Zahl hundert. Ich bin weit von der hundert entfernt, denn ich bin überzeugt, dass das, was Sie getan haben, hundert ist, daran besteht kein Zweifel. Es ist sicher richtig, und ich weiß, dass Sie es getan haben, weil Sie mich schätzen. Ich weiß nicht, wohin das führen soll, weil ich Ihre Gedanken nicht lesen kann, aber ich weiß, dass es was Gutes ist, und deshalb schätze ich Sie noch mehr, vielleicht, weil ich Ihren Speichel in meinem Mund hatte und der Zucker dadurch noch süßer war.«

Ich wusste, wie man mit Worten Sympathie gewann, das hatte mir mein Pate beigebracht. Ein anderer an meiner Stelle hätte Capogreco logischerweise gefragt, was zum Teufel er da tue. Der Professor hörte mir zu und sah mir dabei in die Augen, nagelte mich mit seinem Blick fest. An einem gewissen Punkt schien er gerührt, denn seine Augen schimmerten. Er sagte: »Enzuccio, du liegst mir von allen am meisten am Herzen, wirklich. Vergiss nie, was auch immer zwischen uns passieren wird: Wenn ich dir zusetze, dann nur zu deinem Besten. Du hast mir bewiesen, dass ich dir wirklich etwas bedeute.«

Seine Augen schimmerten, und er sah mich so durchdringend an, dass ich schließlich den Blick senkte, weil ich mich durchschaut fühlte. Doch er wollte das nicht dulden.

»Weißt du nicht, dass nur Verräter den Blick senken? Sieh mich an. Du wirst den Blick nur senken, wenn ich es dir sage, jetzt noch nicht. Weißt du, dass ich mich ziemlich gut in der Bibel auskenne, es stehen viele Dinge darin, interessante und weniger interessante. Das habe ich von Leuten erfahren, die noch klüger sind als ich. Du solltest auch mal die Bibel lesen, vor allem das Alte Testament.«

Das Alte Testament war ihm lieber, weil da *Auge um Auge, Zahn um Zahn* stand und nicht wie im Neuen Testament *Halte noch die andere Wange hin*, was Menschen wie er und ich einfach nicht akzeptieren konnten.

»Morgen«, fuhr er fort, »ist ein wichtiger Tag für dich, Enzuccio, den darfst du nicht vergessen. Der 4. Oktober 1979, ein Tag, noch wichtiger als dein Geburtstag. Heute Abend hast du aus meiner Tasse getrunken, meinen Speichel geschluckt, und ich darf dir sagen, dass du von allen Fremden der erste bist. Du sollst wissen, dass ich dir vertraue und für dich bürgen werde. Morgen musst du mit Menschen wie uns aus einer Tasse trinken, nein, Menschen, die noch besser sind als wir. Die wahre Familie besteht aus Männern wie uns, und morgen werde ich dein Bürge in deiner neuen Familie sein. Du hältst mich für bedeutend. Aber warum bin ich es? Weil andere mich so bedeutend machen, wie ich dich bedeutend machen werde. Morgen wirst du in mein Haus kommen und dort andere Angehörige der *famiglia* kennenlernen. Du kennst doch

Messino Denaro, *zu' Cicciu*, nicht wahr? Er war dabei, als wir dich nach dem Gewehr fragten. Weißt du, wer *zu' Cicciu* wirklich ist? Mächtiger als er ist hier niemand. In diesem Ort regt sich kein Blatt, ohne dass *zu' Cicciu* es will.

Hast du je vom Banditen Giuliano gehört? Er ist hier in Castelvetrano gestorben, weil er wie ein streunender Hund war. Er hatte keine *famiglia* und daher keine Macht. Weißt du, was die Mafia ist, wann man von Mafia spricht? Die Mafia ist die Cosa Nostra – *unsere Sache, unsere Angelegenheit* –, und unsere Angelegenheiten gehen nur uns etwas an. Die Cosa Nostra ist eine Familie, eine Macht, und du hast dich würdig erwiesen, zu dieser Macht zu gehören. Jetzt erkläre ich dir noch etwas, morgen wirst du dann alles andere erfahren. Wenn du einen Polizeichef siehst, ein ganz hohes Tier, hast du dich dann je gefragt, warum er da auf seinem Posten sitzt? Weil es seine Aufgabe ist, weil es Diebe gibt, die Autos stehlen und uns auf die Nerven gehen. Aber der Polizeichef kommt nur bis zu einem gewissen Punkt. Wir hingegen kommen überallhin. Was er nicht tun und wissen kann, tun und wissen wir. Warst du beim Militär, Enzuccio?«

»Nur einen Monat, für die Grundausbildung.«

»Weißt du noch, wie das war?«

»Ja, es gab Soldaten, Offiziere ...«

»Genau, es gab verschiedene Dienstgrade, und der Soldat war der unterste. Zu Beginn sind alle Soldaten gleich, auch wenn jeder seinen eigenen Wert hat. Später dann werden einige befördert und andere nicht, einige ausgezeichnet und andere nicht. Auch unsere Organisation ist so strukturiert, nur dienen wir einer anderen Heimat als dem italienischen Staat, für den schon so viele unnütz gestorben sind. Der Staat ist uns egal. Unsere Heimat ist die *famiglia*, und diese Heimat wird bis zum letzten Blutstropfen verteidigt. Hast du verstanden, Enzuccio?«

»Ja. Ja, ich habe verstanden.«

»Gut, dann komm morgen Abend um zehn zu mir nach Hause, dort wirst du in unsere *famiglia* eingeführt. Aber ich bitte dich, sei pünktlich und sprich mit niemandem darüber. Morgen ist der 4. Oktober, behalte das Datum im Kopf. Morgen wirst du alles erfahren.«

Wir verabschiedeten uns, und ich ging nach Hause. Unterwegs dachte ich über vieles nach. Ich hatte schon geahnt, dass Capogreco zu einer Organisation gehörte, aber die Cosa Nostra war bis jetzt für mich nicht wirklicher gewesen als eine Legende oder ein Film. 1979 gab es weder Massaker noch Autobomben oder Schauprozesse. Die Mafia war für mich etwas, was es höchstens in Palermo gab. Und jetzt gehörte der Professor dazu und wollte mich anheuern. Er hatte von der *famiglia* gesprochen, der in meiner Vorstellung nur die besten, mutigsten, angesehensten und furchteinflößendsten Banditen angehörten. Und genau so hatte ich mich schon seit meinem zehnten Lebensjahr gefühlt. Ich hatte mir meinen Eintritt in die Cosa Nostra nur erst verdienen müssen und war jetzt bereit für diesen Schritt.

Als ich am nächsten Abend zu Capogrecos Haus kam, war ich aufgeregt und nervös. Ich wollte mich von meiner besten Seite zeigen, aufgeweckt und respektvoll, aber vor allem wollte ich, dass der Professor seine Entscheidung nicht bereute. Ich läutete und betrat den Vorgarten. Dann ging ich zur Außentreppe, die zum Wohnbereich führte, denn im Erdgeschoss war nur die Garage. Ich stieg die Stufen hinauf und erreichte die Eingangstür, an der Capogreco bereits stand. Er führte mich in den weitläufigen Salon, in dem bereits mehrere Männer auf mich warteten. Vanni und Aspanu waren dort, wie ich mir bereits gedacht hatte. Sie standen dem Professor schon viel länger nahe als ich, da war es klar, dass sie auch zur Cosa Nostra gehörten. Dann erblickte ich, sitzend, Vincenzo Luppino, der mir das Messer an die Kehle gehalten hatte, um zu erfahren, wo ich das Gewehr von Buono hatte, und neben ihm Francesco Messina Denaro, *zu' Cicciu*. Rechts von ihm sah ich Saverio Riesi, einen ungehobelten, gewalttätigen Mann, der mich leicht nervös machte, und Peppe Nicastro, den ich ziemlich gut kannte, weil er das Landgut einer schwerreichen Familie leitete und Minicheddu für ihn arbeitete. Als wir eintraten, erhoben sich alle, und Capogreco stellte mich vor. Anschließend setzten wir uns an einen Tisch. Der Professor fragte mich, ob ich Rechts- oder Linkshänder sei.

»Mit welcher Hand schießt du?«

»Mit der rechten.«

Daraufhin nahm Capogreco eine lange Nadel, erhitzte sie über dem Feuer und bat mich, die rechte Hand auszustrecken. Er stach mir in den Zeigefinger und ließ drei Blutstropfen auf ein Heiligenbildchen fallen, das er in der Linken hielt. Dann zündete er das Bildchen an, legte es auf meine Hände und ließ mich schwören, der heiligen *famiglia* immer treu zu sein, stets die Wahrheit zu sagen und bis zum Lebensende meinen Eid nicht zu brechen, da ich sonst sterben würde. Nach dieser Zeremonie erklärten sie mir, wie die *famiglia* organisiert war. Messina Denaro, *zu' Cicciu*, war der oberste Chef. Capogreco war der *consigliere*, der Kopf des Ganzen. Peppe Nicastro und Saverio Riesi waren die *capidecina*, die Chefs einer Gruppe aus zehn *soldati*. Mir wurde gesagt, dass ich Capogreco direkt unterstand, ohne weitere Vermittler, genau wie Vanni Santagata und Aspanu. Damit hatte ich bei meinem Eintritt bereits die gleiche Position wie die beiden, die, wie ich jetzt begriff, mich seit geraumer Zeit beobachtet hatten. Wir drei waren Privilegierte, die persönliche Leibgarde des Professors. Wir hatten weder *capi* noch *sottocapi*, sondern unterstanden einzig und allein Capogreco.

Danach wurden mir einige fundamentale Regeln der Organisation erklärt. Die Soldaten der Cosa Nostra bezeichnen sich selbst als *uomini d'onore* – als Ehrenmänner. Sie sind verpflichtet, gegenüber Außenstehenden Stillschweigen über Angelegenheiten der Organisation, ja sogar über die Organisation selbst zu bewahren. Das erklärte auch, warum ich, obwohl ich immer von Soldaten der *famiglia* umgeben war, niemals jemanden von der Mafia hatte sprechen hören. Als *uomo d'onore* konnte ich mich einem anderen *uomo d'onore* nur zu erkennen geben, wenn ein dritter Angehöriger der *famiglia* dabei war, der unser beider Wert kannte.

Ich erfuhr auch, dass die *famiglia* von Castelvetrano sich in ihrem Gebiet als autonom betrachtete. Dennoch hielt sie engsten Kontakt zu den *famiglie* von Campobello di Mazara, Alcamo, Mazara del Vallo und Castellammare del Golfo. Dessen ungeachtet durfte aus der *famiglia* von Castelvetrano nichts zu den anderen *famiglie* dringen, genauso wenig, wie den anderen *famiglie* Fragen gestellt werden durften.

Capogreco wiederholte auch, wie er schon am Vortag angedeutet hatte, dass die Cosa Nostra die Autorität des Staates nicht anerkannte, sondern sich ihr schon immer widersetzt hatte. Deshalb durften *uomini d'onore* sich niemals an die Polizei wenden, außer wenn es unumgänglich war. Wenn zum Beispiel einem Angehörigen der *famiglia* der Wagen gestohlen wurde, war es zwingend notwendig, dies bei der Polizei anzuzeigen. Denn die Diebe konnten den Wagen bei einem Verbrechen benutzen, und die Folgen hatte dann der Besitzer des Wagens zu tragen, wenn er den Diebstahl nicht angezeigt hatte. Wenn aber bei einem *uomo d'onore* eingebrochen wurde, musste man sich selbst darum kümmern und Nachforschungen anstellen, um das Diebesgut zurückzubekommen. Genau wie es Capogreco, Luppino, Santagata und Messina Denaro nach dem Einbruch in Vito Buonos Haus getan hatten.

Eine Regel hatten sie sich bis zum Schluss aufgespart: Für die *famiglia* heiligte der Zweck immer die Mittel. Wenn notwendig, war es auch erlaubt, Unschuldige zu opfern, sogar Kinder. Wie Capogreco gesagt hatte, wurde die *famiglia* bis zum letzten Blutstropfen verteidigt – unserem und dem unserer Feinde. Mehr Regeln bekam ich an diesem Abend nicht zu hören, da der Professor in den folgenden Wochen mit meiner Ausbildung fortfahren wollte. Es würde noch genügend Gelegenheiten geben, mir zu erklären, wie sich ein *uomo d'onore* verhielt.

Am Ende stießen wir miteinander an und umarmten und küssten uns herzlich. Ich war glücklich, von einem wahren Hochgefühl ergriffen. Jetzt war ich angesehenen Leuten gleichgestellt, hatte den gleichen Wert erlangt wie sie. Ich konnte Geld verdienen wie nie zuvor, finanzielle oder berufliche Sorgen gehörten von nun an der Vergangenheit an. Ich gehörte zu den Stärkeren, Mächtigeren, Reicheren – zu den Besseren.

SOLDATO

Der erste Vorteil aus meiner neuen Verbindung war, dass ich beim Berufungsprozess wegen des Mordes an Tilotta Rechtsbeistand von der *famiglia* nahestehenden Anwälten bekam. Der Staatsanwalt Ciaccio Montalto hatte Einspruch gegen das Urteil eingelegt – was ich an seiner Stelle auch getan hätte. Wenn man bedachte, dass er eine Haftstrafe von vierundzwanzig Jahren gefordert hatte und ich freigesprochen worden war! Ich traf ihn, als ich zum Gericht nach Trapani fuhr, um die Ausfertigung meines Urteils entgegenzunehmen. Auf dem Korridor stieß ich quasi mit ihm zusammen.

»Guten Tag, Dottore.«

Ich war so stolz, davongekommen zu sein, dass ich breit grinste. Zwar hatte ich Tilotta nicht umgebracht, war aber dennoch nicht schuldlos, da ich wusste, wie alles vonstattengegangen war. Der Staatsanwalt musterte mich – ich sehe ihn noch vor mir: rothaarig, sommersprossig, mit Brille – und erwiderte auf meinen Gruß:

»Guten Tag. Haben Sie es also doch geschafft, wie? Aber ich sage Ihnen gleich, dass ich Einspruch einlegen werde, also würde ich mich nicht zu früh freuen. Ich bin sicher, man wird Sie noch verurteilen. Denn selbst wenn Sie ihn nicht eigenhändig umgebracht haben, wussten Sie doch Bescheid.«

Das war ein Schlag. Er hatte genau ins Schwarze getroffen. Ich brauchte ein paar Sekunden, um mich zu fassen und wieder zu lächeln.

»Sie irren sich, Dottore. Sie sind ein tüchtiger Staatsanwalt, aber diesmal irren Sie sich. Ich bin unschuldig, ich habe ihn nicht erschossen.«

Das entsprach der Wahrheit. Ciaccio Montalto ließ mir jedoch keine Zeit, mich hinter Wortklaubereien zu verstecken. Er war ein Bluthund.

»Aber Sie wissen, wer es war. Sie allein hätten niemals einen derart kräftigen Mann umbringen können.«

Er hatte es durchschaut. Doch leider brauchte er Beweise und Zeugenaussagen, um die Richter zu überzeugen, und die hatte er nicht. Dennoch war ich ein bisschen besorgt, mit welcher Sicherheit er Berufung einlegte. Aber die *famiglia* beruhigte mich. Die meisten Prozesse, in die *uomini d'onore* verwickelt waren, wurden beigelegt, wenn nicht sofort, dann spätestens vor dem Kassationsgericht. Irgendein Heiliger im Himmel würde sich auch für mich einsetzen.

Hin und wieder forderte der Professor mich auf, ihn auf einer seiner Fahrten zu begleiten. Oft hatte er gar kein bestimmtes Ziel, sondern wollte nur mit mir zusammen sein. Es gefiel ihm sehr, sich von mir chauffieren zu lassen. Eines Tages hob er mitten im Gespräch die Hand und fragte: »Wie viele Finger habe ich an meiner Hand? Wie viele?«

»Wie viele Finger? Was ist das für eine Frage?«

»Antworte. Sag mir, wie viele Finger es sind.«

»Na gut, fünf.«

»Fünf? Sieh noch mal genau hin.«

»Was gibt's da groß zu sehen? Fünf Finger sind fünf Finger.«

»Sieh genau hin.«

»Und wenn ich den ganzen Tag darauf starre, es bleiben fünf.«

»Nein, ich glaube nicht. Es sind vier.«

»Sie scherzen wohl?«

»Nein, ich scherze nicht, sondern sage, wie es ist. Über so ernste Dinge scherze ich nie.«

»Na gut, Sie sagen, es sind vier, aber ich sehe fünf.«

»Nein, du siehst auch nur vier. Möchtest du wissen, warum es vier sind?«

»Aber ja, warum?«

»Weil ich es sage. Du siehst zwar fünf Finger, aber wenn ich es sage, dann sind es nur vier. Also: Wie viele Finger siehst du?«

»Na gut, vier.«

»Bravo.«

Bei mir konnte er sich so etwas erlauben. Er wollte mir damit erklären, dass ich niemals das Wort der *capi* in Frage stellen sollte, auch nicht beim deutlichsten Gegenbeweis. Die Cosa Nostra fordert blinden Gehorsam. Auch ich war befugt, von jedem, der unter mir stand, dasselbe zu verlangen.

Als Capogrecos *soldato* hatte ich verschiedene Aufgaben. Ich begleitete den *capo*, trieb Geld ein und überbrachte Nachrichten, aber vor allem war ich mit Erpressungen betraut. Normalerweise zahlten die Geschäftsleute ihr Schutzgeld, ohne zu murren. Wenn sich jedoch Probleme ergaben, musste ich sie aus dem Weg schaffen. Außerdem war ich Vermittler zwischen Baufirmen und ihren Kunden, und zwar immer zugunsten derjenigen, die der Cosa Nostra näherstanden.

Einmal musste ich einen Bauunternehmer überzeugen,

seine Preise zu senken. Er hieß Santo und hatte eine Baufirma in Castelvetrano. Santo sollte für einen gewissen Gaetano, einen Sizilianer, der in der Lombardei wohnte, ein Ferienhaus bauen. Aber die beiden waren sich wegen des Preises nicht einig, und Gaetano wandte sich an Capogreco, um seine Interessen durchzusetzen. Der Professor stellte ihn mir vor und meinte, ich müsse ihm helfen, bei Santo den Preis zu drücken. Schließlich würde ich ihn gut kennen, da ich mir bei ihm Geld geliehen und er mich im Gegenzug ein paarmal als Angestellten angegeben habe.

»Kümmere dich darum, Enzuccio. Wenn nötig, zeig dem Hornochsen, dass wir auch anders können.«

Ich plante die Sache zusammen mit Vanni und Aspanu. Drei Tage nach dem Gespräch mit Capogreco bezogen wir vor Santos Haus Stellung und warteten auf seine Rückkehr. Als er heimkam, war es bereits dunkel. Er hatte seine Angehörigen dabei. Ich ließ ihm Zeit, erst mal anzukommen und sich auszuziehen, dann trat ich vor seine Haustür und gab drei Schüsse mit meiner Kaliber 38 ab, die mir Vanni besorgt hatte. Die Projektile durchschossen die Tür und blieben in der Wand stecken. Währenddessen standen meine beiden Kumpane an je einem Straßenende Schmiere. Niemand störte uns, und so konnten wir zu Capogreco zurückfahren und melden, dass alles glattgelaufen war.

Am nächsten Tag ließ ich mich auf Santos Baustelle sehen und gab vor, meine alten Schulden begleichen zu wollen. Er war in Panik, völlig außer sich vor Angst. Ich gab mir alle Mühe, ihn zu beruhigen, und fragte, ob er jemanden in Verdacht habe.

»Der Einzige, mit dem ich Ärger habe, ist Gaetano. Ich

sollte ihm ein Haus bauen, aber wir konnten uns nicht über den Preis einigen. Vielleicht hat er mir diese Botschaft geschickt?«

Schön, da brauchte ich mir nicht mehr große Mühe zu geben, ihn zu überzeugen. Ich erklärte, meiner Meinung nach läge er mit seiner Annahme genau richtig, und als ich mich als Vermittler anbot, war Santo mehr als erleichtert. Aber ich profitierte auch davon, weil ich mir den Wechsel aushändigen ließ, den ich bei meiner letzten Anleihe hatte unterschreiben müssen. Dann empfahl ich ihm, absolutes Stillschweigen zu bewahren.

»Ich spreche mit Gaetano, aber die Polizei lassen wir aus dem Spiel, sonst gibt's nur Ärger. Die Sache ist nicht ganz ungefährlich, weil ihm die Pistole ziemlich lockersitzt.«

Santo schwor hoch und heilig, kein Wort zu sagen. Eigentlich hatte er Anzeige erstatten wollen, weil er nicht gewusst hatte, dass er auf einen Freund wie mich zählen konnte. Aber mit meiner Unterstützung befand er es nicht mehr für nötig, sich an die Bullen zu wenden. Ich ließ ihn ein paar Tage schmoren und sagte ihm dann Bescheid, dass es mit Gaetano keine Probleme mehr gäbe, wenn er den Preis für den Bau des Ferienhauses niedriger ansetzte. Santo war sofort einverstanden. Als wahrer Freund erklärte ich ihm außerdem, dass ich ihm vor solchen Zwischenfällen Schutz garantieren könne, wenn er bereit sei, zwei Millionen pro Monat dafür zu bezahlen – eine bescheidene Summe für einen Unternehmer wie ihn. Ich hätte Partner, die ihm Ruhe und Frieden gewähren könnten, denn sonst – so drohte ich – bestünde immer die Gefahr, dass ihm Konkurrenten sein Büro oder die Maschinen abfackelten, nur um ihn in Schwierigkeiten zu bringen.

Solange ich in Castelvetrano war, zahlte er regelmäßig jeden Monat diese Summe, die ich sofort an Capogreco weiterleitete.

Eine andere Erpressung glückte mir bei einem Mann, den wir nur Stalio nannten, weil er dem Komiker Stan Laurel ähnelte. Er führte eine gutgehende Bar im Zentrum von Castelvetrano. Ich trat auf ihn zu und erklärte, dass wir ihm für eine Million pro Monat Rundumschutz gewähren könnten, also für eine ziemlich niedrige Summe. Diesen Freundschaftspreis hatte er sich verdient, weil er uns hin und wieder mit voll funktionsfähigen Waffen aus seiner Sammlung bestückte, mit denen wir draußen auf den Feldern Schießübungen abhalten konnten. Ich erinnere mich an mindestens fünf, sechs dieser Übungen, immer mit unterschiedlichen Waffen, damit wir uns an alle möglichen Waffentypen gewöhnen konnten. Stalio lieh uns bei verschiedenen Gelegenheiten Jagdgewehre vom Typ Winchester, doppelläufige Automatikgewehre und eine Parabellum Kaliber 7,65. Wir schossen einen Nachmittag damit und gaben sie danach an ihren rechtmäßigen Besitzer zurück. Wenn wir mit seinen Waffen einen Coup landen wollten, sagten wir ihm Bescheid. So konnte er sie vorher als gestohlen melden und geriet nicht in Verdacht. Außerdem machte er Geschäfte mit Vanni und verkaufte Spirituosen der Brüder Santagata in seiner Bar. Daher bekam er eine Vorzugsbehandlung von uns, mit der er hochzufrieden war. Hin und wieder bat er uns auch, Schulden von säumigen Gästen einzutreiben, Leuten, die zwar anschreiben ließen, aber nie zahlten. Wir überzeugten sie dann, ihre Schulden bei Stalio zu begleichen, und ließen ihm noch einen guten Gewinn.

Die Pistolen und Karabiner für die Schießübungen vertraute er Vanni, dem Waffenmeister der *famiglia*, an. Der hielt alle Waffen an einem geheimen Ort unter Verschluss. Nur er und *zu' Cicciu* kannten das Versteck. Außerdem wusste der *capo* davon, damit das Arsenal nicht verloren war, falls Vanni verhaftet oder getötet wurde. Wir waren ziemlich gut ausgerüstet und besaßen Gewehre Kaliber 12, Automatikwaffen, Doppelflinten, Winchester, amerikanische Präzisionsgewehre mit Zielfernrohr und Kalaschnikows. Außerdem große Jagdgewehre mit drei bis fünf Schuss, Trommelrevolver, mehrere Magnum Kaliber 38 und 3,57 sowie Munition. Außerdem hatten wir Perücken und andere Verkleidungen, die wir bei verschiedenen Gelegenheiten nutzten. Die Fähigkeit, mich zu verkleiden, half mir mehr als einmal aus einer brenzligen Lage und rettete mir die Haut.

Vanni vergrub die Waffen an verschiedenen Stellen, damit nicht alle auf einmal verlorengingen, falls ein Versteck entdeckt wurde. Manchmal liehen wir auch einer befreundeten *famiglia* Waffen. Allerdings nur selten und ausschließlich dann, wenn gemeinsame Interessen und ein enges Bündnis bei einem Coup es erforderten. Ansonsten benutzte jede *famiglia* ihre eigenen Waffen.

Zwischen den Aufträgen kümmerte sich der Professor weiterhin um meine Ausbildung und erklärte mir die Dinge, die mein Pate mir vorenthalten hatte, als ich noch kein *uomo d'onore* gewesen war. Ich konnte es immer noch nicht fassen, dass Cusumano bei meiner Vereidigung nicht dabei gewesen war und niemals, nicht mal danach, verriet, dass auch er zur *famiglia* gehörte, obwohl es doch offensichtlich war. Im Grunde hatte er seine Patenschaft an Capogreco abgegeben.

Eines Tages bat mich der Professor, ihn am folgenden

Morgen bei einer Fahrt zu begleiten. Auf meine Frage, ob ich eine Waffe bräuchte, sagte er, das sei nicht nötig. Es handle sich nur um einen Höflichkeitsbesuch bei dem Verwandten eines *uomo d'onore*, der außerhalb des Orts wohne.

»Aber bitte sei pünktlich, Enzuccio, wir wollen um neun Uhr los.«

Zur ausgemachten Zeit fuhr ich mit dem Wagen vor, und wir verließen den Ort. Wir fuhren an Feldern und abgelegenen Häusern vorbei, bis er mich aufforderte anzuhalten. Da ich nicht wusste, wohin wir wollten, dachte ich, wir hätten unser Ziel erreicht. Wir stiegen beide aus, und er ging zu einem unbewohnten Bauernhaus. Davor lag ein sehr schöner, großer Hund, der Alarm schlug. Ich aber näherte mich ihm ohne Angst und streichelte ihn so lange, bis er aufhörte zu bellen. Der *capo* hielt sich etwas abseits und murmelte: »Also bist du immer noch so vernarrt in Hunde, was, Enzuccio?«

Ich hatte ihm die Geschichte mit Piru erzählt, der ein paar Tage nach meiner Rückkehr aus dem Gefängnis gestorben war. Das arme Tier war so vernarrt in mich gewesen, dass es mich noch einmal hatte sehen wollen.

Dann kam auch der Professor näher, holte seine ordnungsgemäß registrierte 38er hervor und gab sie mir.

»Los, erschieß ihn.«

»Was?«

»Hier, nimm die Pistole und erschieß den Hund.«

»Erschießen? Wieso soll ich ihn erschießen?«

Ich war fassungslos, er aber sah mir kalt und drohend in die Augen.

»Schieß.«

Er meinte es ernst, er wollte, dass ich den Hund umbrachte.

»Muss ich ihn wirklich erschießen? Warum denn?«

»Weißt du denn nicht, dass das Gefühl niemals über den Verstand siegen darf? Los, erschieß ihn, und zwar jetzt sofort.«

Er sprach in einem furchteinflößenden Ton mit mir, den ich noch nie von ihm gehört hatte. Er hatte mir einen Befehl erteilt, er war der *capo*, und ich musste ihm gehorchen. Also nahm ich die 38er, trat zum Hund, drückte ihm die Pistole an den Kopf und erschoss ihn aus nächster Nähe.

»Ich erschieße Ihnen jeden Hund, den Sie mir zeigen. Kein Problem. Bei mir siegt das Gefühl niemals über den Verstand, wie Sie sehen.«

Doch in Wirklichkeit war mein erster Impuls gewesen, *ihn* zu erschießen. Das kam mir weniger grausam vor, als ein unschuldiges Tier zu ermorden. Natürlich war allein schon der Gedanke daran Wahnsinn. Ich musste meine Gefühle verbergen, denn wenn eine solche Schwäche sichtbar wurde, war ich weg vom Fenster. Im Grunde tat der Professor mir einen Gefallen, als er mir das wichtigste Gesetz der Cosa Nostra vor Augen führte.

Das Gefühl darf niemals über den Verstand siegen.

Wer einen Fehler macht, muss dafür bezahlen, auch wenn er seine Gründe hat, auch wenn es sich um einen Freund, einen Bruder, einen Elternteil oder ein Kind handelt. Denn die Regeln sind wichtiger als die Bindungen zwischen Menschen. Die *famiglia* kommt vor allem anderen. Ich teilte diese Überzeugung. In diesem Augenblick musste ich Gehorsam zeigen. Nachdem ich den Hund getötet hatte, kam Capogreco zu mir und umarmte mich. Sein Verhalten verblüffte mich. Er wollte mir zeigen, wie viel ich ihm bedeutete.

»Du bist mir wirklich der Liebste, Enzuccio. Du liegst mir sehr am Herzen.«

Er umarmte mich lange, und am Ende schaute er mir in die Augen.

Ich senkte den Blick nicht.

Im Februar 1980 widerrief das Berufungsgericht das Urteil im Mordfall Tilotta und verurteilte mich zu fünfzehn Jahren Haft. Vierzehn Jahre wegen Mordes und ein Jahr wegen unerlaubten Waffenbesitzes. Ich war wie vor den Kopf geschlagen. Der Schmauchspurentest war negativ ausgefallen, die Tatwaffe war nicht aufgefunden worden, und trotzdem hatten die Richter nicht nur auf Mord befunden, sondern auch noch den unerlaubten Waffenbesitz hinzugefügt. Sie argumentierten, wenn ich Tilotta erschossen hätte, müsste ich auch eine Pistole benutzt haben, und da ich keinen Waffenschein besaß, hätte ich die Pistole unerlaubt mitgeführt. Das Ergebnis des Schmauchspurentests zählte nicht, ich konnte ja Handschuhe getragen haben. Großartig. Perfekt. Um mich einzubuchten, reichte »die Überzeugung der Richter«, wie mir der Anwalt erklärte. Sie mussten mir die Schuld nicht nachweisen, sondern nur von ihr überzeugt sein. Ich war fuchsteufelswild und bekam große Lust, mich an irgendjemandem abzureagieren. Aber mein Rechtsbeistand beruhigte mich. Er war ein gutmütiger alter Mann, ebenfalls *uomo d'onore* mit Namen Di Leo. Er sagte, der Fall käme noch mal vors Kassationsgericht, und dann hätten all meine Probleme ein Ende. Hier, in zweiter Instanz, könne man nichts drehen, aber beim Kassationsgericht hätten wir gute Freunde. Man müsse nur den richtigen Moment abpassen, um die entsprechenden Leute zu schmieren, dann sei mein Freispruch garantiert.

Natürlich gefiel mir die Aussicht, wieder im Knast zu landen, kein bisschen. Aber da dieses Urteil dem erstinstanzlichen Urteil widersprach, wurde die Strafe ausgesetzt, bis das Kassationsgericht das letzte Wort gesprochen hatte. Bis dahin stand ich, wie die Bullen es ausdrückten, unter Beobachtung, um meine Bewegungsmöglichkeiten einzugrenzen. Zwei Jahre lang musste ich mich an bestimmte Ausgangsbeschränkungen halten, durfte nach halb zehn Uhr abends nicht mehr das Haus verlassen, musste in regelmäßigen Abständen bei der Polizei erscheinen und dergleichen Schikanen mehr.

Allerdings erwiesen sich diese Maßnahmen als ausgesprochen nützlich für mich. Denn in Wirklichkeit wurde ich nie überwacht, es hatte auch nie die Absicht bestanden, zumal die *famiglia* Freunde bei der Polizei hatte. Doch von nun an konnte ich keiner Straftat mehr bezichtigt werden, da ich ja angeblich unter Beobachtung stand. Die Bullen stellten mein Alibi – um mich anklagen zu können, hätten sie mich unbewacht lassen müssen, und das hätten sie natürlich niemals zugegeben. Also konnte ich mich frei bewegen, wurde aber gleichzeitig von den Bullen gedeckt. Ich konnte in aller Ruhe für die Cosa Nostra arbeiten und wie gewohnt die mir zugeteilten Aufträge ausführen.

Eines Tages wurde jemand ausgeraubt, der unter unserem Schutz stand. Er hatte ein Waffengeschäft, und wie Stalio lieh oder schenkte er uns hin und wieder etwas aus seinem Bestand. Sein Schutzgeld war nicht allzu hoch. Alle verfügbaren Männer der *famiglia* wurden mit Nachforschungen beauftragt, so dass man innerhalb weniger Tage den Schuldigen fand. Es handelte sich um einen Mann namens Passuluni, der uns ebenfalls mit Waffen belieferte. Oft haben die Leute keine Ahnung von der Diskretion der Cosa Nostra und meinen, wer mit den *uomini d'onore* zusammenarbeitet, wüsste alles oder zumindest ziemlich viel über sie. Aber so ist es nicht, und deshalb war es möglich, dass Passuluni jemandem, den wir gegen einen regelmäßigen Beitrag schützten, Gewehre und Pistolen stehlen konnte. Der Dieb wurde gezwungen, einen Teil seiner Beute zurückzugeben, doch den Rest fand die Polizei, die ihm ebenfalls auf die Schliche gekommen war. Zwei Jahre später wurde Passuluni ermordet.

In jenen Jahren gab es auch einige Händler, die kein Schutzgeld bezahlen wollten. Manchmal hatten sie gute Gründe dafür, denn es war sehr schwierig zu erkennen, ob das Gesuch von nichtsnutzigen Banditen kam oder von Männern, denen man Respekt schuldete. In dieser Zeit weigerte sich zum Beispiel ein Mann namens Cascio, der ein Schuhgeschäft hatte, seinen Tribut zu zahlen. Also gingen Vanni, Mommo, ein Schäferssohn und entfernter Verwandter des *capo* Messina Denaro, und ich, nachdem wir einen Plan geschmiedet hatten, eines Nachts zu seinem Geschäft und richteten ein schönes Chaos an. Mommo schob einen Knüppel durch die Metalljalousie und zertrümmerte das Schaufenster, ich goss einen Zehnliterkanister Benzin hinein, und Vanni zündete es an. Ein paar Tage später war Cascio bereit, wie alle anderen pünktlich seinen Beitrag zu bezahlen.

Erpressungen hatten aber auch manchmal persönliche Hintergründe. Aspanu, der in jener Zeit in Mazara del Vallo bei einem Bauunternehmen arbeitete, hatte Ärger mit einem der Besitzer. Aus Rache stahl er eines Nachts die Bagger des Betriebs. Dabei ließ er sich von Mommo, Luppino und Fanu helfen, einem jungen Mann, den ich seit meiner Kindheit kannte und jetzt als *uomo d'onore* wiedergetroffen hatte. Danach forderte die Cosa Nostra den Bauunternehmer auf, Schutzgeld zu zahlen, damit er seine Maschinen wiederbekam.

Da ich unter Polizeiaufsicht stand, war ich ständig auf der Suche nach einer Tarnarbeit, einer Aktivität, in die ich das Geld der *famiglia* stecken konnte. Das Gewerkschaftsbüro hatte ich nicht wieder öffnen dürfen. Die Partnerschaft mit Vincenzo Cuttonaro lief nicht, außerdem hatte mein Freund den falschen Weg gewählt und sich gegen die Cosa Nostra gestellt. Capogreco berief mich eigens zu sich, um mir zu befehlen, mich von ihm fernzuhalten. Er erzählte, Vincenzo habe zwei Jahre zuvor Vieh von jemandem gestohlen, der dies nicht verdient habe, und sei daraufhin zum Tode verurteilt worden. Ich glaube, er hatte jemanden aus Campobello geschädigt, denn auch Nunzio Spezia und Avvocato Giordano forderten mich auf, meine Geschäftsbeziehungen zu ihm zu kappen. Sie rieten mir, weiterhin so zu tun, als wäre ich sein Freund, allerdings nicht zu oft mit ihm zusammen zu sein, da wegen mir bereits ein Attentat auf ihn fehlgeschlagen sei. Spezia hatte Cuttonaro mit seinen Männern eine Falle gestellt, doch als er ihn erschießen wollte, hatte er mich bei ihm gesehen und es gelassen. Ich hatte also unwillentlich sein Leben verlängert. Im Juni 1980 jedoch war Vincenzos Zeit fast abgelaufen.

Die besten Männer der *famiglie* aus Castelvetrano und Campobello di Mazara beteiligten sich an seiner Ermordung. Da Vincenzo immer bewaffnet war, wurde ich zu ihm geschickt, um mir unter einem Vorwand seine Pistole zu leihen. Ich bekam sie ohne Probleme. Zweifellos erwartete er nicht, dass ich geschickt wurde, um ihn in eine Falle zu locken. Spezia, Giordano und Capogreco legten mir nahe, am Tag des Attentats zu Hause zu bleiben. Da ich mit Cuttunaro geschäftliche wie freundschaftliche Beziehungen unterhielt und vorbestraft war, würden die Bullen zuerst zu mir kommen.

Am Vorabend organisierten Aspanu und ich ein Essen mit Freunden in einem Landhaus, das fünfhundert Meter von der für das Attentat vorgesehenen Stelle entfernt stand. Die Gäste wussten nichts von unserem Plan. Während des Essens entfernten wir uns für ein paar Minuten und stiegen in Aspanus Alfasud, der mit Waffen beladen war. Diese versteckten wir unter einem Mäuerchen in der Nähe von Cuttonaros Grundstück. Es waren zwei Gewehre Kaliber 12, eines mit langem und eines mit abgesägtem Lauf, zwei Trommelrevolver, einer mit langem, einer mit kurzem Lauf und die dazugehörige Munition. Auch wenn mein Freund seine Pistole nicht mehr hatte, war er doch ziemlich schwer zu überrumpeln, daher musste man für alle Fälle gewappnet sein.

Danach kehrten wir zum Essen zurück und feierten fröhlich weiter. Am Tag darauf blieb ich zu Hause. Ich musste im Garten warten, bis man mir den Wagen mit den beim Attentat benutzten Waffen brachte, und ihn dann zum Landgut von Peppe Nicastro fahren.

Am Morgen kam Cuttonaro wie immer an der Villa von Capogreco vorbei, um auf seine Felder zu fahren. Mit einem Funkgerät warnte der Professor die Schützen, das heißt Vanni, Aspanu, Fanu und zwei aus der *famiglia* von Campobello – darunter auch Jacu, einer der Mörder von Tilotta.

Diese warteten auf die Ankunft ihres Opfers und machten sich bereit, im rechten Moment zuzuschlagen. Cuttonaro sah sie erst, als er mitten auf dem Feld stand. Zu spät.

Als er die Gefahr erkannte, wollte er fliehen und machte sich damit zu einem leichten Ziel. Er wurde angeschossen, verfolgt und niedergeschlagen. Während er am Boden lag, bekam er weitere Schüsse ab. Er war schon tot, als Aspanu ihm die Pistole in den Mund schob und abdrückte. Von der Explosion flog ihm der Kopf ab, nur das Kinn blieb am Hals. Sie ließen ihn gut sichtbar dort liegen, damit alle mitbekamen, welches Ende dieser Abtrünnige genommen hatte.

Nicht mal eine halbe Stunde später sah ich Aspanu mit dem Wagen voller Waffen an meinem Haus vorfahren – es war ein Fiat 127 – und dahinter einen Lieferwagen mit den anderen Männern. Der Fiat wurde auf der Straße geparkt, dann stiegen alle in ihre eigenen Fahrzeuge, die sie am Morgen dort abgestellt hatten. Als sie am Garten vorbeigingen, hörte ich sie sagen: »Heute gibt's Frischfleisch.« So wusste ich, dass Cuttonaro tot war. Die Einzelheiten erfuhr ich in den darauffolgenden Tagen.

Ich ging erst anderthalb Stunden später zum Wagen, da ich ein eisernes Alibi brauchte. Währenddessen fragte ich meine Frau mehrfach nach der Uhrzeit, um alle Zweifel und Widersprüche auszuschließen. Um noch sicherer zu gehen, hatten wir auch meine Nichte eingeladen, bei uns zu übernachten. Das beste Alibi ist immer die Wahrheit, vor allem aus dem Mund von Frauen, die von nichts wissen. Als genügend Zeit verstrichen war, stieg ich in den Wagen und holte den Schlüssel unter der Fußmatte hervor. Ich startete den Motor und fuhr zu Nicastros Landgut, der dort schon auf mich wartete. Ich übergab ihm das Auto mit den Waffen, behielt allerdings ein Funkgerät, das ich später Capogreco zurückbrachte. Dann ging ich zu Fuß nach Hause, nahm mein Motorrad und fuhr ans Meer.

Am frühen Nachmittag kamen die Bullen mich holen und unterzogen mich einem Verhör, das zwanzig Stunden dauerte. Aber meine Frau und meine Nichte gaben mir ein hieb- und stichfestes Alibi. Und so kamen sie zu dem Schluss, dass ich Cuttonaro nicht getötet hatte, und ließen mich frei.

In der Zwischenzeit hatte ich etwas anderes Wichtiges erfahren. Vanni und Aspanu waren bei jeder bewaffneten Aktion dabei. Ihnen traute man am meisten zu, wenn es ums Erschießen von Leuten ging. Tatsächlich sagte Capogreco manchmal halb im Scherz zu mir, für so etwas sei ich einfach nicht böse genug. Er meinte, ich bräuchte einen guten Grund, um jemanden zu ermorden, zum Beispiel Rache oder die Überzeugung, dass das Opfer den Tod verdiene.

Im August fand dann ein weiteres Attentat statt, diesmal auf einen Politiker, also jemanden, der auch noch als Toter für Probleme sorgt. Davor gab es langwierige und sorgfältige Vorbereitungen, an denen ich nur in der Endphase beteiligt war. Eines Abends lud Capogreco mich ein, ihn zu einem Essen nach Mazara del Vallo zu begleiten. Vom Zweck dieses Essens wollte der Professor mir nichts sagen. Als wir in Mazara zu einem Restaurant an der Strandpromenade kamen, wies Capogreco mich an zu parken. Wir stiegen aus und gingen zum Lokal.

»So, Enzuccio, jetzt gehen wir mal schön essen.«

Wir traten ein, und Capogreco wandte sich sofort zu einem Tisch mit zwei Männern, die schon von ihrer Erscheinung her Selbstsicherheit und Stärke ausstrahlten. Der Professor begrüßte sie herzlich und umarmte sie, dann stellte er mich vor, und wir setzten uns, um zu essen. Den älteren der beiden kannte ich, weil ich ihn schon bei anderen Gelegenheiten gesehen hatte. Es war Mariano Agate, der *capo* der *famiglia* von Mazara del Vallo. Vom anderen bekam ich nur den Namen mit, Nitto, und dass er aus Catania kam. Es war ein ganz normales Essen, sie plauderten darüber, wie es sich in Catania und Castelvetrano so lebte, wie die Geschäfte liefen und wie lecker das Fleisch sei, denn wir aßen ein Fleischgericht.

Am Ende des Essens, bei dem ich nicht viel gesagt hatte – denn meine Aufgabe war es zu schweigen –, schickte Capogreco mich fort: »Mach einen kleinen Spaziergang, Enzuccio, und komm in einer Stunde zurück, dann fahren wir.«

Ich erhob mich und ging wie befohlen. Ich spazierte an der Strandpromenade entlang und genoss den warmen Wind mit dem salzigen Geruch des Meeres. Als ich nach einer Stunde zurückkehrte, saßen sie alle noch da. Dann kamen noch drei andere dazu. Einer von ihnen hieß Francesco, er war Nittos Freund und stammte ebenfalls aus Catania. Capogreco begrüßte die Neuankömmlinge, dann gingen wir. Während der Rückfahrt nach Castelvetrano erklärte er mir nichts, weder warum er mich auf einen Spaziergang geschickt hatte, noch wer die Neuankömmlinge waren. Und ich stellte keine Fragen.

Am Abend danach rief er mich und Aspanu in sein kleines Büro im Kino. Dort gab er uns detaillierte Instruktionen für den folgenden Tag. Wir sollten uns mit sechs weiteren *uomini d'onore* auf der Straße nach Triscina di Selinunte in zwei gestohlenen Wagen postieren, die Waffe im Anschlag. Unsere Aufgabe bestand darin, dort zu warten, bis das andere Auto, ein Fiat 124, kehrtmachte. Das war dann das Signal, dass auch wir umkehren durften. Sollten während unserer Wache Carabinieri oder andere

Polizeibeamte Richtung Triscina vorbeifahren, mussten wir sie aufhalten, umbringen und uns dann aufteilen. Der Fiat 124 sollte nach Castelvetrano zurück und wir weiter nach Triscina. Darin bestand unsere ganze Aufgabe. Wir sollten von sieben bis neun Uhr morgens die Straße bewachen und nur, wenn es notwendig war, von den Waffen Gebrauch machen, um die Polizei von der Durchfahrt abzuhalten. Capogreco schickte uns mit einer weiteren Anweisung fort: »Was auch passiert, ob positiv oder negativ, wir dürfen uns mindestens eine Woche lang nicht sehen.«

Aspanu kam mich am nächsten Morgen vor sieben abholen. Wir stiegen in seinen Alfasud und fuhren bis zum Sportplatz, wo schon drei Mitglieder der *famiglia* aus Campobello, angeführt von Jacu, in einem gestohlenen Wagen auf uns warteten. Wir parkten unseren Wagen, stiegen in den anderen und fuhren aus Castelvetrano hinaus bis zur Straße, die nach Triscina führt. Zwei Kilometer vom Ortsrand entfernt parkten wir am Straßenrand, fünfhundert Meter vom Fiat 124 entfernt, der bereits wartete. Darin saßen Lillo Santagata, Mommo, der Schäfer, und die drei Viola-Brüder, Mitglieder meiner *famiglia*, die hauptsächlich für *zu' Cicciu* direkt arbeiteten.

In unserem Wagen waren zwei Automatikgewehre versteckt, zwei mit doppeltem Lauf, eine 38er-Sonderanfertigung und ein Beutel mit Munition. Für die Pistole gab es Streuprojektile, die größeren Schaden anrichteten. Wir wussten nicht, ob wir überhaupt schießen mussten, denn vielleicht kam gar keine Streife vorbei, doch wenn, waren das Überraschungsmoment und die Schlagkraft unserer Waffen entscheidend. Wir mussten zuschlagen, bevor die Bullen wussten, was los war, und so lange schießen, bis alle erledigt waren.

Die Insassen des Fiat blieben die ganze Zeit im Wagen, wir hingegen stiegen aus und versteckten uns mit den Waffen im Anschlag zwischen den Bäumen. Ich wusste nicht, was los war, und hoffte nur, keine Bullen zu Gesicht zu bekommen. Ich dachte an meinen Jugendfreund, einen Schulkameraden, der Polizist geworden war. Der hatte oft Streifendienst, sollte ich ihn etwa umbringen? Ich hatte ihn zwar seit langem nicht mehr gesehen, aber in meiner Erinnerung war er mir sehr ähnlich: dasselbe Alter, dieselbe Schule, dieselben Spiele. Es war besser, wenn keiner vorbeikam. Immer wenn ich zum Fiat sah, erwartete ich, dass er kehrtmachte und signalisierte, dass unsere Aufgabe erledigt war und wir heimfahren konnten. Wir blieben etwa zwei Stunden dort. Es fuhren viele Autos vorbei: Familien, Leute, die ans Meer wollten, Ausflügler. Aber keine Streife.

Um neun wendete der Fiat und kehrte nach Castelvetrano zurück. Wir folgten ihm bis zum Sportplatz, wo Aspanu und ich uns von den anderen verabschiedeten und in seinem Wagen nach Hause fuhren. Da ich nicht gewusst hatte, was genau wir an diesem Morgen tun sollten, hatte ich mit meiner Frau ein Alibi zurechtgelegt. Wenn es nötig war, sollte sie behaupten, ich hätte mich den ganzen Morgen nicht aus dem Haus gerührt. Daher gab ich mir bei meiner Heimkehr alle Mühe, von niemandem gesehen zu werden. Allerdings kam ich mir bei diesen Vorsichtsmaßnahmen etwas albern vor, da ich ja gar kein Alibi nötig hatte.

Ein paar Stunden später machte ich einen Spaziergang zum Hauptplatz des Ortes. Dort sprachen alle Leute nur über eines:

»Bürgermeister Lipari ist ermordet worden, Bürgermeister Lipari ist auf der Straße nach Triscina erschossen worden.«

Jetzt war mir alles klar. Wir hatten den Mördern Deckung gegeben. Das Ganze war auf der Straße passiert, die wir bewacht hatten. Für dieses Attentat waren tausend Sicherheitsvorkehrungen unternommen worden, unter anderem die, die Helfer in der zweiten Reihe nicht davon in Kenntnis zu setzen. Die Cosa Nostra hatte die Dinge gründlich vorbereitet. Nicht mal die Leute im Fiat 124 hatten Bescheid gewusst. Sie hatten nur im entsprechenden Moment die Order bekommen, ihren Posten zu räumen, wahrscheinlich über Funk. Der Professor hatte uns angewiesen, allen Bullen die Durchfahrt von Castelvetrano nach Triscina zu verwehren. Höchstwahrscheinlich hatten zehn Kilometer weiter andere *uomini d'onore* ebenfalls die Straße für die Polizei blockiert, nur im umgekehrter Richtung. So war die Straße abgeriegelt, und die Killer konnten ungestört arbeiten.

Lipari hatte absolut keine Möglichkeit zur Flucht gehabt, sie hatten ihn abgeschlachtet wie ein Stück Vieh. Die Attentäter warteten nur darauf, dass er aus seiner Villa in Triscina kam und nach Castelvetrano fuhr, drängten dann seinen Wagen ab und schossen ihm mit dem Gewehr ins Gesicht. Daraufhin prallte der Wagen des Bürgermeisters gegen einen Erdwall und kam zum Stehen. Einer der Schützen stieg aus dem Verfolgerwagen, kam zum Fahrerfenster und gab dem Opfer mit zwei Pistolenschüssen den Rest.

Auf der Piazza sprach man über nichts anderes.

Bürgermeister Lipari, *Bürgermeister Lipari*, wohin man sich auch wandte, immer nur war von dem Mord die Rede. Mitten in der aufgeregten Menge traf ich auch einen *uomo d'onore* aus Campobello, der fassungslos zu mir sagte: »Vito Lipari ist umgebracht worden.«

Nicht einmal er hatte davon gewusst, und das bestätigte mich in dem Verdacht, dass die ganze Operation unter größter Geheimhaltung vonstatten gegangen war. Nur die Schützen kannten ihr Ziel; die Schützen und Capogreco. Und Capogreco hatte nicht mal etwas zu seinen engsten Vertrauten wie mir und Aspanu gesagt.

Als ich nach Hause kam, warteten schon die Bullen auf mich. Ein anonymer Anrufer hatte ihnen mitgeteilt, ich hätte mich kurz vor dem Attentat in der Nähe des Tatorts befunden. Das stimmte auch, nach dem, was ich auf der Piazza gehört hatte, waren wir etwa vier Kilometer davon entfernt postiert gewesen. Die Polizei löcherte mich mit Fragen und erkundigte sich nach meinem Alibi, das meine Frau und ich ihr prompt lieferten. Doch damit gaben sie sich nicht zufrieden. Sie fragten weiter, wollten das Gewehr, die Pistole sehen, mit der man auf den Bürgermeister geschossen hatte, weil sie glaubten, ich hätte sie. Ich dagegen antwortete nur: »Waffen? Was für Waffen?«

Schließlich hatte ich die nicht zu Hause versteckt! Abgesehen davon, dass ich gar keinen Waffenschein hatte, war ich auch nicht so dumm, belastendes Beweismaterial bei mir aufzubewahren. Nach einem halben Tag Fragen, Drohungen und anderen Verhörmethoden ließen sie mich schließlich in Ruhe. Sie hatten nichts gegen mich in der Hand, auch wenn sie von meiner Schuld überzeugt waren, da ich schon allein wegen meiner Vorstrafen verdächtig war. Sie befragten auch andere aus der *famiglia*, um das Motiv zu ergründen und Puzzleteile zusammenzufügen. Darunter auch Vanni Santagata und Vincenzo Luppino. Wenn die Polizei so vorgeht, zeigt das deutlich, dass sie keine Ahnung hat, wo sie ansetzen soll. Dabei hatten sie die Schützen doch angehalten. Das alles erklärte mir Capogreco, als ich ihn schließlich wiedersah.

Zwischen dem Mord und der Beerdigung verging etwa eine Woche mit der Untersuchung, der Autopsie und allen nötigen Vorkehrungen. Am Vorabend der Beerdigung sah ich Capogreco, den ich, wie angewiesen, bis dahin nicht aufgesucht hatte. Als Erstes fragte ich ihn, warum er mich im Unklaren gelassen hatte: »Konnten Sie mir nicht sagen, dass wir den Attentätern des Bürgermeisters Deckung geben sollten?«

»Enzuccio, du weißt, dass ich größtes Vertrauen zu dir habe. Aber die ganze Sache war geheim, niemand wusste davon, das ist so entschieden worden.«

»Musste der Bürgermeister denn wirklich sterben?«

»Aber ja doch, ganz zweifellos, dieser Idiot hatte seinen eigenen Kopf, und den wollte er unbedingt durchsetzen.«

Damit wollte er sagen, dass Lipari tat, was er wollte, ohne sich an Absprachen zu halten. Und das war natürlich sein Todesurteil. Überbracht wurde es ihm sicher von Capogreco selbst, denn ihm fiel es zu, Lipari zu überzeugen, nur Freunden der *famiglia* Aufträge zu erteilen, seinen Verpflichtungen nachzukommen und sich zu fügen. Als Kommunalrat hatte der Professor besser als andere Einblick, ob der Bürgermeister mit gezinkten Karten spielte und gemeinsame Sache mit unseren Gegnern machte. Amen für Vito Lipari.

Trotz aller Sicherheitsvorkehrungen war die Sache jedoch nicht ganz glatt verlaufen. »Gott sei Dank!«, fügte Capogreco hinzu, »ist alles gutgegangen, weil unsere Brüder nicht auf den Kopf gefallen sind. Sie sind von einer

Streife angehalten und wieder freigelassen worden. Wir haben's noch mal geschafft.«

Was war passiert? Nach Liparis Tod hatten die Schützen ihren alten Wagen verlassen und waren in einen anderen, unverdächtigen gestiegen. Dann waren sie auf die Autobahn gefahren und dort in eine Kontrolle geraten. Der *capitano* der Carabinieri hatte ihre Personalien aufgenommen, sie mit zur Wache genommen, dort befragt und dann wieder gehenlassen. Dabei waren Nitto Santapaola, Mariano Agate, Francesco Magnion und ein weiterer, mir unbekannter *uomo d'onore*, also genau die Männer, mit denen wir in Mazara gegessen hatten. Das Attentat auf Lipari war sorgfältig und unter größter Geheimhaltung geplant worden und wäre fast aufgeflogen, weil irgendein Bulle den Fluchtwagen anhielt und nach den Papieren fragte.

Als Capogreco mich entließ, wies er mich an, zur Beerdigung zu erscheinen.

»Denk dran, wir wollen unsere Betroffenheit zeigen.«

Dazu musste ich mich nicht einmal verstellen. Vito Lipari war ein vielgeliebter Mann gewesen. Vor meinem Gefängnisaufenthalt hatte ich ihm mit dem Gewerkschaftsbüro bei verschiedenen Wahlkampagnen geholfen. Einmal war er zu mir ins Büro gekommen und hatte mich gebeten, mit ihm zusammen Flugblätter für einen seiner Kandidaten bei der Landtagswahl zu verteilen. Wir nahmen meinen Wagen, um die Flugblätter zu einem Wahlaktiven zu bringen, der ein paar *cavalli* für sich laufen ließ. Dann tranken wir noch etwas zusammen und plauderten bis fünf Uhr nachmittags. Zu dieser Zeit öffnen die Geschäfte wieder, und Lipari bat mich um einen Gefallen: »Enzo, wenn wir schon mit deinem Wagen hier sind, könnten wir nicht kurz ein Fahrrad für meine Tochter kaufen?«

»Natürlich, Herr Bürgermeister, gern.«

Er kaufte ein sehr schönes Klapprad. Ich verstaute es im Wagen, dann fuhren wir zu ihm nach Hause. Ich weiß noch, wie sehr sich das Mädchen freute, es war damals acht, neun Jahre alt. Ich durfte ihr das Rad geben, und während sie vor lauter Freude um mich herumhüpfte, baute ich es zusammen. Das freute auch mich, denn ich wusste, was ein Fahrrad für ein Kind bedeuten kann. Mein Rad hatte ich damals von meinem Paten bekommen, nicht von meinen Eltern.

Kaum war ich aus dem Gefängnis heraus, empfahl mir Cusumano, mich von Lipari fernzuhalten, daher hatte ich den Bürgermeister seitdem kaum gesehen. Ich hatte gedacht, er hätte Meinungsverschiedenheiten mit der *famiglia*, aber dass sie ihn gleich beseitigen wollten, wusste ich nicht. Er war weiterhin ein sehr beliebter Bürgermeister. Er wusste, wie man Sympathien gewann, war stets bereit, anderen einen Gefallen zu erweisen, und errang immer den ersten Listenplatz seiner Partei, den Capogreco ihm trotz aller Bemühungen nicht streitig machen konnte. Allerdings hatte Vito Lipari knapp den Einzug in die erste Kammer des italienischen Parlaments verpasst, trotz vierzigtausend Stimmen und der Unterstützung von Minister Ruffini. Zu seiner Beerdigung kamen Tausende Menschen aus dem ganzen Land.

Die Trauergäste defilierten an dem aufgebahrten Lipari vorbei, berührten und küssten ihn und kondolierten seinen neben dem Sarg sitzenden Frauen – der Ehefrau, der Mutter und der Tochter. Während ich mich ihnen näherte, betrachtete ich das Mädchen, das mittlerweile etwa dreizehn, vierzehn Jahre alt war. Ihre gefasste, kontrollierte Haltung beeindruckte mich. Sie wirkte fast wie eine erwachsene

Frau, so sehr war das kleine Mädchen, das vor Freude über sein Fahrrad umhergehüpft war, innerhalb kürzester Zeit gereift.

Neben ihr saß die *nonna*, die Mutter des ermordeten Bürgermeisters, eine alte, vom Schmerz gezeichnete Frau, die ihren Kopf mit dem weißen Haar auf die Brust gesenkt hielt. Als ich vor sie trat, rührte sie sich plötzlich, hob den Kopf, stand auf und starrte mich durchdringend an. Das traf mich wie ein Schlag, schließlich hatte ich nicht damit gerechnet, dass sie von all den Menschen ausgerechnet mich so anstarren würde. Mir ist unklar, ob sie Bescheid wusste, ich glaube es eigentlich nicht, außerdem war ja nicht ich der Mörder. Dennoch war ich ziemlich erschüttert.

Erschüttert war ich auch von Capogrecos Auftritt in der Öffentlichkeit. Er gab ein Fernsehinterview und wetterte vor laufender Kamera gegen die Mafia, die Vito Lipari auf dem Gewissen hatte. Er schimpfte auf das organisierte Verbrechen, das die Politik korrumpierte, und ließ so viele schöne Phrasen vom Stapel, dass einem fast schlecht davon werden konnte. Dennoch bewunderte ich ihn gleichzeitig für seine Fähigkeit, seine wahren Gefühle zu verbergen. Niemand wäre je darauf gekommen, dass er selbst Lipari hatte umbringen lassen. Er wirkte wie ein Freund, der gerechte Bestrafung der Schuldigen fordert. Ich war stolz auf seine Findigkeit, fast so, als wäre es meine eigene, verspürte unterschwellig jedoch auch ein Gefühl der Bedrohung. Irgendetwas Seltsames, Gefährliches, nicht genauer zu Fassendes.

Liparis Tod ebnete den Weg für Capogreco, der sofort darauf zum Bürgermeister gewählt wurde. Er hielt eine wunderbare Dankesrede, denn mit Worten konnte er umgehen, und während er sprach, suchte er mich, der ich in der Menge stand, mit dem Blick. Sein Blick sagte: »Schau her, hast du gesehen, wie ich das gemacht habe? Wie ich auf dem wichtigsten Posten gelandet bin?«

Er schien für diesen Posten geboren, aber der Unterschied zwischen ihm und seinem Vorgänger trat bald deutlich zutage. Der Professor war stolz, distanziert, mächtig und gefürchtet. Lipari hingegen war freundlich, beliebt und geachtet gewesen.

Alles an Capogrecos Gebaren drückte die Befriedigung aus, dass nicht nur die Cosa Nostra, sondern auch Außenstehende ihm die gebührende Anerkennung gezollt hatten. Es war eine Demonstration seiner Tüchtigkeit. Außerdem verhieß seine Wahl zum Bürgermeister Geld, viel Geld, das er einsetzen konnte, wie er wollte. Da war der Fonds für die Erdbebenschäden in Belice, für die touristische Erschließung von Triscina und für den archäologischen Park von Selinunt. Der Stadtrat hatte ihn, ohne es zu wissen, gekrönt. Capogreco beherrschte, als Zweiter hinter Messina Denaro, die *famiglia* und jetzt auch die Öffentlichkeit. Er betrieb Politik vor und hinter den Kulissen. Von diesem Tag an nannte ich ihn nicht mehr *Professor*. Für mich war er schlicht und einfach nur noch *der Bürgermeister*.

ZIELSCHEIBE

Um sich das Vertrauen der Cosa Nostra zu verdienen, reicht es nicht, als Helfer an Morden beteiligt zu sein. Ein *uomo d'onore* muss selbst töten. Jemanden zu töten, der es verdient hat, verschafft einem Respekt. Man wird zum Löwen unter Löwen. Als Lamm kann man nicht unter Raubtieren bestehen. Abgesehen davon dient es noch anderen Zwecken, einen *soldato* zum Töten zu zwingen. Zum Beispiel vergewissert man sich, dass er Befehle ausführt, und bindet ihn enger an die *famiglia*.

Bei der Cosa Nostra ist kein Platz für sanfte Lämmer. Wenn einer meint, er könnte in einem Rudel Wölfe den Diplomaten spielen, wird ihm die *famiglia* diese Flausen schnell austreiben. Und zwar mit einem einfachen Befehl. Bring den Hornochsen da um. Alle müssen mal Farbe bekennen, früher oder später. Auch die, die wie ich nicht zum Exekutionskommando gehören. Eines Abends erklärte mir Capogreco, dass für Andrea Cannata die Zeit abgelaufen sei. Cannata befehligte innerhalb der *famiglia* von Partanna und war *zu' Cicciu* ins Gehege gekommen. Ich glaube, es ging um die Vergabe öffentlicher Aufträge, eine ganz große Sache, denn um jemanden zu eliminieren, braucht es die Genehmigung der Kommission in Palermo, die über alles entscheidet.

Zwölf Jahre nach dem Erdbeben, das mir die Flucht aus der Klosterschule ermöglicht hatte, war der Wiederaufbau immer noch ein glänzendes Geschäft. Orte wie Gibellina und Partanna waren teilweise an anderer Stelle neu aufgebaut worden, und die *uomini d'onore* hatten durch die Verquickung von Politik und Privatwirtschaft eine Menge Geld gescheffelt. Dabei hatte sich Andrea Cannata zwar mit Großbaustellen auf seinem Territorium ein Stück vom Kuchen gesichert, doch der größte Happen gebührte dem, der noch mächtiger war als er.

Cannata war etwa vierzig Jahre alt und nicht besonders groß, aber er hielt sich in Form und hatte noch kein einziges graues Haar. Er strahlte Stärke aus. Man nannte ihn den *Jäger*, da ihm niemand entkam, der einmal auf seiner schwarzen Liste gelandet war. Man schätzte ihn als *uomo d'onore* von großem Wert. Er war ein guter Schütze und ging nie unbewaffnet aus dem Haus. Ihm eine Falle zu stellen war nicht leicht. Und obwohl er die Regeln der Cosa Nostra respektierte, hatte er einen unverzeihlichen Fehler. Er war ehrgeizig, und es war unschwer zu erkennen, dass er sich mit *zu' Cicciu* auf eine Stufe stellte, was den Mut betraf, vielleicht sogar eine Stufe höher.

Doch er irrte sich. Wenn *capi* einander den Krieg erklären, siegt der, der den ersten entscheidenden Zug macht. Der, der den anderen unter einem guten Vorwand aus dem Weg räumt. Zweifellos hatte auch Andrea Cannata schon daran gedacht, Messina Denaro aus dem Weg zu räumen, nur fehlte ihm die Rechtfertigung.

Außerdem hatte Cannata nicht begriffen, dass die Allianzen sich verschoben hatten. Zu' Cicciu hatte bei der Kommission, die die Cosa Nostra leitet, einen besseren Eindruck hinterlassen. Die Interessen von Castelvetrano wogen schwerer. Daher war für den Jäger der Zeitpunkt gekommen, den alle *uomini d'onore* so weit wie möglich von sich fernhalten, auch wenn sie damit rechnen: der Zeitpunkt seines Todes.

Das Exekutionskommando sollte diesmal aus vier Schützen bestehen: Vanni, Alfanu, Peppe Nicastro, dem *capodecina*, und mir.

»Ihr müsst Motorräder nehmen«, befahl Capogreco.

»Kein Problem«, antwortete ich.

»Enzo, diese Sache liegt mir besonders am Herzen. Wir warten, bis wir wissen, wo er ist, und geben euch dann das Zeichen zum Einsatz. Dieser Hornochse soll ins Gras beißen. Mach keinen Fehler!«

Als ich ihn so reden hörte, war mir klar, dass dies eine Art letzter Test für mich sein sollte. Ich war zwar schon *uomo d'onore*, doch jetzt ging es darum, mein Ansehen vor den anderen zu steigern.

»Keine Sorge, Bürgermeister, es werden keine Fehler passieren. Was genau soll ich tun?«

»Du und Vanni nehmt Aspanu und Peppe auf dem Motorrad mit. Ihr müsst ihn außerhalb seines Territoriums überraschen. So fallt ihr weniger auf, und er wird nicht vorgewarnt.«

»Wie Sie meinen.«

Drei Tage später standen Vanni, Aspanu, Peppe Nicastro und ich um sieben Uhr morgens mit zwei gestohlenen Hondas kurz vor Salemi. Die *famiglie* von Partanna und Salemi waren durch eine Allianz an uns gebunden. Ganz offensichtlich hatte Cannata nicht begriffen, dass seine Freunde sich gegen ihn gewandt hatten. Ich hatte Nicastro auf dem Sozius, der mir nicht gerade gewogen war. Zwar behandelte er mich mit allem gebührenden Respekt, da wir uns bereits lange kannten, doch ließ er mich nie vergessen, dass er der *capodecina* war und ich nur ein einfacher *soldato*. Er trug unsere Waffen, was mich etwas nervös machte, obwohl eigentlich kein Grund dazu bestand. Im geeigneten Moment sollte Nicastro mir meine Pistole zustecken, die ich dann bei mir behalten würde.

Aspanu saß auf Vannis Motorrad und hatte ein Funkgerät. Als das Signal kam, fuhren wir los. Unsere Maschinen waren groß und schnell, aber wir fuhren langsam, um niemanden zu alarmieren. Kaum waren wir in Salemi, steuerten wir zur zentralen Bar auf der Hauptstraße, die den gesamten Ort durchschneidet. Dort saß Cannata an einem Tisch auf dem Bürgersteig und unterhielt sich mit zwei Männern. Wir blieben unvermittelt vor ihm stehen, Nicastro gab mir die Waffe, und Aspanu gab Vanni seine. Und noch bevor Cannata begriff, woher wir so plötzlich aufgetaucht waren, sah er vier Pistolen auf sich gerichtet, die ihn aus dieser Distanz unmöglich verfehlen konnten. Es war nur ein kurzer Augenblick. Dann bewegte er sich und zwang uns, das Feuer zu eröffnen. Wir hatten sowieso nicht beabsichtigt, großartig zu warten. Da wir wussten, wie geschickt er war, wollten wir es erst gar nicht dazu kommen lassen, dass er seine Waffe zog. Vier Kugeln trafen in seine Brust, und Cannata sank tot zu Boden.

Nicastro stieg vom Motorrad, ging drei Schritte und gab ihm den Gnadenschuss. Dann richtete er seine Waffe auf die beiden Männer, die sich mit Cannata unterhalten hatten. Unsere Ankunft hatte sie paralysiert. Da wir alle Helme trugen, konnten sie uns nicht identifizieren. Sie reagierten nicht. Peppe wandte sich wieder zu mir und stieg aufs Motorrad, dann donnerten wir davon. Drei Kilometer hinter Salemi ließen wir die Hondas stehen und verteilten uns auf zwei unverdächtige Wagen.

»Bravo, Vincenzo«, sagte Nicastro zum Abschied.

Ich hatte seine Anerkennung zwar nicht nötig, dennoch freute ich mich, da er ein altgedienter, wichtiger *uomo d'onore* war.

Wir kehrten nach Castelvetrano zurück. Zwei Tage später nutzte Capogreco die Gelegenheit und präsentierte mich voller Stolz den anderen. Das war eigentlich unnötig, denn mittlerweile wussten alle, wozu ich in der Lage war. Ich dachte noch einmal an Cannatas letzten Akt. Er hatte begriffen, dass nichts mehr zu ändern war, und hatte sich von seinen Begleitern entfernt, damit wir nicht auch noch sie umbringen mussten. Er war wie ein großer *capo* gestorben. Aber die, die ihn um Gefälligkeiten ersucht und von seiner letzten, selbstlosen Geste profitiert hatten, hatten keinen Schritt getan, um ihn zu schützen. Wahrscheinlich gehörten sie nicht zur Cosa Nostra, sondern waren nur Almosenempfänger. *Uomini d'onore*, wie Cannata einer war, erregen Respekt, Angst, Ehrfurcht. Aber im letzten Moment sind sie allein. Kein Gefallen, den Cannata im Leben erwiesen hatte, hatte ihm Loyalität bis in den Tod verschafft.

Jeder stirbt zu seiner Zeit, sagte mein Pate. Und es galt, diese Zeit bis in alle Ewigkeit hinauszuschieben. Wenn ich eines aus Cannatas Tod gelernt hatte, dann dieses: Im Angesicht einer Pistolenmündung verschwinden alle Freunde.

Das erfolgreiche Attentat ließ mich in Nicastros Wertschätzung steigen. Er hatte mich schießen sehen. Als ein harter Mann vom alten Schlag, der an militärische Hierarchien glaubte, gefiel es ihm gar nicht, dass ein *soldato* wie ich schon kurz nach dem Eintritt in die *famiglia* keinem anderen unterstand als Capogreco, doch er hatte sich damit abgefunden.

Eines Nachmittags, direkt nach dem Mittagessen, rief er mich zu Hause an und fragte, ob ich nicht Lust hätte, noch am selben Abend an einem Essen in seinem Landhaus in den Bergen teilzunehmen.

Außer mir sollten noch zwei weitere *uomini d'onore* dabei sein, einer aus Campobello und einer aus Mazara, denen er mich, so deutete er an, offiziell vorstellen wollte. Das war eine große Ehre für mich, auch weil ich den Ruf der beiden, Turi Costa und Pino Andò, bereits aus Erzählungen von Jacu und Biagio kannte. Sie waren schon viel länger als ich dabei und hatten wichtige Posten innerhalb ihrer *famiglie* inne.

»Na, damit überraschst du mich aber«, sagte ich.

Seit kurzem duzte ich Nicastro. Direkt nach dem Mord an Cannata hatte er mich darum gebeten.

»Aber ich habe heute Nachmittag noch etwas vor und weiß nicht, ob ich Zeit habe«, fuhr ich fort. »Vielleicht schaffe ich es, aber keinesfalls vor sechs.«

»Ach, das schaffst du locker. Wir fangen erst um sieben an zu essen, Enzo.«

»Es könnte aber auch sein, dass ich viel zu spät komme.«

»Mach, wie du möchtest«, beruhigte mich Nicastro. »Wir sind auf jeden Fall da. Wenn du auch kommst, schön, wenn nicht, dann kommst du eben ein andermal.«

Ich beendete das Gespräch, zufrieden, dass jemand wie Nicastro mich endlich beachtete. Allerdings bezweifelte ich, dass ich es rechtzeitig schaffen würde. Wider alles Erwarten war ich dann kurz nach drei Uhr schon wieder frei. Ich konnte also zum Essen fahren, wo man mich aber erst um sechs Uhr abends erwartete. Doch wenn ich schon früher dort ankam, konnte es auch nicht schaden, schließlich zeigte ich damit nur meinen Respekt vor älteren und erfahreneren *uomini d'onore*.

Also steuerte ich meinen Wagen Richtung Partanna und fuhr in die Berge. Ich hatte ein bisschen Mühe, die richtige Straße zu finden, da ich mich nicht mehr genau an Nicastros Anweisungen erinnerte. Dann parkte ich den Wagen in einiger Entfernung vom Haus, um ihn mir nicht auf einer Schotterstraße zu ruinieren.

Ich war viel zu früh beim Haus und traf niemanden an. Es war ein wunderschönes Anwesen, das halb versteckt im Wald lag. Als ich hinten herumging, entdeckte ich eine Lichtung, die die gesamte Fläche zwischen dem Haus und einem bewaldeten Abhang einnahm. Direkt am Saum des Waldes bemerkte ich einen großen Holztisch mit zwölf Stühlen, was mir etwas merkwürdig vorkam. Ich umrundete ihn großräumig und dachte bei mir, dass er tagsüber wohl besser im Schatten der Bäume stand und erst abends in die Mitte der Lichtung gerückt wurde. Bis heute weiß ich nicht, warum ich danach etwas tat, worüber ich vorher nicht im Geringsten nachgedacht hatte.

Ich stieg den bewaldeten Abhang hinauf und suchte eine Stelle zwischen den Bäumen, von wo aus ich den Tisch beobachten konnte. Nachdem ich länger hin und her gelaufen war, fand ich einen Punkt, von dem aus man in direkter Linie auf einen einzelnen Platz am linken Tischende blicken konnte. Oder auch zielen. Wenn man nicht nur eine Pistole dabeigehabt hätte wie ich, sondern ein Gewehr, hätte man natürlich auch die anderen Personen am Tisch töten können, vor allem, wenn man auf die Mitte des Tischs zielte. Aber hätte man mit der Pistole nur einen treffen wollen, dann hätte es der am linken Tischende sein müssen. Alle mit der Pistole zu töten wäre keine gute Idee gewesen. Denn direkt nach dem ersten Schuss hätten die anderen reagiert und nicht lange abgewartet, bis ich die richtige Position für weitere Schüsse gefunden hätte.

Ich schwöre, dass ich nicht mit bösen Hintergedanken dorthin gefahren war. Im Gegenteil. Die Einladung hatte mich geehrt. Wenn ich diese drei wichtigen Männer erschossen hätte, hätte ich mich außerdem gleich gegen drei *famiglie* der Cosa Nostra gestellt. Allein der Gedanke daran war Wahnsinn. Es war der Ort, der mir diese hässlichen Ideen eingegeben hatte. Er machte mich nervös. Dabei bestand keinerlei Grund dazu. Dennoch war ich unruhig und ging automatisch weiter.

Noch weiter oben im Wald entdeckte ich einen Hochsitz. Er war ziemlich klein, bot nur Platz für einen, gewährte aber gute Sicht auf die Lichtung mit dem Tisch und den Rest des Abhangs. Dort legte ich mich auf die Lauer und rührte mich über eine Stunde nicht mehr. Zuerst sah ich nur Nicastro, der zum Tisch kam, ihn deckte und alle Stühle bis auf vier entfernte. Um halb sechs fanden sich auch Costa und Andò ein. Doch bei ihnen waren noch zwei weitere Männer, die ich noch nie gesehen hatte und die Gewehre bei sich trugen. Die Leibwache, dachte ich. Sie alle steckten kurz die Köpfe zusammen. Dann setzten sich die drei *uomini d'onore* auf ihre Stühle und ließen nur den Platz am linken Tischende frei. Die beiden Bewaffneten hingegen gingen in den Wald und steuerten auf meinen Hochsitz zu. Ich nahm meine Pistole, um mich zu verteidigen, doch sie hielten genau an der Stelle, die ich vorher schon entdeckt hatte, und legten sich auf die Lauer. Von dort aus konnte man ausschließlich auf den leeren Platz zielen. Meinen Platz. Denn nur ich fehlte noch. Ich war zum Abschuss freigegeben. Plötzlich wurde mir alles klar. Nicastro hatte mich eingeladen, um mich zu eliminieren. Weder der Bürgermeister noch *zu' Cicciu* konnten das angeordnet haben. Sie hatten keinerlei Grund dazu. Und da Messina Denaro ihm ganz sicher nicht die Erlaubnis dazu gegeben hatte, hatte Nicastro sich *uomini d'onore* von auswärts geholt. Ein Attentat auf mich würde in Castelvetrano wie eine Bombe einschlagen. Capogreco musste den Schuldigen finden, da sonst seine Autorität in Frage gestellt werden konnte. Und genau darauf spekulierte Nicastro. Wenn er mich, der seine Autorität nicht anerkannte, eliminierte, verschaffte er dem *consigliere* der *famiglia* große Probleme. Ich vermute, er wollte sich nachher um seinen Posten bewerben. Er hielt sich für stärker und schlauer, ein Irrtum meiner Meinung nach, denn er besaß weder die Intelligenz noch das politische Kalkül des Bürgermeisters. Aber Nicastro wollte sich nun mal niemandem unterordnen.

Ich hielt mich noch zwei Stunden auf dem Hochsitz verborgen. Als es dunkel wurde, gaben die Schützen ihr Vorhaben auf. Irgendwann kam Nicastro zu der Überzeugung, dass ich nicht mehr auftauchen würde, und rief sie zu sich. Dann aßen sie alle zusammen, und aus der Ferne schien mir, als scherzten und lachten sie. Ihr Hinterhalt war zwar fehlgeschlagen, aber sie würden es sicher noch mal versuchen. Schließlich lebte das Opfer noch. Ich. Die Zielperson. Ich wartete den geeigneten Moment ab und schlich mich unbemerkt davon.

Jetzt musste ich mir wirklich etwas einfallen lassen. Am darauffolgenden Tag suchte ich meinen Paten auf und erklärte ihm die Lage. Daraufhin verfiel Cusumano für eine ganze Weile in Schweigen. Auch für ihn war die Situation nicht ganz ungefährlich.

»Ich gehe zum Bürgermeister und erzähle ihm alles, *parrino*.«

»Er wird dir auch glauben. Aber *zu' Cicciu*? Nicastro kennt ihn viel länger als Capogreco.«

»Deshalb will er ihn auch hintergehen.«

»Enzo, wenn ein Problem nicht gelöst werden kann, wen trifft dann die Schuld?«

»Ich weiß es nicht, *parrino*«, sagte ich wahrheitsgemäß. Aber vielleicht hatte ich nur Angst vor der Antwort.

»Denjenigen, der es erfunden hat«, verkündete Cusumano.

»Aber ich habe nichts erfunden.«

»Nein. Aber du warst auch nicht ganz offen. Du bist nicht zum Essen gegangen, obwohl du es gekonnt hättest.«

»Hätte ich es getan, wäre ich jetzt tot.«

»Du bist hingegangen, hast aber behauptet, du hättest es nicht geschafft. Du hast nur von dem Ganzen erfahren, weil du dich versteckt hast.«

»Glücklicherweise.«

»Ja, das hast du gut gemacht. Aber warum hast du auf deinen Instinkt vertraut? Schließlich bist du nicht davon ausgegangen, dass er dich umbringen will.«

»Als ich dort ankam, wurde ich nervös.«

»Aber du hattest keinen Grund, dich zu fürchten, Enzo. Das hast du zumindest gesagt.«

»Ich weiß nicht, was in mich gefahren ist. Ich glaube, es lag an dem Ort. Er war zu ruhig, zu isoliert. Perfekt für einen Hinterhalt. Aber das habe ich erst später gedacht. Wirklich.«

»Ich glaube dir. Aber Nicastro ist ein ebenso guter Schauspieler wie Capogreco. Daher kannst du nicht die Wahrheit sagen.«

»Was dann?«

»Du musst dir was ausdenken.«

»Wenn ich den Mund halte, lässt Nicastro mich umbringen. Aber wenn ich was sage, dann bringt er mich vielleicht auch um.«

»Denk gut nach, Enzo. Was hat dich gerettet?«

»Mein Instinkt?«

»Nicht nur.«

»Ich habe mich in Nicastro hineinversetzt.«

»Bravo.«

»Was kann ich denn jetzt machen? Auf die nächste Gelegenheit warten und mich dafür bereithalten.«

»Wenn Nicastro etwas zustößt, wird die *famiglia* eine Untersuchung anordnen.«

»Das droht Nicastro aber auch, wenn mir was zustößt. Er muss mich also heimlich umbringen.«

»Deshalb wird er mit niemandem von diesem Essen gesprochen haben.«

»Nein, aber ich darf auch nichts davon erzählen.«

»Er wird dich bitten, es geheimzuhalten, damit die anderen nicht neidisch werden, und es noch mal versuchen. Am selben Ort. Mit einer spontanen Einladung, damit du keine Zeit hast, jemanden zu benachrichtigen.«

So offen hatte Cusumano noch nie mit mir gesprochen. Bei einem solchen Problem konnte man sich nicht mehr auf das *baccagghiu* verlassen, sondern musste eingestehen, dass es jetzt darum ging, zu töten oder getötet zu werden.

»Aber es sind fünf, *parrino*. Das sind selbst für mich zu viele.«

»Es ist nicht gesagt, dass die beiden Schützen wissen, wen sie erledigen sollen.«

»Das müssen sie doch wissen!«

»Sie werden auf das Tischende zielen, auf den Einzigen, den sie nicht kennen, und dann wieder verschwinden. Und wahrscheinlich sind auch sie zum Abschuss freigegeben.«

»Wieso?«

»Weil fünf zu viele sind, um etwas geheimzuhalten. Drei sind deine wahren Feinde: Nicastro, Costa und Andò.«

Wahrscheinlich hatten sie alle ein Interesse daran, die Kräfteverhältnisse in den *famiglie* von Castelvetrano, Mazara und Campobello zu verändern. Deshalb sprach Cusumano so klar und deutlich mit mir. Nicastros Plan gefährdete in gewisser Weise auch meinen Paten. Er wollte keine Veränderungen in der Hierarchie. In Castelvetrano war er geachtet und einflussreich, aber er stammte noch aus der alten Garde. Die Neuen konnten ihm gegenüber nicht mehr den gebührenden Respekt aufbringen.

»Auch das ist schon schwierig. Ich muss sie mir nacheinander vornehmen.«

»Pass gut auf dich auf.«

»Nicastro will mich unter dem Mantel des Schweigens beiseiteschaffen. So hilft er mir, ohne es zu wissen, mein eigenes Vorhaben geheimzuhalten.«

»Du kennst ihren Plan, das ist dein Vorteil.«

Wie immer hatte Cusumano recht. Zwei Wochen später wiederholte Nicastro seine Einladung. Mittlerweile hatte er mich telefonisch gebeten, nicht darüber zu sprechen, genau wie mein Pate vorausgesagt hatte. Seitdem hatten wir uns nicht mehr getroffen. Ihm war wichtig, nicht mit mir in Verbindung gebracht zu werden. Um ganz sicherzugehen, war die Einladung so kurzfristig wie möglich. Er rief mich um drei Uhr nachmittags für ein Essen um sieben an. Wie beim ersten Mal, erklärte ich, vor sieben könne ich auf keinen Fall kommen, und wenn ich um halb acht noch nicht da sei, hieße das, ich würde es nicht mehr schaffen.

Diesmal jedoch wirkte er leicht verärgert.

»Hör mal, Enzo, das sind wichtige Männer. Sie möchten dich gern kennenlernen.«

Ich zeigte pflichtschuldigst Respekt.

»Peppe, ich weiß das wirklich zu schätzen. Aber ich habe etwas für den Bürgermeister zu tun. Soll ich ihm sagen, ich hätte keine Zeit, weil ich mit Freunden zu Abend essen muss?«

»Nein, natürlich nicht, dein Auftrag geht vor«, sagte er und heuchelte Verständnis.

»Ich komme auf jeden Fall, wenn ich kann«, versprach ich schmeichlerisch.

Doch kaum hatte ich den Hörer aus der Hand gelegt, stieg ich auf mein Cross-Motorrad, das ich für diese Gelegenheit gestohlen hatte. Ich trug Kleider, die ich sonst nie anzog, und setzte mir einen Helm auf. Ich wollte nicht, dass mich jemand aus Castelvetrano erkannte. Dann fuhr ich geradewegs zu Nicastros Landhaus und kam dort noch vor vier Uhr an. Ich ging um das Haus herum und machte mich daran, ein Versteck im Wald zu suchen. Zuerst kundschaftete ich den Abhang aus. Mitten im Unterholz, an einer sehr versteckten Stelle, stieß ich auf eine Grube im Boden. Mein Grab. Es auszuheben musste ihn viel Mühe gekostet haben, denn es war vollkommen von Wurzeln durchwuchert. Es war tief, und daneben lag die aufgeschüttete Erde, um die Grube sofort wieder zu schließen, wenn die Leiche erst darin lag. Meine Leiche.

Für meinen Hinterhalt wählte ich eine tiefer gelegene Stelle in der Nähe der Lichtung mit dem Tisch. Dort wartete ich über eine Stunde, dann war das Glück mir hold. Kurz nach fünf kam Nicastro, und zwar allein. Ich sah, wie er die Wiese überquerte und mit dem Grill und der Holzkohle hantierte.

Das hatte er sich wirklich schön ausgedacht! Erst mich umbringen und begraben und danach schön grillen, um das Ganze zu feiern. Ich sah ihm fünf Minuten zu, weil ich mich vor lauter Hass auf ihn nicht bewegen konnte. Er wollte mich töten, obwohl ich ihm nichts getan hatte. Ich musste seinen Plan durchkreuzen, aber so, dass die *famiglia* mich hinterher nicht belangen konnte.

Die Entscheidung kam plötzlich, wie ein Schlag. Unverzüglich setzte ich mich in Bewegung und stürzte aus dem Wald hervor. Nicastro entdeckte mich erst, als ich mit der Pistole in der Hand vor ihm stand. Als er sich in der unterlegenen Position sah, ließ er seine Maske fallen. Er blickte mich durch zwei Augenschlitze an wie ein wildes Tier. Er hasste mich. Ohne Grund. Ich war seinem Ehrgeiz im Weg. Ich war ein Hindernis, das er beseitigen musste. Aber jetzt stand ich vor ihm und hielt eine Waffe auf ihn gerichtet. Er konzentrierte sich auf meine Augen, doch sein Blick huschte mehr als einmal auf die Pistolenmündung vor ihm. Wie Cannata war er mit einem Mal ganz allein und konnte sich nicht hinter seine Macht und den Respekt, der ihm gebührte, zurückziehen. Aber er wollte nicht sterben. Er versuchte, mit mir zu reden.

»Mach jetzt keine Dumm–«

Ich schoss ihm mitten ins Gesicht. Wie es sich für Verräter gehört. Sein Sarg würde bei der Beerdigung geschlossen bleiben müssen. Und die *capi* würden schön rätseln, wer Peppe Nicastro erschossen hatte und warum.

Ich hätte ihn sehr gerne in der Grube verscharrt, die er

für mich ausgehoben hatte, doch dazu blieb keine Zeit. Ich musste sofort verschwinden. Mit ein bisschen Glück würde mich niemand mit dem Mord in Verbindung bringen. Nicht mal Costa und Andò. Sie wussten, dass ich entweder spät oder gar nicht kommen würde, wie beim ersten Mal.

Ich rannte zum Motorrad, das ich im Waldstück unterhalb des Hauses versteckt hatte, setzte den Helm auf und fuhr los. Auf dem Rückweg begegnete mir niemand. In Castelvetrano ließ ich das Cross-Motorrad am Straßenrand zurück und ging zu Fuß nach Hause, wobei ich Zeit hatte, über Costa und Andò nachzudenken. Denen würde wohl nicht im Traum einfallen, dass der Gejagte zum Jäger geworden war.

Außerdem war es Nicastros Plan gewesen, mich aus dem Verkehr zu ziehen. Nun, da er nicht mehr den Posten von Capogreco übernehmen konnte, war für die anderen beiden alles viel schwieriger geworden. Sie mussten sich jetzt ruhig verhalten und versuchen, in ihren *famiglie* die Wogen zu glätten, nicht jedoch in der *famiglia* von Castelvetrano. *Jeder stirbt zu seiner Zeit*, sagte mein Pate. Daher war mein Plan ganz einfach. Ich würde einen nach dem anderen umlegen.

DROGENHÄNDLER

Nichts ist makelloser, reiner, einfacher und einträglicher als das Geschäft mit Drogen. Mit nur wenigen Kilo kann man gefahrlos Millionen machen. Die *famiglia* verdiente Anfang der Achtziger Milliarden mit Heroin. Sie kaufte Rohopium von den Türken, raffinierte es in Sizilien und verkaufte es dann über diverse Vertriebswege in Mailand. Wie andere *soldati* hatte auch ich oft den Auftrag, Heroin nach Mailand zu bringen. Beim ersten Mal durfte ich den Inhalt meiner Lieferung nicht einmal anschauen. Dennoch wusste ich natürlich, worum es sich handelte, sie hatten es mir erklärt. Sie wollten, dass ich der Sache Bedeutung beimaß und meinen Koffer niemals aus den Augen ließ, gleichzeitig sollte ich ihr aber nicht zu viel Aufmerksamkeit widmen, um nicht selbst in Versuchung zu geraten.

Der Transport erfolgte fast immer mit dem Auto, manchmal auch mit dem Zug. Wir mussten uns von einem über jeden Verdacht erhabenen Dritten den Wagen leihen und darin das Heroin verstecken. Falls es Probleme gab, zum Beispiel eine Verkehrskontrolle oder übermäßiges Interesse eines Fremden, sollten wir den Wagen stehen lassen und den rechtmäßigen Besitzer per Telefon anweisen, ihn als gestohlen zu melden. Doch Schwierigkeiten ergaben sich kaum, da die Bullen uns nur schnappen konnten, wenn sie einen Tipp erhielten – und von uns kam der sicher nicht.

Zu zweit oder zu dritt brachten wir das Heroin aufs Festland, übergaben es dort einer Person unseres Vertrauens und kehrten nach Sizilien zurück. Die Kuriere, die die Lieferung übernahmen, kannten wir nicht mal. Wenn es nach Mailand ging, bekam ich normalerweise nur eine Adresse – Straße und Hausnummer –, vor der ich jemanden traf. Es war jedes Mal eine andere Person, und ich erkannte sie daran, dass sie bestimmte Kleider trug und auf meine Parole antwortete. Eine klare, einfache und schön saubere Sache.

Nur einmal ging eine Lieferung verloren, aber nicht an die Bullen. Das Heroin war zwei alten Freunden von mir anvertraut worden, die Saverio Riesi unterstanden: Lillo Santagata und Fanu Tummarello. Mit dem Auto voller Drogenpäckchen verließen sie Castelvetrano und machten an einer Raststätte bei Rom halt, um dort zu Mittag zu essen. Nach einer halben Stunde wollten sie weiterfahren und kehrten zu ihrem Parkplatz zurück. Doch der Wagen war weg und damit auch das Heroin. Einfach verschwunden, gestohlen. Fanu und Lillo blieb nichts anderes übrig, als nach Sizilien zurückzukehren. Sie wurden getrennt voneinander befragt, erklärten jedoch beide, dass der Wagen wirklich verschwunden war, während sie zu Mittag gegessen hatten. Lillo besuchte die Universität in Palermo, kam aber an den Wochenenden nach Castelvetrano zurück, um seine Eltern zu sehen und sich zu amüsieren. Vor unserer Aufnahme in die Cosa Nostra hatten wir noch nie ein Ding zusammen gedreht. Er war nicht der Typ, der in Wohnungen einbrach, und setzte auch jetzt sein Studium fort. Wie ich hatte er eine Schwäche für Frauen und war ständig mit neuen Liebschaften beschäftigt.

Fanu hingegen ähnelte mir mehr vom Werdegang, auch

wenn er ein bisschen älter war als ich. Als Kind hatte er in der Nähe meines Elternhauses gewohnt, und wir hatten miteinander gespielt und gerauft. Er war kleiner als ich, etwa einen Meter siebzig, mager, hatte dichte, schwarze Locken und ein affenähnliches Gesicht. Das meine ich nicht böse, er war ein wirklich guter Freund von mir. Er betrachtete mich als Kumpel, der schlauer war als er und mehr Glück bei den Frauen hatte – so wie ich Lillo sah. Ich spürte, dass er mich wirklich mochte, und seine Bewunderung schmeichelte mir.

Als herauskam, dass er die Lieferung verloren hatte, erkundigte ich mich in aller Freundschaft danach und stellte ihm Fragen. Aber er erzählte mir immer wieder dieselbe Version und fügte nur hinzu, dass im Gegensatz zu sonst Lillo unbedingt hatte fahren wollen und bei der Pause den Schlüssel auf dem Armaturenbrett liegengelassen hatte. Das hieß, Lillo hatte die Diebe praktisch eingeladen, den Wagen zu stehlen. Fanu erzählte das vor allem, um zu zeigen, dass er der Gewissenhaftere von beiden war und ihm der Vorfall gehörig gegen den Strich ging. Ich glaubte ihm, weil ich wusste, dass er gewissen Prinzipien treu war. Im Großen und Ganzen befolgte er die Regeln, denn er hatte weder die Fähigkeit noch den Ehrgeiz, die *famiglia* zu betrügen. Das Heroin war wegen Lillos Nachlässigkeit verlorengegangen, und der wurde deswegen von seinen *capi* ernst gerügt.

Von den *uomini d'onore* gefiel mir auch Dino Masaracchio, ein Schäfer, der sieben, acht Jahre älter war als ich, aber schon weit vor meiner Verhaftung wegen des Mordes an Tilotta zur Cosa Nostra gekommen war. Dino war waghalsig und griff schnell zur Waffe. Er mochte Gesellschaft und war dem Alkohol zugetan, was ihm mehr als einmal

Tadel einbrachte. Ein *uomo d'onore*, der sich betrank, redete unter Umständen zu viel oder verriet gar unfreiwillig seine Freunde. Offenbar hatte es auch wirklich schon Ärger gegeben, wenn er trank, aber in meiner Gegenwart kam es nie zu Zwischenfällen, die der Cosa Nostra hätten missfallen können. Wein vertrug er ohne Probleme. Jähzornig wurde er nur, wenn jemand es wagte, sich über ihn lustig zu machen. Das konnte ich gut nachvollziehen, da mich so etwas schon zornig machte, wenn ich nüchtern war. Masaracchio fürchtete sich vor nichts und niemandem, er war stark, bewegte sich so geschmeidig wie eine Katze und konnte gut schießen. Deshalb war er auch ein bisschen unverschämt, selbst den *capi* gegenüber. Wenn die ihn zurechtwiesen, schwieg er zwar, sah sie aber so herausfordernd an, als wollte er sagen: »Versucht doch, mich auszutricksen, wenn ihr meint, ihr könnt es.«

Ich wusste, dass er 1975, als ich ihn noch nicht kannte, ganz allein einen gewissen Russo aus Selinunt umgebracht und irgendwo verscharrt hatte. Es war ihm nicht von der *famiglia* befohlen worden, sondern er hatte es aus eigenem Antrieb getan und musste sich dafür verantworten. Offenbar war seine Begründung stichhaltig genug, auch wenn viele *uomini d'onore* der Meinung waren, dass er den Typen nur umgebracht hatte, weil er sich im Rausch mit ihm angelegt hatte. Masaracchio wurde wegen des Mordes zwar verhaftet, aber nie verurteilt, und die ganze Angelegenheit wurde stillschweigend beigelegt. Er gehörte zum Exekutionskommando, gemeinsam mit dessen Anführer Saverio Riesi, den Brüdern Viola sowie mit Dino, Fanu, Vanni und Aspanu. Die beiden Letzteren unterstanden genau wie ich Capogreco direkt. Obwohl ich besser mit Waffen umgehen konnte als die meisten von ihnen, gehörte ich nicht dieser Gruppe an, denn dafür musste man nicht nur mutig und ein guter Schütze sein, sondern auch eine gewisse Grausamkeit besitzen, die die *capi* bei mir nicht sahen.

Doch wer uns kannte, ahnte, dass ich viel impulsiver und böswilliger als Vanni und Aspanu war. Vanni wirkte verschlossen und reserviert, war ziemlich dünn und klapprig, kleiner als ich, höchstens einen Meter siebzig, ein ernster, schweigsamer Mann mit schwarzem Bart, wortkarg, distanziert, aus reicherem, kultivierterem Haus als ich. Sein Vater war ebenfalls *uomo d'onore*, was natürlich schon einen Vorteil bot. Ich hatte die Regeln und Sitten der Cosa Nostra nur über meinen Paten und Capogreco gelernt. Der alte Santagata hingegen hatte seinen Söhnen so manchen Rat gegeben, den meine beiden Lehrer lieber für sich behalten hatten. Vanni sah gar nicht wie ein Killer aus, doch wenn die Pistolen zum Einsatz kamen, schoss er immer als Erster. Wenn er nicht in Aktion war, wirkte er eher nachdenklich, wie jemand, der abwägen, schweigen und warten kann. Er tötete mit Verstand. Er hatte es auch mit der Politik versucht und für die Democrazia Cristiana bei den Kommunalwahlen kandidiert, war allerdings knapp gescheitert. Er konnte mit Worten umgehen und verstand es, sich im besten Licht zu präsentieren und Aufmerksamkeit auf sich zu ziehen.

Aspanu war sechs Jahre älter als ich. Ich hatte ihn mit vierzehn im Boxclub kennengelernt, wo er einer der Besten war, Regionalsieger in seiner Gewichtsklasse. Er war einen Meter achtzig groß, kräftig und muskulös, der geborene Schwergewichtskämpfer. Ein dunkler Typ mit lockigen Haaren und einem hübschen runden Gesicht, auf den die Frauen flogen. Trotz seiner Boxvergangenheit wirkte er friedlich, ruhig und nachdenklich, und seine eigentliche

Stärke war nicht Körperkraft, sondern Diplomatie. Er trug eine unterschwellige Energie in sich, die Sicherheit, sich stets auf seine Gaben verlassen zu können. Und trotz seiner auffallenden äußerlichen Stärke wirkte auch er keineswegs wie ein Mörder. Er war nicht vorbestraft und hatte nie Ärger mit der Justiz bekommen. Dennoch hatte er mit einem einzigen Schuss dem armen Vincenzo Cuttonaro den Kopf weggeblasen.

Im Herbst nach dem Mord an Bürgermeister Lipari fing ich langsam an, mir Sorgen wegen meines Berufungsprozesses zu machen. Zwar war mein Leben unter den Augen der Polizei von Castelvetrano recht angenehm – ich konnte tun, was ich wollte, angefangen von Arbeiten für die *famiglia* bis hin zu Drogentransporten. Aber jedes Mal, wenn etwas passierte, hatte ich das Haus voller Bullen, die mich befragten und verhörten. Wenn sie nicht weiterwussten, kamen sie einfach zu mir. Daher befürchtete ich, negative Meldungen der Polizei könnten den Prozessausgang beeinflussen, und so ging ich hin und wieder zu meinem Anwalt Di Leo, um die Sache mit ihm durchzusprechen. Doch er beruhigte mich stets, erklärte, sein Kontakt beim Kassationsgericht sei erstklassig, vorausgesetzt, die Bezahlung stimme. Einer der Sekretäre dort sorge dafür, dass der Prozess erst dann anberaumt werde, wenn ein für mich günstiger Richter den Vorsitz führe. Später, so sagte mein Anwalt, müsste ich dann persönlich nach Rom und dem Sekretär mehrere Millionen zahlen, damit mein Freispruch garantiert sei.

Die besonderen Beziehungen zwischen Cosa Nostra und Justizbehörde wurden mir auch während verschiedener Aufträge klar, die Capogreco mir in dieser Zeit anvertraute. Einmal musste ich zu einem der *famiglia* nahestehenden Richter nach Palermo. Ich suchte ihn in seinem Haus auf, überbrachte Grüße und Empfehlungen des Bürgermeisters und gab ihm Kuverts und Unterlagen, die man mir anvertraut hatte, über deren Inhalt ich aber nichts wusste. Ich wusste nur, dass der Richter von *uomini d'onore* wohlgelitten war. Einem anderen Richter, der später Karriere in Palermo machte, half ich beim Umzug und benutzte dabei den alten Lieferwagen, mit dem ich als junger Mann Vieh von fremden Bauern gestohlen hatte.

Der Bürgermeister erklärte mir, dass jede *famiglia* Beziehungen zur Justiz unterhielt und jede eifersüchtig über ihre Kontakte wachte. Während unsere einen bestimmten Mann zu einem bestimmten Zweck nutzte, gelangte eine andere *famiglia* mit anderen Kontakten zum selben Ziel. Deshalb war es wichtig, seine Kontakte zu pflegen, sowohl zu Richtern, die sich früher oder später als nützlich erweisen konnten, als auch zum Sekretär des Kassationsgerichts, zu *carabinieri* und anderen Polizeibeamten, die sich bestechen ließen. Jede *famiglia* hatte eigene Kontakte, eigene Kräfte, eigene Verbindungsmänner und somit ihre eigenen Waffen. Manche besaßen Kalaschnikows, andere nicht. Manche waren gut bewaffnet, andere nicht. Manche hatten Richter, die ihre Mitglieder freisprachen, andere ernteten nur Verurteilungen. Es war ein Spinnennetz, und nur *der* überlebte, der seine Fäden gut zu verweben wusste.

Nicht immer war Geld der Schlüssel zum Erfolg. Das kam ganz auf die beteiligten Personen und die Umstände an. Ein günstiges Urteil hing nicht nur von der Bezahlung ab. Manchmal ging es um Geld, manchmal jedoch auch um Geschäfte, Freundschaft oder um alles zusammen. Gewiss hatten einige Richter viel Geld eingesteckt, aber nicht nur. Es gab auch andere Verflechtungen. Capogreco zum

Beispiel war Freimaurer. Er redete ständig über das Freimaurertum und erklärte, es sei eine großartige Sache, um mit wichtigen Leuten zusammenzukommen. Einflussreiche *uomini d'onore*, also die, die sich am besten auf Diplomatie und Politik verstanden, gehörten zur Loge von Castelvetrano, wo sie Richter und hohe Polizeibeamte, Stadt- und Landräte, Bauunternehmer und Geschäftsleute trafen. Und dort wurden die Interessen der verschiedenen Bereiche gebündelt. So ziemlich jeder, der etwas zählte, war in der Loge. Eines Tages schickte mich Capogreco eigens nach Rom, um einem Abgeordneten ein Kuvert zu überbringen.

»Was ist denn darin?«, fragte ich, nicht aus Neugier, denn die ziemt sich für einen *uomo d'onore* nicht, sondern um im Falle einer Kontrolle zu wissen, ob es sich um etwas Gefährliches handelte wie etwa Drogen.

»Papiere, von den Freimaurern«, beschied mir der Bürgermeister knapp.

Capogrecos Kontakte überraschten mich immer wieder.

Ich kannte den Abgeordneten vom Hörensagen; er gehörte zum *Movimento Sociale* und war mir aus der Vergangenheit bekannt. Jahre zuvor war er beim Geheimdienst gewesen, weswegen die Medien sich ausgiebig mit ihm beschäftigt hatten. Er war Sizilianer, Freimaurer und gehörte zur Cosa Nostra. Die *famiglia* war wirklich eine Macht, die bis in die Spitzen des Staates vorgedrungen war, und selbst die ehrfurchtgebietendsten Männer waren bereit, uns einen Gefallen zu erweisen. Da wunderte es nicht, dass sogar Richter, Polizeibeamte und *Carabinieri* häufig auf unserer Seite standen, anstatt uns zu behindern. Manche bekämpften uns zwar auch, aber wir spielten mit zwei

Decks Karten, während die Bullen nur eines hatten, das auch noch gezinkt war, weil jemand in ihren eigenen Reihen es vertauscht hatte.

Bevor wir uns meinem Prozess zuwandten, für den noch etwas Zeit war, bat Avvocato Di Leo mich, ihm im Herbst 1980 bei den Wahlen zu helfen: Kommune, Bezirk und öffentliche Verwaltung auf einmal. Ich sollte einen seiner Cousins aus Campobello unterstützen, der bei den Bezirkswahlen für die Liberalen antrat. Natürlich bat ich vorher Capogreco um Erlaubnis, doch der hatte nichts dagegen. Die *famiglia* hatte vier Kandidaten bei der Kommune, und um die Bezirksvertretung kümmerte sich bereits jemand, daher durften ich und Aspanu Di Leo helfen.

Der Anwalt erklärte mir die Vorgehensweise: Jeder Kandidat hatte eine Nummer, sein Cousin war die Nummer vier auf der Liste. Ich musste die Wähler ansprechen, die ich noch aus meiner Zeit beim Gewerkschaftsbüro kannte, und sie überzeugen, für die Nummer vier und die Nummer acht zu stimmen – einen vollkommen Unbekannten, der aus einem Dorf im Hinterland bei Trapani kam. Niemand in Castelvetrano wählte ihn, daher bekam er in unserer Kommune nur die Stimmen, die wir ihm besorgten. Nummer acht diente uns somit lediglich dazu, herauszufinden, ob die Wähler, die ich angesprochen hatte, unserer Empfehlung folgten oder nicht.

Gemeinsam mit Aspanu suchte ich also die Wähler in ihren Häusern auf und bat sie, für die Vier und die Acht zu stimmen. Viele von ihnen wussten, dass ich vorbestraft war, und hatten Angst. Sie fürchteten mich und zögerten. Die Gefallen, die ich ihnen in der Vergangenheit erwiesen hatte, genügten nicht, um sie zu überzeugen. Also drohte ich ihnen und erklärte, in ihrem Wahlbezirk käme einzig und allein ihr Votum auf diese Weise zustande, auch wenn das nicht stimmte. Dann notierte ich mit großer Geste den Namen und die Nummer ihres Wahlbezirks auf einen Zettel und ließ mir ihren Wahlschein zeigen. Es war klar, was das bedeutete: Wenn sie nicht taten, was ich sagte, riskierten sie Kopf und Kragen. In Wirklichkeit war es unmöglich, die Stimmen genau zu den jeweiligen Wählern zurückzuverfolgen. Wir konnten nicht überprüfen, ob sich jeder Einzelne an unsere Anweisung hielt, aber die Leute gehorchten immer. Und keiner wunderte sich, dass ich, der einst für die MSI kandidiert und später über die Encal Mitglieder der Democrazia Cristiana unterstützt hatte, nun Werbung für einen Liberalen machte. Aber es handelte sich auch um arme, ungebildete Leute ohne politische Überzeugungen, die mich bereits in der Vergangenheit, noch vor meiner Verhaftung, mehrfach gefragt hatten, für wen sie stimmen sollten. Mit ein bisschen Überredungskunst und ein paar Drohungen gelang es mir daher, sie zu überzeugen.

Der Cosa Nostra sind die Parteien gleichgültig, nur Einzelpersonen und Macht sind für sie interessant. Daher unterstützt die *famiglia* Kandidaten verschiedener Parteien, die sich nur in einem wesentlichen Punkt einig sind, nämlich darin, unsere Interessen zu vertreten. Die Cosa Nostra kann weder dem Faschismus noch dem Kommunismus etwas abgewinnen, da sie keine Diktatur will. Aber wenn es innerhalb dieser Parteien nützliche Mitglieder gibt, werden auch die unterstützt. Der Zweck heiligt die Mittel.

Di Leos Cousin erzielte neunzig Stimmen in Castelvetrano. Der Unbekannte mit der Nummer acht bekam nur ein paar weniger, da zum Beispiel Aspanu und ich lediglich für die Vier stimmten, und das war der Beweis, dass wir gute Arbeit geleistet hatten. Die von uns aufgesuchten Wähler hatten genau so gestimmt, wie wir ihnen gesagt hatten, dennoch bekam unser Kandidat keinen Platz in der Bezirksverwaltung. Übrigens hatte er uns schon vorher erzählt, dass es ihm vor allem darauf ankam, gut abzuschneiden, um mehr Ansehen und Macht innerhalb seiner Partei zu gewinnen. Mit denselben Methoden aber sicherten Nunzio Spezias Männer diesem einen Platz im Stadtrat von Campobello di Mazara.

Drogen und Geld sorgten zwischen den *famiglie* immer wieder für Spannungen. Es galt für Investitionen zu bürgen, Versorgungswege zu öffnen oder zu schließen, Allianzen zu bilden. In Palermo brach der Krieg aus, der die Cosa Nostra spaltete und dessen Nachwirkungen bis zu uns drangen. Aber im Grunde überstanden wir ihn gut, auf unserem Gebiet gab es keine blutigen Konflikte wie in anderen Orten rund um Trapani, und unser Leben verlief in ruhigen Bahnen.

Im Gegensatz zu meinen Freunden hatte ich das Problem, eine richtige Arbeit zu finden, ein Geschäft in Gang zu bringen. Ein *uomo d'onore* muss einen Beruf haben, der ihm Respekt und Einfluss verschafft und sein Ansehen mehrt. Außerdem ermöglicht ihm dies, das Geld zu investieren, das er bei der Cosa Nostra verdient. Ich versuchte zwar, das Gewerkschaftsbüro wieder zu eröffnen, aber die Bullen verhinderten das. Vanni Santagata hatte nach seinem Freispruch beim Prozess wegen eines Raubüberfalls einen Supermarkt und ein Bestattungsunternehmen gekauft. Aspanu war noch nie im Gefängnis gewesen und konnte alles, was er verdiente, nach Belieben investieren. Er ließ sich ein Haus bauen und eröffnete im Erdgeschoss einen Textilwarenladen. Wer dazu in der Lage war, investierte in Grundstücke und Wohnungen. Die meisten von uns kamen aus Familien, die mit ihrem Grund und Boden Geld verdienten. Vanni und Lillo waren die Söhne eines Schäfers, Fanus Vater und meiner waren Bauern. Masaracchio stammte aus einer Schäferfamilie und war ebenfalls Schäfer. Aber es gab solche Schäfer und solche. Der Vater von Vanni und Lillo zum Beispiel war ein alter *uomo d'onore*, der sehr viel Geld verdient hatte. Er besaß Land, Vieh und Wohnungen, hütete aber weiter Schafe, auch wenn er es nicht nötig hatte. Seine Söhne hatten studiert, waren vornehmer und besaßen noch mehr Geld. Der Einzige, der nicht viel Geld verdiente, war ich. Die *famiglia* bezahlte mich zwar gut – Millionen für jeden ausgeführten Auftrag –, aber ich hatte kein eigenes Geschäft. Für jemanden, der unter Polizeiaufsicht stand, war das nicht so leicht.

Dennoch verwandte ich nicht allzu viele Gedanken darauf, mir eine Tarnarbeit zu suchen. Ich dachte, das hätte noch Zeit, ich wäre jung und bekäme noch viele Möglichkeiten, mein Geld zu investieren. In der Zwischenzeit erledigte ich die Aufträge, die Capogreco mir gab, und verbrachte meine Freizeit mit anderen *uomini d'onore*, die ich auf diese Weise einschätzen lernte. Den *capi* war an Freundschaften zwischen *uomini d'onore* nicht besonders gelegen. Als ich noch nicht Mitglied der Cosa Nostra gewesen war, hatten sie dafür gesorgt, dass ich nicht mit Kleinkriminellen, sondern mit Mitgliedern ihrer Organisation verkehrte. Sie hatten mir praktisch jeden Zugang zu Personen außerhalb der *famiglia* unmöglich gemacht. Doch jetzt, als wir alle gleichgestellte Mitglieder waren, fingen sie langsam an, uns auseinanderzubringen, indem sie Misstrauen und Zwietracht säten. Capogreco und *zu' Cicciu* war zwar daran gelegen, dass wir miteinander verkehrten, aber ohne Freundschaften zu schließen.

Der Bürgermeister brachte mich oft gegen Aspanu und Vanni auf, weil ihn unsere Freundschaft störte. So sagte er etwa, wie nebenbei: »Enzuccio, weißt du, dass Aspanu sich wegen eures gemeinsamen Auftrags bei mir beklagt hat? Er meint, du hättest ihn nicht richtig ausgeführt, aber ich finde das nicht.«

So kam es, dass ich auch gegenüber meinen Freunden Vorsicht walten ließ. Warum redeten sie hinter meinem Rücken über mich? Ich wusste ja nicht, dass Capogreco alles nur erfunden hatte. Und dem *capo* musste man schließlich glauben. Wenn er sagte, ich hätte nur vier Finger an einer Hand, dann stimmte das, und wenn er behauptete, Aspanu habe sich über mich beschwert, dann stimmte das auch. Er säte Zwietracht und erfand Konflikte, denn zwischen uns *soldati* durfte es keine Zuneigung geben, die *famiglia* und ihre Regeln standen an erster Stelle. Wenn jemand von uns den Befehl bekam, seinen Freund zu töten, dann musste er auch dazu bereit sein.

Ein anderer bequemer Trick war das sinnlose Bespitzeln. Der Bürgermeister befahl mir: »Behalte Vanni Santagata im Auge, geh einen Kaffee mit ihm trinken, schau, mit wem er spricht und mit wem nicht. Es geht um wichtige und heikle Angelegenheiten, denk daran. Wir müssen alles wissen, und du musst ihn überwachen, dir vertrauen wir.« So machte er mich zu Vannis Wächter. Dabei wollte Capogreco gar nichts herausfinden, sondern nur meine Treue prüfen, kontrollieren, ob mein Gehorsam ihm gegenüber größer war als meine Zuneigung zu meinen Freunden.

Um mich gegen sie aufzubringen, redete er mir ein, dass mich auch jemand überwache, genau wie ich Vanni überwachte. Nachdem er mir diesen Auftrag erteilt hatte, gab er kleine, harmlose Bemerkungen von sich, die mich noch vorsichtiger und misstrauischer werden ließen. Einmal hatte mich jemand bei einem ganz normalen Ausflug am Meer gesehen und ihm davon berichtet. Als wir uns trafen, ließ Capogreco eine Bemerkung darüber fallen: »Aspanu hat mir erzählt, dass du neulich am Meer warst. Hast du dich amüsiert?« Es war gar nicht mein Freund gewesen, der ihm das erzählt hatte, aber er nutzte den harmlosen Umstand, um mich zu beunruhigen. Ich dachte: »Wieso hat er ihm denn das erzählt? Vielleicht muss er mich überwachen, und seine Treue gilt eher ihnen als mir?«

Ich fand dieses Verhalten nachvollziehbar, aber es hinderte mich daran, den Zuneigungsbekundungen meiner Freunde uneingeschränkt zu glauben. Wie ich hatten sie gelernt, ihre Gefühle zu verbergen, da sie wussten, dass die Vernunft immer siegen muss. Also verstellten sie sich, und ich verstellte mich, und wir alle taten so, als verstellte sich niemand.

Ich musste immer auf der Hut sein, durfte niemandem außer Capogreco trauen. Ihm selbst gegenüber sollte ich aber vollkommen aufrichtig sein. Und da er wusste, dass Misstrauen unter *uomini d'onore* weit verbreitet ist, wollte er, nachdem er mich dazu gebracht hatte, an den anderen zu zweifeln, dass ich ihm blind vertraute. Ich war ihm sehr ergeben, weil er reich, intelligent, gewitzt war, weil er mich Dinge lehrte, die mir mein Vater verwehrt hatte, und weil ich ihn als eine Art geistigen Führer betrachtete, nach meinem Paten natürlich. Ihm war sehr wichtig, dass ich die Bibel las, das hatte er schon am Tag vor meinem Eintritt erklärt.

»Denk an die vielen guten Prinzipien, die sich in der Bibel finden lassen, Enzuccio. Du musst all die schönen Geschichten in der Bibel studieren, vor allem im Alten Testament. Damit bist du bestens beraten und kannst immer darauf zurückgreifen. Je mehr ein Mann weiß, desto mehr ist er auch wert, und du solltest immer dazulernen.«

Er hatte recht, ich hatte mit Mühe die Mittelschule geschafft und noch ein bisschen im Gefängnis gelernt. Aber im Vergleich zu anderen, Gebildeteren, wie ihm, Lillo Santagata und Vincenzo Luppino, musste ich meine Unterlegenheit eingestehen. Ich konnte höchstens mit ein bisschen Bauernschläue aufwarten, und auch da hielten die anderen mit ihrer Gewitztheit mit. Also las ich Bibelverse und sprach hin und wieder mit Capogreco darüber. Er liebte es, über alte Geschichten und historische Begebenheiten zu reden. Ich glaube, das hatte er noch von seinem Literaturstudium. Für ihn war die Bibel die beste Geschichte über das Leben, sie diente ihm dazu, das Wesen der Menschen zu ergründen, die Geschäfte der *famiglia* abzuwickeln, und er ließ sie ständig in die Begebenheiten des täglichen Lebens einfließen.

Um mich anzuhalten, ihm immer treu ergeben zu sein, erzählte er mir die Geschichte von einem Onkel und seinem Neffen, die zu einer Zeit gelebt hatten, als es noch keine Feuerwaffen gegeben hatte. Der Onkel war ein edler König, der über seine Ländereien regierte und im Ruf stand, ein ausgezeichneter Schwertkämpfer zu sein. Doch als er spürte, dass er alt wurde, wollte er seine Fähigkeit an seinen jungen Neffen weitergeben, der ihm sehr zugetan war. Er nahm ihn zu sich und fing an, ihn im Schwertkampf zu unterrichten. Er bildete ihn aus und verriet ihm alle Tricks und Geheimnisse in der Schlacht und im Duell. Während des Unterrichts lobte er auch das Temperament des Neffen, der langsam immer stolzer wurde. Schon bald meinte er, bereit zu sein, nach dem Tod des Onkels sein Erbe anzutreten und die Herrschaft zu übernehmen.

Er war jung und leidenschaftlich, befehlsbereit und geschickt im Umgang mit dem Schwert und zeigte damit alle Eigenschaften eines zukünftigen Königs. Nur eine Gabe fehlte ihm: die der Geduld. Kaum fühlte der Neffe sich bereit, ließ er sich von dem Wunsch, das Königreich zu erben, überwältigen und forderte den Onkel zum Duell. Mittlerweile konnte er mit dem Schwert genauso gut umgehen wie sein Onkel. Außerdem war er jünger und kräftiger, er kannte alle Tricks und hatte die notwendige Energie, um zu siegen. Zwar tat es ihm um den Onkel leid, der ihm alles beigebracht hatte, aber er wollte nicht länger warten.

Der Alte nahm die Forderung an. Sie stellten sich in einem Meter Entfernung voreinander auf, die Hand auf dem Schwertgriff, das Schwert noch in der Scheide. Der Onkel benutzte immer dieselbe Waffe, ob er nun kämpfte oder dem Neffen Unterricht gab. An diesem Tag jedoch hatte er nicht sein übliches Schwert mitgenommen, sondern einen kurzen, scharfen Dolch, der denselben Griff besaß wie sein Schwert. Kaum hatte sich der Neffe vor dem Onkel aufgebaut und machte Anstalten, sein Schwert zu ziehen, riss der Onkel den Dolch hervor und warf ihn nach dem Jungen. Der hatte nicht mal die Zeit gehabt zu reagieren, weil sein Schwert noch halb in der Scheide steckte. Der Onkel näherte sich dem tödlich getroffenen Neffen und beugte sich über ihn.

»Hast du gesehen? Du hast dich für besser gehalten, weil ich dir alles beigebracht habe. Aber *ein* Geheimnis habe ich für mich behalten und dir niemals mitgeteilt, denn als ich dich beobachtete, bekam ich den Eindruck, es würde mir übel ergehen, wenn ich mich nicht gegen dich verteidigen könnte.«

Die Geschichte über den Onkel und seinen Neffen war gleichzeitig eine Lehre, eine Warnung, ein Rat und eine Drohung. Zunächst einmal lehrte sie mich, niemandem blind zu vertrauen, nicht einmal dem eigenen Lehrer. Aber diesen Teil milderte der Bürgermeister stets ab, indem er sagte, er habe mir das Ganze nur erzählt, um zu beweisen, dass er mir niemals Übles wolle, sonst hätte er nämlich geschwiegen. So drehte er die ganze Sache um. Ich tat, als würde ich ihm glauben, aber mir war klargeworden, dass er die besseren Karten in der Hand hatte. Es ist normal, dass man immer ein Geheimnis für sich behält. Als Zweites warnte er mich, dass jeder auf seinem Platz bleiben müsse und nicht versuchen solle, vor der Zeit voranzukommen. Macht, Überlegenheit, Ansehen seien auf Verdienst gegründet, und wenn er mehr davon genieße als ich, solle ich nicht versuchen, das zu ändern. Dabei hatte ich nicht mal ansatzweise an eine solche Möglichkeit gedacht. Sein unausgesprochener Rat war, ihm treu in allem zu folgen, da dies nur Vorteile für mich bedeutete. Ich lernte alle Tricks, ich bekam eine von ihm festgesetzte Summe Geld und ging keine Risiken ein, wenn ich ihm nur folgte. Überdies konnte ich in Zukunft mehr erwarten. Die unterschwellige Drohung war natürlich eindeutig: Niemals sollte ich versuchen, mich gegen ihn zu stellen, denn er war ein mir an Klugheit, List und Macht überlegener Feind. Ihn zu bekämpfen bedeutete den sicheren Tod.

Zu diesem Zeitpunkt begriff ich jedoch noch nicht zwei grundlegende Tatsachen, die mir später mehr als deutlich wurden. Capogreco hatte sich aus Zuneigung zu mir zu meinem Lehrer erklärt, aber auch, um mich zu formen. Er wusste, dass ich mich von allen jungen *uomini d'onore* am wenigsten auf Taktik und Diplomatie verstand. Aber seine väterlichen Bemühungen verdankte ich auch der Tatsache, dass er mich nicht als Gefahr betrachtete, weder jetzt noch zukünftig. Er erlaubte sich den Luxus, mir gegenüber Zuneigung und Nachsicht zu zeigen, weil er davon ausging, dass ich niemals an ihn heranreichen würde. Im Grunde verglich er mich nicht wirklich mit dem jungen Prinzen aus der Geschichte, dem Rivalen, der eines Tages den Thron fordern würde. Das mochten andere aus der *famiglia* wagen, aber nicht ich. Peppe Nicastro zum Beispiel, wenn er noch gelebt hätte. Dennoch gab er sich vorsichtig, so als könnte ich ihn doch töten wollen, denn er wusste, um einen *capo* zu beseitigen, muss man nur gut schießen können. Deshalb ließ er sich nie in die Karten schauen, auch von mir nicht, obwohl ich ihm wirklich ergeben war. Könnte ja sein, dass ich eines Tages doch Lust bekäme, ihn zu beseitigen.

Da ich kein Geschäft aufziehen konnte und die *famiglia* jemand Geeigneten brauchte, der den Zoll am Flughafen Linate unterwanderte, kam Capogrego zwischen einer politischen Versammlung und einer Stadtratssitzung die Idee, mich nach Mailand zu schicken. Er rief mich zu sich, um mir seinen Plan zu erläutern.

»Wir schicken dich in den Norden, Enzuccio. Dort gibt es eine gute Möglichkeit, Drogen ins Land zu schmuggeln, aber dazu bräuchte es jemanden wie dich. Du musst am Flughafen arbeiten. Mach dir keine Sorgen wegen der

Meldepflicht und anderer Schikanen, wir kümmern uns darum.«

Er besorgte mir eine Aufenthaltserlaubnis in Paderno Dugnano, einer Gemeinde bei Mailand, wo ich unter Aufsicht der örtlichen *carabinieri* stehen sollte. Dort wohnte Michele Barresi, ein *uomo d'onore* aus Castelvetrano, der ein enger Freund von Capogreco war und nun ein Bauunternehmen namens Ediltar betrieb. Offiziell, das heißt für die Bullen, musste ich in diesem Unternehmen arbeiten, aber in Wahrheit sollte ich Lagerverwalter am Flughafen Linate werden.

Zunächst brauchte ich gefälschte Papiere, denn ich konnte mich ja nicht als Vorbestrafter bewerben, der in Erwartung einer fünfzehnjährigen Haftstrafe unter Polizeiaufsicht stand. Zumindest mein Strafregister musste makellos sein. Den Namen konnte ich behalten, es war nicht nötig, die Identität zu wechseln.

Als alles vorbereitet war und alle nötigen Beamten geschmiert worden waren, bekam ich meine Papiere, verließ meine Familie in Castelvetrano und zog nach Paderno Dugnano. Capogreco begleitete mich eigens in den Norden, um mich Barresi als *uomo d'onore* vorzustellen und ihm wärmstens ans Herz zu legen. Ich erkannte sofort, dass die beiden in enger Beziehung zueinander standen. Sie waren sich in vielerlei Hinsicht ähnlich, aber die räumliche Distanz und der Altersunterschied – der Bürgermeister war etwa fünfzehn Jahre jünger – sowie ihre unterschiedlichen Funktionen in der *famiglia* verhinderten, dass sie sich in die Quere kamen, die ideale Voraussetzung für eine enge Freundschaft. Auch Barresi war in der Politik, aber als Stadtrat der PDSI in Paderno weit entfernt von Castelvetrano und Capogreco.

Sie erklärten mir, ich sei als Lagerverwalter von einer Dienstleistungsgesellschaft am Flughafen Linate angestellt worden. Am folgenden Tag sollte ich anfangen. Mein Arbeitgeber verlangte nichts von mir, nur sporadische Anwesenheit gegen Geld. Einige leitende Angestellte standen in gutem Kontakt zu Barresi. Er hatte sie während der Aufträge kennengelernt, die seine Firma am Flughafen an Land gezogen hatte.

Ich erfuhr, dass alle Beschäftigten des Flughafens einen Ausweis erhielten, der ihnen erlaubte, sich frei auf dem ganzen Gelände zu bewegen. Dieses Privileg bekam nun auch ich. Damit konnte ich den Drogenkurieren helfen, den Zoll zu umgehen, und nachher die Ware an Barresi übergeben. Eine einfache Sache für einen aufgeweckten Kerl wie mich.

Das einzige Problem konnte daraus entstehen, dass ich unter Polizeiaufsicht stand. Aber Barresi und Capogreco versicherten mir, diesbezüglich würde es keine Schwierigkeiten geben. Ich würde dabei helfen, zentnerweise Rauschgift nach Italien zu schmuggeln, indem ich am Zoll von Linate arbeitete wie ein ganz normaler Bürger: nicht vorbestraft und frei, zu gehen, wohin auch immer es mir gefiele.

SCHMUGGLER

Barresi hatte Bekannte bei den Ordnungskräften von Paderno Dugnano: Bullen, die gegenüber den Verlockungen und dem Ansehen der *famiglia* empfänglich waren. Er stand in der Öffentlichkeit, war Stadtrat, erfolgreicher Unternehmer und Freund von Abgeordneten und Ministern. Daher bemühten sich viele um seine Freundschaft und die Vorteile, die diese mit sich brachte. Im Tausch gegen Ansehen und Gefälligkeiten wollten sie sich nützlich machen.

Ich musste jeden Sonntag auf der Polizeiwache vorstellig werden und eine Unterschrift leisten. Ich wohnte in einem Apartment, das meiner Meinung nach viel zu winzig war, da ich meine Familie ebenfalls in den Norden holen wollte. Deshalb einigte ich mich nach ein paar Wochen in Paderno mit einem Verwandten im Piemont, zog nach Vercelli in ein größeres Haus und ließ meine eigene kleine Familie aus Castelvetrano nachkommen. Zwar verstand ich mich mit meiner Frau nicht besonders gut, da nur die körperliche Anziehung uns zusammengebracht hatte und wir von der *famiglia* zur Heirat gezwungen worden waren, aber an meiner Tochter lag mir sehr.

Ich hatte nicht das geringste Interesse, mich auch noch unter die Aufsicht der *carabinieri* von Vercelli zu stellen. Daher blieb ich offiziell in Paderno gemeldet und wurde weder im Piemont noch in der Lombardei kontrolliert.

Die Bullen ignorierten meinen Umzug, und sonntags fuhr ich regelmäßig von Vercelli nach Paderno, um meine Unterschrift zu leisten. Manchmal lud mich Barresi zum Essen ein, und dann blieb ich noch zwei, drei Tage in meinem Apartment, denn von dort aus war ich viel schneller am Flughafen Linate. Nach außen hin tat ich alles, was die Behörden von mir verlangten. Aber tatsächlich machte ich nur, was ich wollte, ich hatte den Wohnort gewechselt und arbeitete mehr denn je für die *famiglia*.

Meine Aufgabe in Linate war ziemlich einfach und fast ohne Risiko. Ich half lediglich den Drogenkurieren, den Zoll zu umgehen. Der Kurier, den ich abfing, war immer derselbe, ein Türke, der sich Mustafà nannte. Er war um die vierzig, größer als ich, etwa einen Meter achtzig, und vor allem schwerer als ich, etwa neunzig Kilo. Da er schon Geheimratsecken hatte, trug er seine dunklen Haare immer sehr kurz. Bart hatte er keinen, er war immer gut rasiert. Am auffälligsten jedoch war, dass er schielte, was sehr merkwürdig aussah. Mit dem linken Auge sah er mich an, während das rechte irgendwo anders hinwanderte.

An meinem ersten Arbeitstag bekam ich einen Ausweis mit meinem Foto, der mir Bewegungsfreiheit auf dem Flughafengelände garantierte. Der Schmuggel selbst war folgendermaßen organisiert: Wenn Mustafà kam, sagte Barresi mir einen Tag vorher Bescheid: Nummer und Herkunft des Flugs und Ankunftszeit. Ich wartete mit einer Tasche in der Zone, die die Passagiere auf dem Weg zum Zoll durchqueren müssen und in der niemals Bullen stehen, denn die warten mit ihren Hunden an der Passkontrolle. Wenn die Passagiere ankamen, mischte ich mich unter sie, hakte mich bei Mustafà ein und ging mit ihm zur Toilette. Mustafà trug unter seiner Jacke einen Leibgurt mit drei

Kilo Rauschgift, zunächst Heroin. Erst kontrollierten wir, ob alle Kabinen leer waren, dann zog er den Leibgurt aus, und ich ließ ihn in meiner Tasche verschwinden. Der Türke mischte sich anschließend wieder unter die Passagiere und ging zur Passkontrolle. Ich verschwand durch eine andere Tür zum Servicegang, der dem Personal vorbehalten war, durchlief ihn zu Fuß, verließ den Flughafen und ging zum Parkplatz. Dort wartete ein junger Mann auf mich, der dank Barresi ebenfalls am Flughafen Linate angestellt war. Er hatte den zweiten türkischen Kurier, der gemeinsam mit Mustafà gelandet war, nach der gleichen Methode in Empfang genommen. Auf diese Weise konnten sie insgesamt sechs Kilo Heroin auf einmal liefern. Mein Kollege kam ebenfalls aus Sizilien, war jünger als ich und kein Mitglied der Cosa Nostra. Er hieß Cintiello und hatte eine Freundin von Barresis Tochter geheiratet, was ihm den Posten am Flughafen eingebracht hatte. Da er mir unterstellt war, holte er die Drogen nur ab, brachte sie nach draußen und übergab sie mir. Ich zahlte ihm jedes Mal zwei Millionen in bar, die mir Barresi am Vortag gab. Dann fuhr ich mit dem Wagen zum Büro von Ediltar, wo ich das Heroin deponierte.

Nach den ersten Lieferungen fanden wir eine Möglichkeit, die Übergabe einfacher zu gestalten. Ich machte Passfotos von Mustafà und dem anderen Kurier, gab sie Barresi und bekam ein paar Tage später von ihm zwei Flughafenausweise für die Türken. Darin standen italienische Fantasienamen, damit niemand auf den Gedanken kam, sie zu kontrollieren. Dank dieser Ausweise hatten die beiden Türken jetzt den gleichen Bewegungsspielraum wie wir, und von diesem Moment an ging alles noch einfacher. Ich holte Mustafà aus der Menge der Passagiere ab, und wir verließen den Flughafen durch die Kantine. Mit dem Bus Linie 73 fuhren wir bis zum Corso XXII. Marzo, stiegen aus und suchten uns eine Bar. Dort fand auf der Toilette die Übergabe des Heroins statt. Mit seinem Ausweis konnte Mustafà jetzt noch mehr Rauschgift transportieren, insgesamt etwa fünfzehn Kilo, und zwar in einem Leibgurt und in einer großen Tasche.

Nach den ersten vier Lieferungen brachte er uns jedoch kein Heroin mehr, sondern Rohopium, das von der *famiglia* selbst weiterverarbeitet wurde. Zu der Zeit entstanden in Palermo und Alcano die Laboratorien der Cosa Nostra und damit eine richtige Drogenindustrie.

Mit den Taschen voller Opium ließ ich Mustafà in der Bar zurück. Er hatte nur Kontakt zu mir und bekam mich bis zur nächsten Reise nicht mehr zu Gesicht. Dann stieg ich allein in eine Straßenbahn. Ich hatte reichlich Zeit, da niemand mich kontrollierte und Cintiello, der nach der Lieferung bei der Arbeit blieb, auch meine Stechkarte stempeln ließ. Barresi hatte mir geraten, öffentliche Verkehrsmittel zu benutzen, da er es, völlig zu Recht, für sicherer hielt. Hatte man in einer Straßenbahn schon jemals Drogenkontrollen gesehen? Bevor ich nach Seregno fuhr, rief ich meinen *capo* an und lud ihn ein, eine Partie Billard mit mir zu spielen. Das war unser vereinbartes Zeichen, dass die Lieferung angekommen und alles glatt verlaufen war. Dann fuhr ich ins Büro der Ediltar, deponierte die Taschen dort und verschwand wieder. Das Opium wurde bis zum Sammeltransport nach Sizilien dort gelagert.

Es waren riesige Mengen, da die beiden türkischen Kuriere nach Erhalt ihrer Ausweise pro Lieferung dreißig Kilo mitbrachten. Wir fuhren sie dann im Transporter eines Möbelunternehmens nach Sizilien.

Je länger ich am Flughafen arbeitete, desto mehr begriff ich auch von den Abläufen des Drogenhandels, die ich nicht direkt mitbekam. Das Heroin und das Opium nahmen verschiedene Wege. Ersteres gelangte über ziemlich viele unterschiedliche Kanäle nach Mailand. Aus Sizilien wurde es von Grüppchen aus zwei, drei *uomini d'onore* gebracht, zu denen einst auch ich gehört hatte. Aus der Türkei kam es über Kuriere, die ich in Empfang nahm, genau wie aus Asien. Einmal musste ich den Rechtsanwalt Giordano vom Flughafen abholen. Er war in Begleitung eines Asiaten, der Italienisch sprach. Später erfuhr ich dann, dass es sich um einen Thailänder gehandelt habe. Die *famiglie* suchten ständig nach neuen Wegen und Möglichkeiten, sich mit Rauschgift zu versorgen. Drogen waren zu der Zeit das beste Geschäft. Das im Osten gekaufte und in Sizilien weiterverarbeitete Heroin wurde von den *famiglie* Ciulla und Carollo in Mailand und anderen norditalienischen Städten abgesetzt. Die *capi* der beiden *famiglie*, Salvatore Ciulla und Gaetano Carollo, lernte ich bei einigen Treffen im Haus von Barresi kennen. Im Büro der Ediltar sah ich auch denjenigen, der das Heroin abholte. Er hieß Paolo Lanzetta und war ein *uomo d'onore* aus der *famiglia* in Castelvetrano, aber ich hatte ihn dort nur ein paarmal zu Gesicht bekommen. Barresi stellte ihn mir nun offiziell vor. Lanzetta übernahm das Rauschgift, brachte es zur *famiglia* Ciulla, und die kümmerte sich um den weiteren Vertrieb.

Das Rohopium hingegen blieb so lange im Büro des Bauunternehmens, bis genug für einen Transport nach Sizilien zusammengekommen war. Auf der Insel wurde es raffiniert und dann an interessierte Organisationen verkauft. Offenbar war es von ausgezeichneter Qualität. Ich hatte keine Ahnung davon, da ich es nie probiert hatte, denn das war *uomini d'onore* strengstens verboten. Natürlich gab es immer welche, die sich nicht darum scherten und es konsumierten, aber mich interessierte Rauschgift nur wegen des Geldes, das man damit verdienen konnte.

Michele Barresi behandelte mich ähnlich wie der Bürgermeister, vielleicht sogar noch väterlicher. Es gefiel ihm, nach dem Essen auf der Terrasse seiner Villa mit mir zu plaudern. Wir saßen dort allein und sprachen über Ehre, die *famiglia* und ihre Regeln. Auch er fand Gefallen daran, mich zu unterweisen. Er sah in mir einen eifrigen und begabten jungen Mann, und in der Tat hatte er keinen Grund, sich über mich zu beschweren. Hin und wieder besuchte ihn Capogreco und übernachtete in seinem Haus. Barresi war ein großer, stattlicher Mann, auch er in gewisser Hinsicht noch vom alten Schlag. Er verdiente gut mit öffentlichen Aufträgen, die er sich dank seines Postens als Stadtrat für die PSDI selbst zuschanzen konnte. Eine ganze Menge Leute standen bei ihm in Lohn und Brot, und es gefiel ihm, sich junge Männer heranzuziehen. Aus Sizilien hatte er einen gewissen Stefano geholt, ihm das Studium bezahlt, ihn protegiert, bei der Ediltar untergebracht und schließlich mit seiner Tochter verlobt. Der junge Mann gehörte zwar nicht zur Cosa Nostra, aber das war auch nicht nötig. Er gefiel Barresi, und so hatte er ihn sich als Schwiegersohn ausgewählt.

Die Beziehung zu mir war allerdings etwas anderes, er konnte sich größere Offenheit erlauben und sich des Langen und Breiten darüber ergehen, was für *uomini d'onore* richtig und falsch war. Als Zeichen seines Vertrauens erzählte er mir einiges über die Hintergründe der *famiglia* in Castelvetrano, von denen ich bis dahin nichts gewusst hatte. So erfuhr ich zum Beispiel, dass die *famiglia* den Kopf zweier Männer aus Palermo gefordert hatte, die man für den Mord an Peppe Nicastro verantwortlich machte. Mit dieser Forderung trat Capogreco in den Krieg zwischen den verschiedenen Fraktionen der Cosa Nostra ein, der mittlerweile in vollem Gange war. Fast hätte ich darüber gelacht. Die allmächtigen *capi* hatten nicht die geringste Ahnung, dass ich Nicastro umgebracht hatte. Dennoch nutzten sie seinen Tod, um ihre Interessen zu wahren. Ohne es zu wissen, hatte Barresi mir mit seiner Erzählung mitgeteilt, dass meine Lebensversicherung noch in Kraft war.

Er verriet mir auch, dass zwei meiner engsten Freunde zum Tode verurteilt waren. Lillo Santagata und Fanu Tummarello hatten sich eine Lieferung Heroin stehlen lassen, zumindest hatten sie das behauptet. Aber sie logen, es war alles nur Show. Denn zwei Wochen nach dem angeblichen Diebstahl hatte Lillo das Rauschgift Paolo Lanzetta angeboten. Er sollte es verkaufen, den Profit würde man teilen. Hinter Lillo stand ein schlauer Kopf, Vincenzo Luppino, der Gemeindesekretär der Democrazia Cristiana und Präsident des Fußballteams, ein diplomatischer, ehrgeiziger Politiker. Doch unglücklicherweise hatte Lanzetta sie direkt nach der Übernahme des Heroins an die *famiglia* verpfiffen. Die *capi* hatten daraufhin entschieden, das Spiel weiterlaufen zu lassen, und ihrem Dealer in Mailand befohlen, die Lieferung heimlich zu verkaufen. Unterdessen arbeiteten sie an einer Falle für die Verräter.

Barresi gab mir eindeutig zu verstehen, dass auch Fanu erledigt war, was mir sehr missfiel. Ich konnte mir nicht vorstellen, dass er an dem Betrug beteiligt gewesen war. Ich hätte darauf gewettet, dass Luppino und Santagata ihn außen vor gelassen hatten, weil sie nicht sicher sein konnten, dass er mitmachte. Fanu hielt sich immer an die Regeln und war einfach nicht schlau genug für ein solches Unternehmen. Die anderen beiden waren listiger und verschlagener und hatten ihn nur benutzt, um ihr Alibi zu stärken. Fanu war ein aufrichtiger Zeuge und hatte ihre Version des Vorfalls bestätigt, weil er wirklich davon überzeugt war. Jetzt war er ebenfalls verurteilt, ein toter Mann, und auch Lillo, mein Freund Lillo, sollte für seine Gier bezahlen.

Mir wollte einfach nicht in den Kopf, wie sie eine solche Dummheit hatten begehen können. Natürlich kam jeder in Versuchung, auf eigene Faust Rauschgift zu verkaufen, wenn er erst mal erfuhr, wie viel es wert war und wie viel sich die *capi* dafür einstrichen. Aber ich hätte nicht gedacht, dass Lillo und Luppino einen solchen Fehler begingen, Lanzetta in das Geschäft miteinzubeziehen. Es war ein schwerer Irrtum gewesen zu glauben, dass seine Gier größer sei als seine Treue zur *famiglia*. Er hatte sie angezeigt, seinen Anteil vom Profit der *famiglia* übereignet und so das Schicksal meiner beiden Freunde besiegelt. Die hatten nun nur noch so lange zu leben, wie es der *famiglia* passte, keine Sekunde länger. Barresi erklärte mir, Luppino sei ohnehin schon seit 1975 verurteilt, weil er damals seinen Bruder habe schützen wollen, der in die Entführung des Geldeintreibers Corleo verwickelt gewesen sei. Sein Protest gegen die Entscheidung der *capi*, die seinen Bruder tatsächlich töteten, hatte gleichzeitig seinen eigenen Tod bedeutet. Dennoch war das Todesurteil auch noch sechs Jahre danach nicht vollstreckt worden, weil Luppino zu sehr in der Öffentlichkeit stand und vor seinem Tod noch zu viele wichtige Aufgaben zu erledigen hatte.

Während Barresi das erzählte, lobte er immer wieder meine Treue, die Tatsache, dass ich niemals versucht hätte, etwas vom Rauschgift abzuzweigen und die *famiglia* zu verraten. Indem er mein positives Verhalten Lillos Verrat gegenüberstellte, warnte er mich unausgesprochen davor, selbst lange Finger zu machen. Ich wusste, welche Strafe darauf stand, sah es an der Situation, in der meine Freunde steckten.

Von Fanus Unschuld blieb ich weiterhin überzeugt, aber auch in dieser Hinsicht war ich gewarnt. Luppino hatte seinen Bruder verteidigt und war noch strenger bestraft worden. Ich durfte mich also nicht gegen den Willen der *capi* stellen und mich für meinen Freund einsetzen, durfte ihn nicht in Schutz nehmen, sonst würde ich ebenso enden wie Luppino. Auch konnte ich nicht sagen: »Hau ab, rette deine Haut, verschwinde, bevor sie dich umbringen.« Ich hatte keine andere Wahl, als die Tage zu zählen, die ihnen noch blieben, ohne mich zu verraten, wenn ich sie traf. Um Lillo tat es mir besonders leid, weil ich ihn mochte und bewunderte. Aber nach dem zu urteilen, was Barresi erzählte, schien seine Schuld erwiesen. Fanu hingegen war mit Sicherheit unschuldig, und dennoch war sein Schicksal besiegelt.

Im Haus von Barresi brachte uns häufig dessen älteste Tochter die Getränke, die Verlobte von Stefano, seinem Schützling. Wenn sie uns bediente, warf sie mir öfter Blicke zu, in denen ich etwas las, was ihr eigentlich nicht gestattet war. Sie war die Tochter eines *uomo d'onore*, auch wenn sie es nicht wusste, und daher für mich tabu. Nach all diesen Reden konnte ich eine Liebschaft mit tödlichen Folgen nun am wenigsten brauchen. Aber Carmela, so hieß sie, war sehr schön: klein, dunkel, mit einem hübschen, feingeschnittenen Gesicht und regelmäßigen Zügen. Sie kam nach ihrer Mutter, nicht nach ihrem Vater, der ein fleischiges, grobgeschnittenes Gesicht hatte. Ich hatte den Eindruck, ihr zu gefallen, was vielleicht daran lag, dass Barresi mir Interesse und Wertschätzung entgegenbrachte. Mit ihm verband sie wegen ihres ähnlichen Charakters eine Art Hassliebe. Es war eine absurde Situation. Da er mich mochte, provozierte sie mich, ohne zu wissen, dass es meinen sicheren Tod bedeutete, wenn ich mich darauf einließ. Wie auch immer, wenn Barresi es nicht sehen konnte, warf ich ihr ab und zu einen Blick zu, nur zum Spaß und in dem Wissen, dass es folgenlos bleiben würde.

Mein neuer *capo* schätzte mich wahrscheinlich aus denselben Gründen wie Capogreco. Ich war jung und fügsam, hatte aber weder sein politisches Gespür noch seine unternehmerischen Fähigkeiten, um ihm seine Position streitig zu machen. Ich war der ideale Schüler, der seinen Lehrer nicht hintergehen will.

Barresis Intelligenz war nicht so kalt, blutrünstig und grausam wie die des Bürgermeisters. Er fand keinen Gefallen daran, jemanden zu töten oder töten zu lassen, sondern war der Meinung, dass man mit Diplomatie, Respekt und List mehr erreichen konnte. In dieser Hinsicht ähnelte er meinem Paten. Er war ein *uomo d'onore* vom alten Schlag, der noch an Prinzipien glaubte: die *famiglia* nicht verraten, ein gegebenes Wort halten, des Nächsten Weib nicht begehren. Zwar verdiente er mit Drogen gutes Geld, erlag aber nicht der Versuchung, andere zu hintergehen, weil er auch als Bauunternehmer äußerst erfolgreich war. Er wusste sich darzustellen und war ein guter *capo*. Und für seine Lieblingstochter Carmela wollte er nicht irgendeinen Jungspund, sondern hatte ihr einen tüchtigen jungen Mann aus Sizilien ausgesucht, der ihr ein sorgenfreies Leben garantieren konnte.

Während meiner Arbeit hatte ich oft mit Bullen zu tun. Es gab natürlich etliche am Zoll, wo ich mich unermüdlich in der Kunst der Verstellung üben konnte. Eines Tages verbrachte ich meine Pause dort mit einer Gruppe Carabinieri und anderer Beamter. Im Fernsehen war gerade irgendeine Nachricht gekommen, woraufhin die Bullen angefangen hatten, über die Todesstrafe zu reden. Fast alle waren dafür.

»Man sollte diese Verbrecher aus dem Verkehr ziehen, denn wenn wir sie geschnappt haben, lassen die Richter sie wieder laufen. Besser, wir bringen sie einfach um und vergessen sie.«

Diese Idioten wollten doch tatsächlich die Todesstrafe!

Aber ich setzte in dieser Diskussion noch eins drauf, als führte ich einen persönlichen Rachefeldzug gegen Kriminelle.

»Alles Bastarde, diese Verbrecher. Mafiosi«, sagte ich. »Man sollte sie alle an die Mauer stellen, abknallen und die Sache damit beenden. Sie haben es verdient.«

Ein *brigadiere*, der mich sympathisch fand, war der Meinung, ich sei für den Polizeidienst geeignet.

»Vincenzo, du hättest zur Polizei gehen sollen. Aber es ist noch nicht zu spät. Warum stellst du nicht einen Antrag und bewirbst dich? Wenn du willst, helfe ich dir.«

»Vielen Dank, aber ich muss an meine Familie denken. Hier verdiene ich mehr als bei der Polizei.«

»Schade, sehr schade. Du wärst ein guter Polizist, du hast die richtige Einstellung.«

Ja, die richtige Einstellung. Wenn er gewusst hätte, wer ich wirklich war, hätte er mich sofort abgeknallt. Solche Diskussionen machten mir den Unterschied zwischen der Cosa Nostra und dem Staat klar. Diese Staatsdiener erzählten lauter Schwachsinn über Kriminalität und Todesstrafe und jagten endlos hinter Drogenhändlern, Schmugglern und Flüchtlingen her, die den Flughafen passierten, während ich vor ihrer Nase kiloweise Heroin schmuggelte, ohne dass sie auch nur den geringsten Verdacht hatten. Es war kein Kampf auf Augenhöhe, sondern eher so, als klaute man Kindern Bonbons. Wenn der Staat keine besseren Männer hatte, konnte er gegen uns nur verlieren. Die Bullen hatten einfach keine Ahnung, ihnen fehlte die Fantasie, um uns *uomini d'onore* auf die Schliche zu kommen.

Dann kam der Zeitpunkt, an dem ich mich genauer mit meinen Prozess beim Kassationsgericht beschäftigen musste. Im Frühsommer kehrte ich für zehn Tage nach Castelvetrano zurück, weil dort gerade die Landtagswahlen stattfanden und ich mich wieder um die Wähler kümmern sollte. Obwohl man bei diesen Wahlen nicht mehr die Kontrollmethode mit der doppelten Stimmabgabe nutzen konnte, war es ein Leichtes, die Leute zu überzeugen, die ich bereits bei den Kommunalwahlen besucht hatte. Nachdem ich meine Aufgabe erledigt hatte, ohne dass in Mailand jemand meine Abwesenheit bemerkt hätte, riet mir mein Anwalt Di Leo, persönlich bei einem Sekretär des Kassationsgerichts vorzusprechen, der zur großen Familie der Freimaurer gehörte. Also fuhr ich nach Rom und lernte endlich den Mann kennen, von dem meine Freiheit abhing. Das erste Mal brachte ich ihm zwei Millionen in bar mit, weil er sich bereits für mich engagiert und erreicht hatte, dass mein Prozess noch nicht angesetzt worden war.

Als Geschenk überreichte ich ihm außerdem hausgemachten Käse und eine große Flasche Öl, Spezialitäten aus unserer Gegend, die er sehr zu schätzen wusste. Er war ein großer, magerer, grauhaariger Mann in den Fünfzigern. Er versicherte mir, ich könne ganz ruhig sein, alles laufe nach Plan. Von Geld sprach er nie, obwohl ich ihm doch kurz zuvor etwas zugesteckt hatte. Wahrscheinlich redete er über bestimmte Dinge nur mit Di Leo. Tatsächlich schlug mir der Anwalt nach meinem ersten Besuch vor, ihm in bestimmten Intervallen noch jeweils eine halbe Million zu zahlen. Ein paarmal brachte ich das Geld persönlich zu ihm ins Büro am Kassationsgericht, in dem alten Justizpalast an der Piazza Cavour. Bei einer Gelegenheit fuhr ich in die Hauptstadt, um einer herausragenden Persönlichkeit im Geheimdienst ein Kuvert mit Freimaurerpapieren zu übergeben. Da ich diese nicht im Parlament vorfand, rief ich Capogreco an und fragte ihn, was ich tun sollte.

»Geh zum Sekretär«, lautete die Antwort, »gib ihm die Dokumente, der leitet sie dann weiter.«

Dies verlieh mir noch mehr Hoffnung in Bezug auf den Ausgang meines Prozesses. Ich begriff, dass der Sekretär beim Kassationsgericht kein Einzelkämpfer war, sondern noch andere Helfer hatte, die der *famiglia* gewogen waren. Schließlich konnte ein einfacher Sekretär nicht allein für einen Freispruch garantieren. Er hatte lediglich die Macht, den Prozess so anzusetzen, dass ich mir gewogene Richter bekam, aber dann mussten wichtigere Männer zum Zuge kommen, Politiker und Richter eben.

Wenn ich keine Zeit hatte oder keinen Zwischenstopp in Rom machen konnte, schickte ich das Geld per Postanweisung aus Castelvetrano. Di Leo riet mir außerdem, Geld beiseitezulegen. Sobald der Prozess angesetzt wäre, sollte ich zwanzig Millionen in bar zahlen. So sicherte ich mir Million für Million meinen Freispruch. Ich musste nun etwas sparsamer und vorausschauender leben, was mir gar nicht lag. Der Vorteil eines Lebens außerhalb des Gesetzes bestand ja gerade darin, dass man viel Geld – und in bar – bekam, was ich auch gern mit vollen Händen ausgab und verspielte. Jedenfalls gelang es mir, die zwanzig Millionen zum entsprechenden Zeitpunkt aufzutreiben.

Der Erste, dessen Zeit ablief, war Lillo. In der *famiglia* von Castelvetrano gab es einige, die ihn retten wollten, schon aus Respekt vor seinem Vater, einem alten *uomo d'onore*. Aber wer mit ihm befreundet war, durfte sich nicht vorwagen, sonst lief er Gefahr, eliminiert zu werden. Man widersprach den *capi* nicht. Ihr Wort durfte nicht in Zweifel gezogen werden. Wenn sie sagten, ein *soldato* sei schuldig, dann war er auch schuldig, wenn einer eliminiert werden sollte, durfte niemand auf seine Unschuld pochen. Die Regeln in Frage zu stellen bedeutete den sicheren Tod. Der blinde Gehorsam half den *capi* auch, Unfrieden zu stiften. Wenn sie einen beseitigen wollten, der zu ehrgeizig war, reichte es, nur zu behaupten, er habe Geld oder Drogen gestohlen, und dann seinen Tod anzuordnen. Mochten auch noch so viele den Verdacht haben, dass die Anklage gegen Lillo, Fanu und Vincenzo Luppino jeder Grundlage entbehrte, so wagte doch niemand, ein gutes Wort für sie einzulegen.

Lillos Exekution wurde der *famiglia* Ciulla aus Palermo vorbehalten. Es war aus unterschiedlichen Gründen günstiger, ihm in der Hauptstadt das Licht auszublasen. Mein Freund studierte an der Universität Medizin und war folglich häufiger dort als in Castelvetrano. Außerdem sollte er weit entfernt von seinem Vater und seinem Bruder Vanni getötet werden, die nichts von den wahren Hintergründen der Exekution erfahren durften. Zwar würden sie sicher nachher eine Erklärung verlangen, aber die Tatsache, dass die Exekution in Palermo stattgefunden hatte, machte es einfacher, eine bequeme Begründung zu finden.

Barresi war es dann, der mir Bescheid gab und von den näheren Umständen erzählte. Lillo wurde auf einer Straße in der Nähe des Bahnhofs von Palermo erschossen. Er musste nicht leiden und bekam nichts mit, nicht mal, dass sein Tod nahe war. Ein Mann trat zu ihm, hielt ihm eine Pistole an den Kopf und drückte ab. Ein schöner Tod für einen *uomo d'onore*. Dies geschah vor allem aus Rücksicht gegenüber seinem Vater. In Mailand war die Nachricht von seinem Tod keine große Sache. Ich war an diesem Attentat nicht beteiligt gewesen, hatte weder bei der Vorbereitung geholfen noch gewusst, wann es stattfinden sollte. Mir war nur das Urteil und die Hinrichtungsart bekannt, mehr nicht. In den vergangenen Monaten hatte ich Lillo zudem nur selten gesehen, und schon lange vor seinem Tod hatte die räumliche Distanz ihn zu einer Erinnerung verblassen lassen. Aber als Toter verwandelte er sich plötzlich in einen Alptraum. Zwei Wochen lang träumte ich jede Nacht von ihm. Er starb und schrie aus dem Grab heraus nach Rache. Er erschien mir und sagte, mit halb flehender, halb böser, ungläubiger Stimme, immer nur ein Wort: »Warum?«

Ich kannte den Grund und versuchte es ihm zu erklären, aber vergeblich. Im Traum dachte ich: »Du weißt doch, warum, Lillo«, aber ich brachte die Worte einfach nicht heraus. Und dann wurde ich wach, stand auf und wehrte mich gegen den Schlaf, weil ich Angst hatte, dass Lillo mir wieder erscheinen würde.

Lillos Vater, der alte Lorenzo, konnte sich nicht mit dem Tod seines geliebten jüngsten Sohnes abfinden. Er hatte ihm alles beigebracht, was ein *uomo d'onore* wissen und können musste: die notwendige List, den Mut, den Respekt und das Wissen, wann man Gewalt anwenden muss. Aber er hatte ihm nicht gesagt, wie man sich zu verhalten hat, um nicht getötet zu werden. Ich weiß nicht, wie man ihm den Mord an seinem Sohn erklärte. Er verlangte jedenfalls eine Begründung, und offenbar verstand er sie, denn er schrie nie nach Rache. Lillo hatte die *famiglia* verraten, weil er gegen ihre Interessen verstoßen hatte, und für *uomini d'onore* war die Cosa Nostra wichtiger als Blutsbande. Das Gefühl durfte nicht über den Verstand siegen.

Dem alten Vater erzählten sie etwas vom Mafiakrieg, sorgten aber dennoch dafür, dass er von Lillos Verrat erfuhr. Schließlich suchten sie niemals nach dem Verantwortlichen für seinen Tod, so dass er gezwungen war, sich mit der Exekution abzufinden. Der Gedanke dahinter ist folgender: Wenn jemand einen Eid ablegt und bestimmte Regeln anerkennt, muss er sie auch befolgen. Wenn man mir sagte, mein Bruder wäre ein Abtrünniger, würde ich ihn töten. Es hatte schon Väter gegeben, die den Auftrag bekommen hatten, ihre Söhne umzubringen, weil man sie auf die Probe stellen wollte. Manche hatten sogar darum gebeten, weil sie vom Verrat des Sohnes wussten und zeigen wollten, dass die *famiglia* ihnen wichtiger war als Blutsverwandschaft. Vielleicht hielten sie es auch für besser, ihren Sohn eigenhändig umzubringen, um ihm unnötiges Leid zu ersparen. Es gab auch *uomini d'onore*, denen Verwandte wichtiger waren als die Regeln der Cosa Nostra, doch die wurden getötet.

Aus dem Grund beklagten sich Lorenzo und Vanni Santagata nicht über Lillos Tod. Sie machten gute Miene zum bösen Spiel, doch innerlich fühlten sie nur Trauer und Wut. Vanni schmiedete heimlich, still und leise Rachepläne, ganz wie es seine Art war. Ich traute ihm zu, dass er jahrelang warten konnte, aber früher oder später würde er jemanden zur Rechenschaft ziehen, das war gewiss.

Sein Vater verkraftete den Schlag nicht, er brach nach Lillos Tod zusammen. Ich sah ihn noch ein paarmal in Castelvetrano, da wirkte er alt und müde. Weil er Schäfer war und seine Schafe auf unseren Feldern hatte grasen lassen, hatte er einige Male mit meinem Vater in Streit gelegen. Die Brüder Santagata und ich waren *uomini d'onore*, aber unsere Väter hatten sich gehasst. Einmal hatte ich mir von Lillo helfen lassen, sie wieder zu versöhnen.

»Ich weiß, dass dein Vater recht hat«, erklärte ich ihm, »ein *uomo d'onore* hat immer mehr recht als ein anderer, aber sprich doch mal mit ihm, dass er es gut sein lässt.«

Wir brachten unsere Väter dazu, Frieden zu schließen, und seitdem mochte der alte Lorenzo mich. Nach Lillos Tod traf ich ihn ein paarmal, und jedes Mal fing er an zu weinen.

»Tut mir leid, dass ich weine, Enzo«, schluchzte er. »Aber wenn ich dich sehe, muss ich immer daran denken, wie du und Lillo als Kinder zusammengespielt habt. Wenn ihr was verbrochen hattet, habe ich euch beide verprügelt. Und jetzt lebt mein Sohn nicht mehr.«

Er wollte mich immer mit Vanni, seinem zweiten Sohn, zusammenbringen. Er nahm uns beim Arm und sagte: »Ihr beiden müsst immer zusammenhalten, ja, Vanni, denn Enzo mag dich genauso gern wie Lillo.«

Doch all unsere Zuneigung und Treue haben meinen

Freund nicht retten können. Wenige Monate später starb auch sein Vater, an einem Herzinfarkt.

Die Gesetze der Cosa Nostra, die er stets respektiert und seinen Söhnen beigebracht hatte, hatten ihm das Herz gebrochen.

VERRÄTER

Jedes Mal, wenn ich nach Castelvetrano zurückkehrte, traf ich mich mit meinen zum Tode verurteilten Freunden. Da Lillo bereits tot war, dachte ich, Fanu und Luppino bliebe nicht mehr viel Zeit. Es war ziemlich schmerzlich für mich, sie zu sehen und mit ihnen zu reden. Vincenzo Luppino war ein aufgeweckter Kerl, der geborene Diplomat. Er machte mir ständig Komplimente und wirkte dabei gar nicht, als wolle er sich einschmeicheln. Er hatte alle Fähigkeiten, die einen guten Politiker ausmachen. Als Sekretär der Democrazia Cristiana ergatterte er die lukrativsten Aufträge in Castelvetrano und kannte alle relevanten Personen, Unternehmen und Vermittlungsstellen, die ihm einträgliche Geschäfte verschafften. Sein Ehrgeiz und der Umstand, dass er sich für schlau hielt, waren deutlich sichtbar. Zwar besaß er wirklich Verstand, aber er hatte nicht begriffen, dass seine Ambitionen und Fähigkeiten Unwillen erregten. Kurz gesagt, er war zu ehrgeizig, um lange zu leben.

Im Gegensatz zu mir konnte Luppino mit Capogreco konkurrieren, und es war wahrscheinlich, dass er es auf seine Position abgesehen hatte. Er war nicht dazu geschaffen zu gehorchen, sondern wollte befehlen und leiten. Mit der Drogengeschichte hatte er außerdem gezeigt, dass er sein eigenes Wohl höher schätzte als das der *famiglia*. Zwar galt das Gleiche auch für den Bürgermeister und *zu' Cicciu*, aber die hatten den Vorteil, dass sie die *famiglia* waren. Sie hatten es leichter, die Regeln zu befolgen, weil sie sie selbst aufstellten. Luppino ähnelte ihnen in gewisser Weise: Wo er war, war kein Platz für andere. Dennoch bemühte er sich, dies zu verbergen. Solange die Gegner noch leben und im Spiel sind, bleibt man besser in Deckung. Er hatte keine Eile, er konnte warten. Sein politisches Amt und die Leitung des örtlichen Fußballteams verliehen ihm genug öffentliches Ansehen und machten ihn unantastbar – so glaubte er zumindest. Sicher wusste er nichts davon, dass er wegen der Verteidigung seines Bruders nach der Corleo-Entführung zum Tode verurteilt worden war. Er glaubte, die Strafe hätte nur seinem Bruder gegolten, und ging irrigerweise davon aus, dass niemand von der Unterschlagung und dem Weiterverkauf der Drogen in Mailand wusste. Mir war Luppino im Grunde sympathisch. Ich hätte ihm mildernde Umstände gewährt, denn ich war davon überzeugt, dass auch ich in Versuchung hätte kommen können, die Drogen auf eigene Rechnung zu verkaufen. Er tat mir leid, weil ich sein Verhalten nachvollziehen konnte.

Wenn ich jedoch zwischen ihm und Capogreco hätte wählen sollen, wäre meine Wahl auf Capogreco gefallen. Der Bürgermeister schätzte und mochte mich, und er weihte mich in Geheimnisse ein, was mich noch stolzer machte. Außerdem stand er auf der Seite der Gerechtigkeit und verteidigte die überlieferten Gesetze. Jeder *uomo d'onore* muss den Tod desjenigen wünschen, der die Regeln gebrochen hat, selbst wenn er den gleichen Fehler begangen hat. Wenn ein *soldato* die *famiglia* bestiehlt, befürchtet er sofort Vergeltung, aber wenn die Zeit vergeht und andere für dasselbe Vergehen hingerichtet werden, glaubt er, verschont zu bleiben.

Die Cosa Nostra versteht es gut, falsche Hoffnungen zu nähren, sie weiß zu warten, bis das Opfer seinen Fehler vergessen hat. Wenn ich mit Luppino sprach, durfte kein Wort über Lillo Santagatas Tod fallen, denn es konnte sein, dass er versuchen wollte, etwas über die Hintergründe zu erfahren. Es war schon seltsam, dass er die Hinrichtung nie mit den gestohlenen Drogen in Verbindung zu bringen schien. Er hielt sich für zu schlau, dabei hatte er das Spiel längst verloren. Da ich bei manchen Treffen von Capogreco und Luppino dabei war, konnte ich diese Schachpartie beobachten und sehen, dass der Bürgermeister ihm drei, vier Züge voraus war. Er gab sich stets herzlich und höflich. Er hatte den Verräter zum Tode verurteilt und behandelte ihn jetzt mit fast übertriebener Freundlichkeit. Im Rückblick finde ich es seltsam, dass ich stolz auf Capogreco war, weil er so gut lügen und betrügen konnte. Er tat es, um den Respekt vor den Regeln aufrechtzuerhalten, um jedem zu geben, was er verdiente. Luppino hatte einen Fehler gemacht und wurde bestraft, ich war sein Liebling und gewann dadurch Vertrauen, Ehre und Geld.

Eines jedoch beunruhigte mich an Capogrecos Verhalten. Die Cosa Nostra sagt, dass *omini d'onore* einander nicht anlügen, dass sie sich entweder die Wahrheit sagen oder schweigen. Doch der Bürgermeister log und betrog Luppino, genau wie er es mit Lillo getan hatte und sicher auch mit Fanu vorhatte. Er benutzte sie, wiegte sie in Sicherheit, schmeichelte ihnen und nährte ihr Vertrauen, um sie in ihrer Arglosigkeit später ganz bequem umbringen zu können.

Mir, der Bescheid wusste, erklärte er dieses Verhalten mit folgender Betrachtung: »Du weißt ja, Enzuccio, dass der Zweck die Mittel heiligt. Manchmal muss man eben lügen, für einen Verräter gelten unsere Regeln nicht mehr.« Da hatte er recht, Regelbrecher verdienten keinen Respekt, es war, als wären sie aus der Cosa Nostra ausgeschlossen, müssten ihr aber noch zu Diensten sein. Bis zu ihrem Tod blieben sie ohne die Rechte der *uomini d'onore*.

Ich mochte Luppino zwar, aber die Vorstellung, dass er sterben musste, bereitete mir dennoch kein besonderes Unbehagen. Viel schwerer war es für mich, mit Fanu zu sprechen. Ich glaubte einfach nicht, dass er das Rauschgift gestohlen hatte. Und in seiner Gegenwart fühlte ich mich unwohl, da er mir einfach zu ähnlich war. Auch wenn er ein paar Jahre älter war, kannten wir uns schon seit einer Ewigkeit, und es gab keinen anderen aus der *famiglia*, mit dem ich mehr gemein hatte – nur dass er hässlicher war als ich. Immer wieder überkam mich der Impuls, ihn zu warnen, doch ich widerstand ihm, da das Risiko zu groß war. Allerdings ließ der Umstand hoffen, dass er immer noch am Leben war. Bevor man ihn aus dem Weg schaffte, wollte man sich noch seine Dienste zunutze machen. Ich dachte, wenn er sich gut benähme, würden sie ihm die Strafe vielleicht erlassen oder zum Schluss kommen, dass er unschuldig war.

Das war natürlich Unsinn.

Die Cosa Nostra ist kein Tribunal mit ordentlichem Gerichtsverfahren, mit Geschworenen, Berufung und Kassationsgericht. Es gibt weder Entschuldigungen noch mildernde Umstände. Wer einen Fehler macht, stirbt, wer sich den *capi* widersetzt, stirbt, wer die Regeln missachtet, stirbt. Ich sah deutlich, dass Fanu nicht die geringste Ahnung von seinem nahen Ende hatte. Noch sprach und atmete er und wusste nicht, wie kostbar jedes Wort, jeder Atemzug war.

In Mailand dachte ich weniger über diese Dinge nach, die Entfernung half mir, sie zu verdrängen. Bei der Ediltar lernte ich außerdem wichtige Leute kennen. Zum Beispiel einen Abgeordneten der Democrazia Cristiana, der damals seine Wahlkampagne mit dem Ruf nach mehr Gesetz und Ordnung führte und damit eine Menge Stimmen gewann. Mich beeindruckte das nicht besonders, mittlerweile wusste ich, wie es lief. Barresi verteilte als Bauunternehmer viel Geld an die Vertreter der verschiedenen Parteien, verlor aber kaum ein Wort darüber. Ich sah, wie diese Leute in der Villa oder den Geschäftsräumen der Ediltar auftauchten und Freundschaft mimten, kümmerte mich aber nicht weiter darum. Heute muss ich darüber lachen, dass die Norditaliener sich in der Hoffnung, sich vom Süden und der Cosa Nostra abzuspalten, die Lega Nord wählen. Jahrelang haben sie Politiker gewählt, die mit *uomini d'onore* Geschäfte machten, von ihnen Geld und Stimmen nahmen, um ihnen Gefallen und öffentliche Aufträge zuzuschanzen und für sie Gesetze und Novellen durchzubringen. Honoratioren, Senatoren, Politiker auf Kommunal-, Bezirks- und Landesebene, die für die bestehende Ordnung und gegen die Kriminalität kämpfen sollten. Entweder, der Norden lernt, zwischen dem zu unterscheiden, was Politiker sagen und was sie tun, oder er lässt sich weiter von der Mafia betrügen, die so listig und erfindungsreich ist, dass sie genau das kontrolliert, was die Politiker am meisten begehren: Stimmen und Geld.

Bei den Abendessen im Hause Barresi ließ mir Carmela, die älteste Tochter, weiterhin keine Ruhe. Sie fragte mich stets und ständig nach meiner Meinung, versuchte meine Aufmerksamkeit zu erregen und interessierte sich ganz offenkundig für mich. Da es mir aber völlig unmöglich war, mich darauf einzulassen, behandelte ich sie wie ein älterer Bruder und gab ihr höchstens ab und zu einen Ratschlag. Auch wenn ich ihr ganz harmlose Fragen stellte, provozierte sie mich mit ihrer frechen, entschiedenen Art. Ich glaube, sie wollte sich selbst ihren Mann aussuchen, gleichzeitig aber auch ihren Vater zufriedenstellen. Ihr gefielen Typen wie er: stark, zupackend, entschlossen und ein wenig verschlagen. Doch stattdessen hatte er ihr einen braven, schüchternen, schwachen und zurückhaltenden Jungen ausgesucht.

Sie mochte es, wenn man ihr Paroli bot. Wenn ich sie zum Beispiel fragte, ob ihr Verlobter nicht mit uns essen würde, antwortete sie schnippisch: »Was weiß denn ich, wo er steckt?«

Sie ließ durchblicken, dass sie unzufrieden war. Mir gefiel Carmela zwar, doch nicht genug, um mich für eine Nacht mit ihr umbringen zu lassen. Das war keine Frau wert, dennoch musste ich ziemlich oft an sie denken. Sie war schön, und ich war fünfundzwanzig: Wenn ihr Vater ein anderer gewesen wäre – wer weiß? In Paderno Dugnano lief ich ihr ab und zu über den Weg, mal auf der Straße, mal im Supermarkt. Eines Tages traf ich sie beim Einkaufen. Sie freute sich offensichtlich, mich zu sehen, und bat mich, ihr beim Tragen der Einkäufe zu helfen.

»Bist du immer noch Single?«, fragte sie. »Hast du noch keine Freundin?«

Als ich ihr zwei Pakete abnahm, berührte ich drei Sekunden lang ihre Hand, und sie zog sie nicht zurück. Sie benahm sich wie ein Mädchen aus dem Norden, das sich so was erlauben konnte. Ich fand die Regel der Cosa Nostra in Bezug auf die Frauen zwar ein wenig übertrieben – niemals die Gattin oder Tochter eines *uomo d'onore* berühren. Die Zeiten ändern sich, und die Frauen suchen sich selbst ihre Partner aus. Doch ich wusste, dass man immer noch dafür sterben konnte, einen Blick auf die falsche Frau riskiert zu haben. Also war es besser, Carmela in Ruhe zu lassen. Zwar konnte ich Barresis Einladungen nicht ausschlagen, aber ihr gegenüber musste ich Distanz wahren.

Bei den Unterhaltungen auf seiner Terrasse erfuhr ich von ihm, dass ein weiterer meiner Freunde für einen unverzeihlichen Fehler hatte büßen müssen. Dino Masaracchio hatte sich wegen einer Kleinigkeit mit einem Schäfer gestritten, der mit *zu' Cicciu* verwandt war: Gaspare Tisu, ein *uomo d'onore*, den ich auch gut kannte. Dino jedenfalls beendete den Streit mit einer Ohrfeige – vielleicht weil er betrunken war, vielleicht auch, weil er sich unbesiegbar fühlte. Tisu hatte ihn zur Rede gestellt, weil ein Esel und ein paar Schafe eines Freundes von ihm getötet worden waren.

Ein Streit zwischen zwei *uomini d'onore* darf niemals auf diese Weise beendet werden. Dino wusste das, doch er scherte sich nicht darum, dass Tisu viel älter war als er, und dachte nicht mal im Traum daran, sich bei ihm zu entschuldigen. Für Barresi war ein solches Verhalten unverzeihlich und musste bestraft werden. Masaracchio hatte sich auch bei anderen Gelegenheiten als unzuverlässig erwiesen, er hatte ohne Grund gemordet, und jetzt hatte seine Trunksucht dazu geführt, dass er es gegenüber einem anderen *uomo d'onore* an Respekt fehlen ließ. Die *famiglia* hatte daraufhin seinen Tod beschlossen, und als mir die Angelegenheit von Barresi erzählt wurde, erschien mir das auch gerechtfertigt. Kurz danach kehrte ich wieder einmal nach Castelvetrano zurück, und da ich sowohl mit Dino als auch mit Tisu befreundet war, hörte ich mir ihre jeweiligen Versionen von dem Vorfall an. Tatsächlich war an eine gütliche Einigung nicht zu denken. Allerdings bekam ich den Eindruck, dass auch der Geohrfeigte ganz schön ausgeteilt hatte, Dino war nicht allein im Unrecht. Tisu war jedoch ein entfernter Verwandter von *zu' Cicciu*, dem obersten *capo*, und gehörte auch zu seiner Generation. Sie waren gemeinsam aufgewachsen, und jetzt konnte er diese Verbindung nutzen. Er forderte Masaracchios Kopf und bekam ihn auch. Außerdem wollte er selbst bei der Exekution dabei sein und sich die Genugtuung verschaffen, ihn eigenhändig zu erschießen. Die offizielle Begründung lautete, mein Freund sei unzuverlässig, trinke zu viel und bringe die Organisation in Gefahr.

Ich kehrte nach den Sommerferien in den Norden zurück und erfuhr dort, was nach meiner Abreise in Castelvetrano geschehen war. Bei Dinos Exekution spielten auch die beiden zum Tode Verurteilten, Vincenzo Luppino und Fanu Tummarello, eine entscheidende Rolle. Mit einem solch heiklen Auftrag betraut, kamen sie erst gar nicht auf die Idee, dass sie die Nächsten auf der Abschussliste waren. Beim Erschießungskommando waren außerdem Vanni und Aspanu sowie der *capodecina* Saverio Riesi und Gaspare Tisu.

Es war jedoch nicht ganz leicht, Dino umzubringen. Er war ein Profikiller mit schnellen Reflexen und großen Schießkünsten. Man erzählte sich, dass er vor Jahren, als er einen Waffentransport für die *famiglia* unternommen hatte, in eine Polizeikontrolle geraten war. Er saß im Lieferwagen unseres üblichen Lieferanten, Passaluni, zusammen mit einem jungen Mann. Die beiden gehörten nicht zur Cosa Nostra. Sie sahen die Polizeikontrolle so spät, dass sie nicht mehr ausweichen konnten. Passaluni, der am Steuer saß, konnte nur noch bremsen und sich den Bullen stellen. Dino aber sprang aus dem noch fahrenden Wagen, schlug sich ins Gebüsch und floh unter den Augen der Polizei über die Felder, ohne geschnappt zu werden. Die beiden anderen wurden sofort verhaftet, verrieten aber nicht seinen Namen, woraufhin er ihnen für die gesamte Dauer ihrer Haftstrafe monatlich Geld ins Gefängnis schickte. Es war also ein gefährliches Unterfangen, einen Mann in die Falle zu locken, der, ohne zu zögern, schoss und sich so schnell bewegte. Um ihn gefahrlos umzubringen, musste man ihn erst einmal entwaffnen. Dafür sorgte Luppino mit seiner Diplomatie und seiner einzigartigen Kunst, Vertrauen zu erwecken. Er bat Dino, ihm seine Kaliber 38 für einen kleinen Auftrag zu leihen, und verabredete mit ihm, dass er sie zwei Tage später zurückgeben würde. Das Treffen sollte in der Gegend stattfinden, in der Fanu wohnte und Luppino eine Tankstelle hatte. Masaracchio kam nichtsahnend und unbewaffnet, weil er meinte, seine Pistole in Kürze wiederzubekommen. Stattdessen erwartete ihn das Erschießungskommando mit doppelläufigen Präzisionsgewehren und Maschinengewehren.

Gaspare Tisu schoss als Erster mit seinem Revolver aus dem Zweiten Weltkrieg. Den hatte er immer zusammen mit seiner Brotzeit in einer Tasche, um bei einem Streit mit anderen Schäfern oder Bauern gewappnet zu sein. Da Dino unbewaffnet war, konnte Tisu sich erlauben, das Feuer zu eröffnen. Denn normalerweise schossen die mit den Gewehren als Erste, Pistolen kamen nur für den Gnadenschuss zum Einsatz oder wenn es nötig war. Aber der in seiner Ehre gekränkte Schäfer wollte sich Genugtuung verschaffen. Masaracchio erhielt so das Privileg zu erfahren, warum er erschossen wurde, denn er sah seinen Widersacher auf ihn anlegen. Die Schüsse von Fanu, Vanni und Aspanu gaben ihm dann den Rest.

Ich sprach verschiedene Male mit Barresi über diese Exekution. Es tat mir leid um meinen Freund, und ich war überzeugt, dass der eigentliche Grund seiner Eliminierung darin bestand, dass Gaspare Tisu mächtigere Verbindungen hatte als er. Denn wenn ich, von Capogreco gemocht und von meinem Paten unterstützt, ihm die Ohrfeige gegeben hätte, wäre gar nichts passiert. Es war also nur eine Frage der Beziehungen. Doch Barresi erklärte mir, welche Regeln Dino missachtet hatte, und behauptete, mir würde es niemals in den Sinn kommen, einem höher stehenden *uomo d'onore* eine Ohrfeige zu geben, da ich ganz anders sei als mein Freund. Gewiss, wenn mit mir so umgesprungen worden wäre wie mit Masaracchio, dann hätte ich Tisu vielleicht keine Ohrfeige gegeben, hätte aber später sicher eine Möglichkeit gefunden, ihn umzubringen. Wie auch immer, schloss Barresi, Masaracchio sei jedenfalls eine Gefahr für sich, für andere *uomini d'onore* und für die *famiglia* gewesen. Die Ohrfeige an sich sei nicht so schlimm gewesen, sondern nur der letzte Tropfen, der das Fass zum Überlaufen gebracht habe.

Während eines unserer Gespräche kam Carmela zu uns, obwohl auch ihr Verlobter im Haus war, und brachte uns ein Tablett mit zwei Tässchen Kaffee. Sie bot erst mir den Kaffee an und dann ihrem Vater. Als sie Barresi die Tasse reichte, stellte sie sich rechts von ihm, so dass er sich von mir abwenden musste, um sie zu ergreifen. Diesen Moment nutzte sie, um mir einen langen Blick zuzuwerfen, den ich erwiderte.

In der Woche darauf traf ich sie wieder, und zwar vor

einer Villa, die ihrer Familie gehörte und in der Nähe ihres Elternhauses stand. Das Haus war mir wohlbekannt, da es unbewohnt war und im Bedarfsfall als Lager für das Rauschgift genutzt wurde. Carmela war in Begleitung einer ihrer Freundinnen aus Mailand, die sie mir vorstellte. Wir wechselten ein paar Worte, dann verabschiedete ich mich.

Einen Monat später, an einem frühen Abend, traf ich sie wieder auf der Straße. Sie begrüßte mich freudig, man sah deutlich, dass sie mich aufhalten wollte. Sie war entschieden und herausfordernd wie immer, und ich hatte gerade Zeit.

»Erinnerst du dich noch an meine Freundin, die ich dir vorgestellt habe?«, fragte sie mich. »Sie hat sich nach dir erkundigt, weil du ihr gefällst. Ich muss gestehen, dass ich ein bisschen eifersüchtig war. Los, lad mich in eine Bar ein.«

Die Botschaft war eindeutig, da gab es nichts zu diskutieren. Ich ging mit ihr zu einer Bar, wo sie fast die ganze Zeit erzählte: von ihrem Leben, von Streitereien mit ihrem Verlobten Stefano und Auseinandersetzungen mit ihrem Vater, dem sie sich trotz allem verbunden fühlte. Dennoch war sie nicht bereit, einfach hinzunehmen, dass er ihr den Ehemann aussuchte. Sie wollte Leidenschaft und große Gefühle, und ihr Verlobter war ein zwar netter, tüchtiger, anständiger Mann, aber sie liebte ihn nicht. Mir war sehr schnell klar, was sie damit sagen wollte.

»Du passt besser zu mir.«

Ich geriet in Erregung. Carmela, die Tochter meines *capo*, die verbotene Frau, war jung und schön, hatte kastanienbraune Haare und dunkle Augen. Und jetzt bot sie sich mir schamlos an. Ich hatte Mühe, mich zurückzuhalten, denn der Gedanke, dass es mich Kopf und Kragen kosten konnte, wenn ich sie anrührte, trat immer mehr in den Hintergrund. Ich hatte noch nie eine Frau wie sie kennengelernt, so hübsch, so gebildet, so fein, die so deutlich zeigte, was sie wollte. Sie wollte mich. Wer weiß, was sie von meinem Zaudern hielt, jedenfalls passte es nicht zu ihrer Vorstellung, dass ich ein starker Mann sei. Völlig benommen verließ ich mit ihr die Bar und begleitete sie zu Fuß nach Hause. Als wir an einem dunklen Hauseingang vorbeikamen, beschloss sie wohl, dass das Vorgeplänkel jetzt lange genug gedauert habe. Sie zog mich in einen versteckten Winkel, drückte sich an mich und ließ sich von mir küssen. Diesmal sagte ich nicht nein, Barresi war mir auf einmal egal, meine Frau ohnehin, da wir uns nie nahegestanden hatten, und Carmela stand direkt vor mir, schön, begehrenswert und zum Greifen nahe. Ich erklärte ihr, dass ich nur aus Respekt vor ihrem hochgeschätzten Vater nicht die Initiative ergriffen hätte.

»Wir müssen vorsichtig sein, zu' Michele ist mein Freund, und ich will ihn nicht kränken.«

Ich übertrieb Barresis Verdienste und Tugenden und sagte, mit seiner altmodischen, sizilianischen Lebenseinstellung sei es für ihn nicht akzeptabel, dass seine mit einem anderen verlobte Tochter sich mit mir einließe. Über meine wahren Ängste verlor ich kein Wort.

Sie beruhigte mich: »Mach dir keine Gedanken wegen meines Vaters, ich kümmere mich darum.«

Sie war überzeugt, dass sie mit ihm umspringen konnte, wie sie wollte, doch ihr Motiv, unser Verhältnis geheim zu halten, war nicht so stark wie meines. Sie wusste nicht, dass ich mein Leben riskierte, sondern glaubte, es ginge nur darum, ihre Begierde auszuleben, ohne Ärger zu bekommen. Sie nannte mir die Arbeitszeiten ihres Verlobten. Die von Barresi kannte ich bereits. Dann beschlossen wir, uns immer nachmittags in der leerstehenden Villa zu treffen.

Herbst und Winter vergingen wie im Flug. Ich traf mich mit Carmela, wann immer ich von der Arbeit fernbleiben konnte, und profitierte davon, dass von November an keine Lieferungen mehr aus der Türkei kamen. Ich glaube, die *famiglia* nutzte eine Zeitlang andere Versorgungskanäle. Und so konnte ich mich noch ungehinderter bewegen. Wenn Barresi in seinem Büro in Seregno war, ging ich zur Villa und traf mich mit Carmela. Wir liebten uns, redeten und stritten auch manchmal miteinander. Ich fand heraus, dass es ihr sogar gefiel, wenn ich wütend wurde, denn sie mochte es, wenn jemand Temperament hatte.

»Ich habe mich auch deshalb in dich verliebt«, gestand sie mir, »weil du dich leicht aufregst und manchmal böse wirst. Mir gefällt es, wenn du die Ruhe verlierst.«

Natürlich verlor ich leicht die Ruhe – jedes Mal, wenn ich an das Risiko dachte, das ich einging. Sie gab sich nicht besonders große Mühe, unser Zusammensein geheim zu halten. Zwar kam sie heimlich und unter Einhaltung gewisser Vorsichtsmaßnahmen zu unseren Treffen, aber wenn wir gemeinsam ausgingen, zeigte sie deutlich ihre Zuneigung, ganz gleich, ob uns jemand sehen konnte oder nicht. Ich war vorsichtiger, mehr daran gewöhnt, mich zu verstellen, was sie hingegen eher überflüssig fand. Vielleicht hoffte sie sogar, ihr Vater würde uns sehen oder sonstwie hinter unsere Beziehung kommen. Sie wollte ihn provozieren, ihm zeigen, dass sie sich ihren Freund selbst aussuchen konnte, wagte aber nicht, es offen zu tun, um nicht sein Missfallen zu erregen. Mein Leben hing an diesem seidenen Faden, der sie davon abhielt, sich zu offenbaren.

Ende Februar erlaubte ich mir einen schönen Karnevalsspaß. Ich traf mich am frühen Nachmittag mit Carmela in unserem Refugium, und wir liebten uns nackt auf dem Bett unseres Zimmers im zweiten Stock. Es lief gut zwischen uns, wir waren verliebt. Sie gefiel mir wirklich, sie wusste mich zu nehmen, hatte Charakter und war intelligent. Nachdem wir uns geliebt hatten, scherzten und lachten wir noch ein wenig. Dann ging ich ins Bad, wusch mich, kehrte ins Zimmer zurück und zog mir die Unterhose an. Da plötzlich schlug die Tür auf, und Barresi stürzte hinein, mit einer Pistole in der Hand.

Mir stockte das Blut in den Adern. So von meinem *capo* ertappt zu werden, auf frischer Tat, nackt mit seiner Tochter im Bett, war besonders schlimm. Sicher hatte jemand uns gesehen und ihm davon erzählt. In Paderno Dugnano arbeiteten viele für seine Firma oder für die *famiglia*. Daraufhin hatte er der leerstehenden Villa einen Besuch abgestattet, um zu prüfen, ob an dem schändlichen Gerücht etwas dran war. Er hatte hinter dem Haus mein Motorrad entdeckt, mit seinem Schlüssel die Tür im Erdgeschoss aufgeschlossen und war leise die Treppe hinaufgeschlichen, um uns zu überaschen. Was ihm wirklich gelungen war. Verdammt, verdammt, verdammt, es war aus und vorbei! Ich konnte ihm noch nicht mal Wiedergutmachung anbieten, da ich bereits verheiratet war. Ich hatte auch keine Pistole dabei, schließlich gab es keinen Grund, bewaffnet zu Carmela zu gehen.

Barresi stand nur groß und breit da und starrte uns wortlos an. Offenbar hatte es ihm die Sprache verschlagen. Er keuchte und sah uns mit loderndem Blick an. Mit der

Pistole zielte er mir mitten ins Gesicht. Der Mann, den er für einen Freund gehalten und den er fast wie einen Sohn in sein Haus aufgenommen hatte, da er keinen männlichen Nachkommen hatte, verriet ihn aufs Allerübelste. Betrog ihn mit seiner eigenen Tochter.

»Du, ausgerechnet du«, murmelte er.

Ich glaubte, mein letztes Stündlein habe geschlagen, obwohl ich es nicht fassen konnte, dass ich auf so dumme, so absurde Weise enden sollte. Obwohl ich die Regeln kannte, hatte ich gegen sie verstoßen. In eine unpassendere Frau hätte ich mich gar nicht verlieben können. Barresi wollte mich erschießen, aber Carmela, die sich aus Scham gegenüber ihrem Vater die Brüste mit den Händen bedeckte, drückte sich an mich und deckte mich mit ihrem Körper. Sie mochte mich wirklich, das war zumindest ein Lichtblick in dieser peinlichen Situation.

»Wenn du ihn umbringst, musst du auch mich umbringen«, sagte sie und sah ihren Vater herausfordernd an. Sie war ihm wirklich ähnlich, in Verhalten und Charakter. Er stand mit auf uns gerichteter Waffe da und sagte kein Wort, sondern knurrte nur wie ein wildes Tier. Dann spuckte er Carmela ins Gesicht. Die Anwesenheit seiner Tochter lähmte ihn, er konnte sich nicht entschließen. Ich dagegen durfte mich nicht hinter einer Frau verstecken, sondern musste mich als echter Mann erweisen. Ich wollte Carmela wegschieben, aber sie klammerte sich an mich. Ich stieß sie aufs Bett und befreite mich kurz von ihr. Dann forderte ich Barresi auf: »Schießen Sie, los, schießen Sie. Sie sind ein *uomo d'onore.* Schießen Sie doch, kümmern Sie sich nicht um sie, ich verdiene den Tod. Ich hätte dir das nicht antun dürfen.«

Jetzt duzte ich ihn, ich konnte nicht mehr klar denken.

Ich zollte dem Mann, der mich erschießen wollte, Respekt. Währenddessen warf Carmela sich wieder auf mich und schrie: »Nein, nein, nein! Wenn du ihn umbringst, musst du auch mich erschießen, denn ich werde nicht schweigen, ich gehe zur Polizei.«

Barresi spuckte ihr noch einmal ins Gesicht, und noch einmal. Er wollte sie demütigen, aber es gelang ihm nicht. Ihr ging es nur darum, mich zu retten. Um sie loszuwerden, sagte er knapp: »Geh weg, das ist eine Sache zwischen Enzo und mir.«

»Nein, ich gehe nicht, ich gehe nicht, wenn du ihn umbringst, musst du auch mich umbringen, denn sonst zeige ich dich an.«

Der Alte war hin- und hergerissen. Er musste mich töten, ihm blieb gar nichts anderes übrig. Der Ehrenkodex gebot es, mich und seine Tochter zu erschießen. Aber bei ihm überwog das Gefühl. Wenn Carmela ihn gelassen hätte, hätte er mich auch getötet. Doch er wusste, dass seine Tochter reden würde, wenn er sie am Leben ließe, und er wollte sie am Leben lassen. Frauen sind nun mal Frauen, bestimmte Regeln sind ihnen egal. Am Ende kapitulierte Barresi. Bitter und ohne die Pistole zu senken, sagte er: »Du bist ein dreckiger Feigling, du hast meine Freundschaft und meine Ehre besudelt. Und ich bin noch feiger als du, weil ich dich nicht umbringe, ich weiß nicht, warum.«

Er verstummte und spuckte noch einmal auf Carmela. Dann verkündete er seinen Entschluss:

»Wie auch immer, du musst weg von hier, denn heute verschone ich dich zwar, aber wenn ich dich noch mal sehe, erschieße ich dich. Du bist ein Feigling, aber ich bin auch einer, weil ich dich nicht töte. Wir beide sind Feiglinge. Aber wir dürfen uns nie mehr wiedersehen. Jetzt überlegen wir uns eine Ausrede, warum du nicht mehr hier arbeiten kannst. Wir sagen, du hättest am Flughafen einen Fehler gemacht, nicht besonders gut im Lager gearbeitet und wärst einfach abgehauen.«

»Zu' Michele«, sagte ich, »wegen etwas Schönem bin ich schwach geworden, denn die Liebe ist stärker als alle Regeln. Sie könnten das nicht verstehen, wenn Sie nie in so einer Lage waren, auch wenn Sie jetzt recht haben, weil ich unehrenhaft gehandelt habe.«

Ich versuchte ihn in seinem Entschluss zu bekräftigen, mich nicht umzubringen, und gab deshalb meinen Fehler zu. Mir blieb auch nicht viel anderes übrig.

»Du«, befahl er mir, »musst mir versprechen, dass ihr euch nie mehr wiederseht. Du darfst nie mehr von dir hören lassen, zwischen euch ist es aus. Und die ganze Sache bleibt unter uns.«

»Sie haben mein Wort. Aber Sie können uns nicht verbieten, uns voneinander zu verabschieden.«

Carmela weinte, und dieser Anblick tat mir weh, denn ich mochte sie. Barresi gab meiner Forderung nach, weil sein Zorn schon etwas verraucht war.

»Also verabschiedet euch.«

Ich ging zu Carmela und umarmte sie.

»Ich hab dich sehr gemocht und werde dich nie vergessen.«

»So geht es mir auch, Enzo.«

Ich küsste sie auf den Mund, vor ihrem Vater. Dann nahm ich meine Kleider, zog mich hastig an und wandte mich ein letztes Mal an Barresi, um ihn in dem Beschluss zu stärken, mich in Ruhe zu lassen. Er hatte mich zwar verschont, aber meine Zukunft hing von seinem Schweigen und seinem Wohlwollen ab.

»Zu' Michele«, sagte ich, »wir kennen beide die Bibel, und ich bin sicher, dass Sie dafür belohnt werden, mich nicht getötet zu haben, denn Sie hätten es tun können. Sie hatten das Recht dazu und haben es doch nicht getan.«

Ich warf Carmela einen letzten Blick zu und ging.

Da ich meine Arbeit am Flughafen aufgab – unsere Erklärung war nur stichhaltig, wenn ich kündigte –, musste ich nach Sizilien zurück. Ich war nur wegen Barresi und seiner Aufträge in Paderno gewesen und konnte der *famiglia* jetzt in Castelvetrano nützlicher sein. Meine einzige Hoffnung lag darin, dass sich niemand nach den Hintergründen meiner Rückkehr erkundigte. Es war ein Glück, dass die *famiglia* mich nicht mehr so dringend am Flughafen von Linate brauchte, weil das Rauschgift schon seit Monaten nicht mehr über diesen Weg ins Land kam. Doch Barresis Entschluss hing wie ein Damoklesschwert über mir. Wenn er sich an unsere Version der Geschichte hielt, war alles gut, ansonsten würde die Hölle losbrechen.

Drei Wochen später hatte ich alles organisiert und zog mit meiner Familie zurück. Glücklicherweise waren die zwei Jahre unter polizeilicher Aufsicht beendet, daher musste ich meinen Umzug nicht melden.

Zurück in Castelvetrano, ging ich zu meinem Paten und bat ihn um Rat. Allerdings brauchte ich einen Monat, bis ich ihm von der Sache erzählen konnte, denn ich wusste, dass er sie missbilligen würde. Tatsächlich wurde er sehr wütend.

»Du bist fünfundzwanzig und hast immer noch nicht gelernt, dich zu beherrschen? Da hast du ja eine schöne Bescherung angerichtet. Wirklich, eine sehr schöne Bescherung. Du weißt, dass es falsch ist, aber wenn du etwas Falsches machst, dann mach es wenigstens gründlich, du

Idiot, und lass dich nicht erwischen. Du weißt doch, dass das eine ernste Angelegenheit ist.«

Er war aus Sorge wütend, er hatte Angst um mich.

»Wie auch immer, Enzo, erzähl mir jetzt genau, wie Barresi sich verhalten, was er gesagt hat. Wiederhole mir jedes einzelne Wort.«

Ich erzählte ihm alles bis ins letzte Detail, wiederholte alles, woran ich mich erinnern konnte, auch die Drohungen, die Carmela ihrem Vater gegenüber ausgestoßen hatte. Als ich fertig war, seufzte Cusumano: »Enzo, wenn du den Mund aufmachst, bist du ein toter Mann, das ist auch dir klar. So wie du es erzählt hast, könnte die Sache unter euch bleiben. Aber man weiß ja nie, vielleicht spricht er doch mit jemandem darüber.«

Genau das war der springende Punkt. Wenn Barresi sich jemandem anvertraute, war ich erledigt.

»Sieh mal, Enzo, er hat keine Veranlassung, etwas zu erzählen, denn dann steht er schlecht da. Er hat Schwäche gezeigt, schließlich hätte er dich töten müssen. Und er hätte dich mit Recht erschossen, denn du hast eine große Dummheit begangen. Er hat dich wohl wirklich gemocht. Ich kann dich auch nicht hassen, trotz deines Fehlers, du bist für mich wie ein Sohn, aber wenn du so etwas mit meiner Tochter veranstalten würdest, würde ich dich wirklich erschießen.«

»Aber ... *parrino*, was ist, wenn er es Capogreco sagt? Die beiden sind doch befreundet.«

Das war meine Befürchtung. Barresi und den Bürgermeister verband etwas, das über alle Vernunft hinausging, genau wie das, was meinen Paten und mich verband.

»Ja, ja«, bestätigte Cusumano, »er könnte sich ihm anvertrauen und es ihm erzählen. Aber da sie Freunde sind, darf der Professor es keinem Dritten weitererzählen, weil sonst der Ruf seines Freundes ruiniert wäre.«

Wie immer hatte Cusumano recht. Barresi hatte keine Veranlassung, die Geschichte mit ihm und seiner Tochter weiterzuerzählen. Und falls er sich dennoch entschloss, einem Freund sein Herz auszuschütten, musste er ihm Stillschweigen auferlegen. Deshalb hatte ich Zeit. Der Bürgermeister wusste von nichts, und wenn er es erfuhr, brauchte er erst einmal einen Vorwand, um mich umzubringen. Die Situation war nicht ganz aussichtslos, im Gegenteil, ich hatte gute Chancen davonzukommen.

»Wie auch immer«, schloss mein Pate, »es könnte noch alles gutgehen, jede Geschichte ist anders.«

Wie üblich hielt er sich nicht länger mit dieser Angelegenheit auf. Er riet mir nur, Castelvetrano so bald wie möglich zu verlassen. Es gibt Zeiten, da ist es besser, in Vergessenheit zu geraten.

»Denk nach, Enzo. Mach mal Ferien, es ist besser, wenn du verschwindest. Das ist zwar auch noch keine Garantie, aber tu es trotzdem. Ruh dich aus und denk darüber nach, welch großen Fehler du begangen hast.«

Das war ein guter Rat, wenn auch nicht besonders beruhigend. In der folgenden Zeit trieb ich mich untätig herum und studierte nervös das Verhalten und die Mienen der *uomini d'onore*, denen ich begegnete, um zu ergründen, ob sie etwas wussten und mich deswegen verurteilten.

Doch ich bemerkte nichts.

Finanzielle Sorgen hatte ich nicht, da ich immer Geld auftreiben konnte. Nicht so viel wie in Mailand, aber genug, um meine Familie zu ernähren und mich zu amüsieren. Deshalb kümmerte ich mich auch kaum um den Rat meines Anwalts Di Leo, Geld beiseitezulegen, obwohl mein Prozess beim Kassationsgericht näher rückte und ich zwanzig Millionen in bar brauchte, um den Sekretär zu bezahlen. Ich war nun mal nicht zum Sparen geboren, außerdem fühlte ich mich nach der Sache mit Barresi, als wäre ich nur knapp dem Tode entronnen. Ich nahm alles so leicht wie einer, der noch mal davongekommen ist, und gab das Geld mit vollen Händen aus. Eines Abends ging ich in ein Spielkasino in Campobello und verbrachte dort Stunden am Bakkarattisch. In kürzester Zeit verlor ich Millionen. Ich stand erst fünfzehn im Minus und kam dann wieder auf vier, fünf im Plus zurück. Es war wie eine emotionale Achterbahn, ständig ging es rauf und runter. Als ich alles auf eine Karte setzte, verlor ich. Ich hatte jedoch das Gefühl, ich bekäme noch eine Glückssträhne, und spielte weiter, weil ich zumindest ein wenig zurückgewinnen wollte. Ich weiß nicht, was los war, aber ich bekam ständig die falschen Karten. Am Ende verlor ich fünfundzwanzig Millionen, fünf mehr, als ich für den Prozess aufbringen musste. Trotz allem machte ich mir keine zu großen Sorgen, denn irgendwie kam ich immer zu Geld, wenn ich etwas brauchte.

In den folgenden Wochen verdiente ich genug, um wegzugehen, wie mir mein Pate geraten hatte. Ende Mai plante ich eine Reise nach Deutschland, nach Horb, wo mein Schwager Biagio seit dem Mord an Tilotta wohnte. Ich wollte mich dort nur ein paar Wochen entspannen, von großen Gefühlen hatte ich genug. Ich hatte auch nicht mehr den Eindruck, in Gefahr zu sein, so wie nach meiner Rückkehr aus Mailand. Gewisse Dinge spürt man einfach, und ich wusste, dass zurzeit niemand hinter mir her war. Ich hatte zwar Barresi und seine Tochter nicht vergessen, aber es lag nichts in der Luft, was nach Rache roch.

Capogreco verhielt sich mir gegenüber ebenfalls normal, und insgesamt wirkte alles ruhig. Doch da mein Pate mir geraten hatte, eine Weile fortzugehen, tat ich das auch. Sollte Cusumano einen Plan haben, bei dem meine Abwesenheit erforderlich war, gehorchte ich besser. Ich erbat vom Bürgermeister die Erlaubnis, für ein, zwei Monate Urlaub zu nehmen, und er hatte nichts dagegen.

AUF DER FLUCHT

Biagio wohnte in der Nähe von Stuttgart in einem schönen Häuschen, wo ich unterkam, bis ich etwas Eigenes gefunden hatte. Schon an den ersten Abenden ging er mit mir aus, stellte mir seine Freunde vor und machte mich auch mit einigen Mädchen bekannt. Eine hatte den italienischen Namen Marina, obwohl sie eine waschechte Deutsche mit braunen Haaren und blauen Augen war. Ihr Vater war im Krieg in Italien gewesen und hatte sich dort in eine Italienerin verliebt, musste sie aber verlassen, als die Deutschen sich zurückzogen. Da er seitdem für Italien schwärmte, hatte er seiner Tochter einen italienischen Namen gegeben. Nach dem Krieg hatte er eine Kneipe in Horb aufgemacht, die mit der Zeit ein Anlaufpunkt für Emigranten, insbesondere Italiener, geworden war. Marina wuchs in dieser Umgebung auf und hatte auf Drängen des Vaters unsere Sprache gelernt.

Mir gefiel sie auf Anhieb, ich fand sie außergewöhnlich. Schon allein vom Äußeren war sie mein Typ. Ziemlich groß für eine Frau, kaum kleiner als ich, schlank und sportlich, aber nicht ohne Kurven. Beim Anblick ihres Busens wurde mir schwindlig. Darüber hinaus war sie forsch und selbstbewusst, ein Mädchen, das keinen Beschützer, sondern einen Mann suchte, der ihre Ebenbürtigkeit anerkannte. Interessant fand ich auch, dass sie Karate konnte. Sie lernte es seit Jahren und hatte es, wie sie erzählte, schon bei mehr als einer Gelegenheit anwenden können.

Marina war sehr direkt, wenn ihr einer gefiel. Wir gingen schon am ersten Abend miteinander ins Bett. Ein paar Tage später zog ich zu ihr, ins Haus eines ihrer Brüder. Dieter war wegen irgendeiner Straftat auf der Flucht vor der Polizei, und sie wollte ihm helfen, sich zu verstecken. Nachdem wir ein paar Tage darüber gesprochen hatten, überredete sie mich, ihn in Sizilien unterzubringen, an einem sicheren Ort. Ich schickte ihn mit meiner Empfehlung zu Freunden nach Castelvetrano, und dann zogen wir beide in Dieters Wohnung. Das war keine schlechte Regelung. Ich war mit einem schönen Mädchen in einem schönen Haus in Deutschland. Gut so.

Marina gefiel mir sowohl körperlich als auch vom Charakter her. Einmal bezeichnete ich sie scherzhaft als Terroristin, weil sie Temperament wie ein Mann hatte. Sie beging Einbrüche, raubte Fabrik- und Bürogebäude aus, manchmal allein, manchmal gemeinsam mit ihrem Bruder. Bei einem Coup war sie kaltblütig und entschlossen, mit mir dagegen verhielt sie sich leidenschaftlich, weil ihr meine Stärke gefiel.

Aus meiner Sicht hatte Marina nur einen schweren Fehler. Sie wollte um jeden Preis ein Kind, und nun fand sie wohl, ich sei der Richtige, ihr eins zu schenken. Wir kannten uns erst eine Woche, und sie redete schon von Kindern. Doch hatte ich schon eine Tochter in Italien und hegte keinerlei Absicht, eine mir kaum bekannte Deutsche zu schwängern. Die Vorstellung war geradezu absurd. Um das zu klären, befahl ich ihr, die Pille zu nehmen. Sie protestierte und wollte sich widersetzen, doch am Ende gab sie nach. Immer wenn wir zusammen ins Bett gingen, kontrollierte ich, ob sie auch gehorchte. Ich fragte: »Nimmst du die Pille?«

»Ja, Enzo, ich nehme sie«, versicherte sie und schluckte eine vor meinen Augen.

Vertrauen ist gut, Kontrolle ist besser, dachte ich.

Wir trafen uns mit den Freunden meines Schwagers, und manchmal schloss sich auch Carl, ihr zweiter Bruder, an. Er hielt sich für einen echt harten Kerl und gab mit seinen Verbrechen und dem Geld an, das er damit verdient hatte. Er war schon ein ziemlicher Brocken, groß, kräftig, der Typ, mit man sich besser nicht anlegt. Da ich kein Deutsch konnte, übernahm Marina die Übersetzung und bestätigte dabei seine Geschichten. Carl war hart, kaltblütig, vielleicht eher dreist als mutig, doch möglicherweise konnte er mir nützlich werden.

Ich telefonierte hin und wieder mit Sizilien, um meine Angelegenheiten nicht zu vernachlässigen. Dabei erfuhr ich von meinem Anwalt Di Leo, dass ich jetzt zwanzig Millionen aufbringen musste, da mein Prozess unmittelbar bevorstand. Aber so viel Geld hatte ich nicht mehr. Der größte Teil war beim Bakkarat draufgegangen, etwas hatte ich bei meiner Familie gelassen, und den Rest hatte ich nach Deutschland mitgenommen. Ich wusste nicht, wo ich jetzt zwanzig Millionen auftreiben sollte. Nach Castelvetrano zurückzukehren, um dort ein paar Aufträge zu übernehmen, kam nicht in Frage. Einerseits hatte mein Pate mir empfohlen, mich von dort fernzuhalten, andererseits hätte es zu lange gedauert, das Geld zu verdienen – mindestens einen oder anderthalb Monate, wenn ich viele Aufträge bekam. Leihen wollte ich die zwanzig Millionen auch nicht, denn dann hätte ich einen Fehler eingestanden, und ein *uomo d'onore* sollte niemals Schwäche zeigen. Schließlich hatte mir der Anwalt frühzeitig gesagt, ich müsste etwas beiseitelegen.

Daher wollte ich meine Probleme mit einem schönen Bankraub in Deutschland lösen, ohne der *famiglia* etwas zu sagen. Im Umkreis von Stuttgart kam so etwas nur selten vor, die Banken wähnten sich in Sicherheit, und organisatorisch war das keine große Sache. Ich erzählte Biagio davon, und schon bald sprachen wir jeden Abend darüber. Ich kannte die Gegend nicht, aber er wohnte seit Jahren hier und konnte mir helfen. Er erzählte mir von einer kleinen Sparkasse in Rottweil, einem Örtchen etwa vierzig Kilometer von Horb entfernt.

Waffen konnte ich mir in Sizilien besorgen. Für einen Bankraub braucht man Pistolen, und ich hatte ein paar auf dem Land meines Vaters vergraben. Den Ausschlag für mein Vorhaben gab eine Neuigkeit, mit der ich überhaupt nicht gerechnet hatte und die auch nichts mit meinen gerichtlichen Scherereien zu tun hatte. Das war anderthalb Monate nach meiner Ankunft in Deutschland. Eines Morgens Anfang Juli verließ Marina sehr früh das Haus und kehrte gegen Mittag zurück. Da es am Abend zuvor spät geworden war, lag ich noch im Bett. Sie kam lächelnd zu mir und sagte: »Steh auf, Enzo, wir haben was zu feiern.«

»Was zu feiern?«, wiederholte ich schläfrig und leicht genervt. »Was haben wir denn zu feiern?«

»Ich habe einen Test gemacht, ich bin schwanger.«

Sie verkündete das, als sei es das Schönste auf der Welt. Verdammt, wenn sie es darauf anlegte, mich hochzubringen, war ihr das gelungen.

»Wieso schwanger? Spinnst du? Das ist nicht dein Ernst!«

»Doch, doch. Ich bin wirklich schwanger.«

»Und die Pille? Hast du nicht jeden Abend die Pille genommen? Wie kannst du da schwanger sein?«

»Das waren Kopfschmerztabletten. Ich hab dir doch gesagt, dass ich ein Kind will, und zwar von dir, einem Sizilianer.«

Ich brüllte und drohte, doch sie blieb ganz ruhig und hörte sich meine Beschimpfungen ungerührt an.

»Wenn du das Kind nicht willst, Enzo, dann musst du mich schon umbringen. Ich habe mein ganzes Leben davon geträumt, ein Kind von einem Italiener zu bekommen, und jetzt bin ich von dir schwanger, was noch besser ist.«

Was sollte ich tun, sie etwa erwürgen? Sie gefiel mir, ich empfand etwas für sie. Bei diesen Dingen entscheiden die Frauen nach Belieben, sie nehmen sich einfach, was ihnen gefällt. Die einzige Lösung war, Geld für den Prozess und den Unterhalt für Marina und das Kind aufzutreiben, um in aller Ruhe nach Italien zurückkehren zu können. Wenn alles geregelt war, konnte ich ja jederzeit nach Deutschland zurückgehen.

In den darauffolgenden Tagen begab ich mich mehrmals nach Rottweil, um die Bank auszukundschaften, die mir Biagio genannt hatte. Von außen sah alles ganz einfach aus. Vielleicht gab es drinnen eine Alarmanlage, aber die sollte kein Problem sein. Denn nach den ersten Ortsterminen hatte ich entschieden, dass man böse Überraschungen am besten vermied, indem man noch vor der Öffnung mit einem Angestellten hineinging. Das Schild am Eingang verkündete, dass die Bank um acht Uhr öffnete. Ich dachte an die Pünktlichkeit und Genauigkeit der Deutschen und fuhr eines Morgens um sieben nach Rottweil, um mich dort auf die Lauer zu legen und die Abläufe zu studieren. Das machte ich mehrere Tage hintereinander und sah, dass ein Angestellter, möglicherweise der Leiter der Bank, jeden Morgen um halb acht eintraf, eine halbe Stunde vor den anderen.

Daraufhin schickte ich Marina zur Stoßzeit hinein, als besonders viel Andrang war. Sie sollte so tun, als wollte sie ein Konto eröffnen, und die Lage von innen sondieren. Sie berichtete, sie habe keine Kameras gesehen, und das Geld werde in einem Tresorraum gelagert. An den konnte man nur mit Hilfe eines Angestellten, was mich in meinem Plan bestärkte.

Nach diesen Vorbereitungen musste ich mir nur noch Komplizen suchen. Marina musste natürlich dabei sein, denn ich brauchte jemanden, der Deutsch sprach. Sie riet mir, ihren Bruder hinzuzuholen, was ich auch tat. Außerdem sagte ich Biagio Bescheid, der mir schließlich den Tipp mit der Bank gegeben hatte.

Ich organisierte eine Zugreise nach Sizilien und fuhr mit Marina dorthin, um die Waffen zu holen. In Castelvetrano stiegen wir in einer Pension ab, da ich mich nicht bei meiner Familie blicken lassen wollte. Ich holte zwei Pistolen, die ich auf dem Land meines Vaters vergraben hatte, eine halbautomatische Beretta Kaliber 7,65 und einen Revolver Kaliber 38. Zwei Tage später kehrten wir wieder mit dem Zug zurück, weil wir die Pistolen über die Grenze schmuggeln mussten und Züge weniger kontrolliert wurden. Vor der Grenze versteckte Marina die Waffen am Körper. Sie schob sich vorne und hinten eine Pistole in den Hosengürtel. Die Beamten kontrollierten zwar Gepäck und Pässe, durchsuchten sie aber nicht. Sie verhielt sich vollkommen normal, wirkte ganz gelassen. Mir gefiel es, wie unbekümmert sie angesichts der Gefahr war, und hatte Zuversicht, dass der Bankraub klappen würde. Schließlich waren wir alle sehr professionell.

Biagio zog sich im letzten Moment zurück. Den Grund nannte er mir nicht, vielleicht wollte er nicht ohne Erlaubnis der *famiglia* arbeiten. Ein Coup auf eigene Kosten barg ein ziemliches Risiko, vielleicht war das der Grund. Aber er sagte nichts dergleichen, sondern verkündete nur, er sei nicht mehr dabei, was mich betrübte, da er mir eine wertvolle Hilfe gewesen wäre.

Marina, Carl und ich beschlossen, einen Leihwagen zu benutzen. Am Abend vor dem Bankraub empfahl ich ihnen, allen Schmuck abzulegen und alle Papiere aus den Kleidern zu entfernen, die zu unserer Identifizierung beitragen konnten. Mit meiner Verkleidung machte ich mir nicht allzu große Mühe, da mich in Rottweil kein Mensch kannte. Ich färbte mir die Haare und den Schnurrbart, den ich mir hatte wachsen lassen, schwarz. Da ich gebräunt war, hoffte ich, für einen Türken oder einen anderen Ausländer gehalten zu werden, nur nicht für einen Italiener. Es gab ziemlich viele türkische Arbeiter in der Gegend, daher würde ich vielleicht als einer durchgehen.

Marina besorgte uns einen roten Ford Fiesta. Um sechs Uhr morgens verließen wir Horb und kamen eine Stunde vor Öffnung der Bank in Rottweil an. Vor dem Haupteingang lag ein Hügel mit Bäumen. Den umfuhren wir und parkten dann auf der anderen Seite in einem Wäldchen, von wo aus wir über eine schmale Straße in fünf Minuten auf die Autobahn gelangen konnten. Der Wagen oder die Straße waren von der Bank aus nur zu sehen, wenn man den Hügel überquerte und mitten ins Wäldchen lief. Wir aber konnten nach dem Bankraub zu Fuß hinlaufen und verschwinden, während die Polizei uns wer weiß wo suchte.

Auch Carl und Marina waren verkleidet, aber nicht allzu sehr, denn das war nicht nötig. Ich hatte zusätzlich noch eine Brille aufgesetzt, da ich wusste, dass Zeugen sich immer an unbedeutende Details erinnern und so gut wie nie das Gesicht eines Täters beschreiben können. Einzelheiten wie Bart oder Brille blieben stets am besten in Erinnerung, umso mehr, wenn sie falsch waren. Ich jedenfalls habe noch nie ein Fahndungsfoto gesehen, das einem Verbrecher wirklich ähnelt.

Wir legten uns auf die Lauer, bis, etwas verspätet, um Viertel vor acht der Angestellte eintraf, zum Eingang ging und die Schlüssel hervorholte. Wir traten sofort zu ihm. Ich nahm die Pistole und drückte sie ihm gegen den Rücken, so dass er sie spüren konnte, hielt sie aber verdeckt. Carl sagte ihm, wenn er ruhig bliebe, geschähe ihm nichts. Zu viert betraten wir die Bank und schlossen die Tür wieder ab. Der Angestellte hatte Riesenangst wegen der Pistole, vielleicht war das sein erster Bankraub. Er war ein großer, kräftiger Kerl, wie Carl, wog etwa fünfzehn Kilo mehr als ich und sah mich beziehungsweise meine Pistole an, als befürchtete er, ich würde ihn jeden Augenblick erschießen. Ich tat so, als sei ich aufgeregt und nervös, obwohl ich in Wirklichkeit ganz entspannt war. Ich wollte nur, dass er sich beeilte und keine falsche Bewegung machte. Um ihn zu beruhigen, sagte ich hin und wieder *accatasc*, *accatasc*, was auf Türkisch *Freund* bedeutet. Mehr äußerte ich nicht in seiner Gegenwart.

Ich führte ihn zum Tresorraum, während ich weiterhin die Pistole gegen seinen Rücken drückte. Davor waren noch zwei Panzertüren, die der Mann vor lauter Aufregung nicht gleich öffnen konnte. Daher verloren wir fast zehn Minuten, bis wir schließlich zu dem Geld gelangten. Als der Tresorraum geöffnet war, packten Carl und Marina die Bündel mit den Banknoten in zwei große Taschen. Da geplant war, den Angestellten zu fesseln, um uns ungestört zurückziehen zu können, hatten wir uns für Reisetaschen entschieden, um auf dem Weg bis zum Wagen nicht aufzufallen. Wir mussten aussehen wie Touristen. Während der Angestellte ruhig auf einer Seite stand, leerten Carl und Marina schnell den Tresorraum. Ich hielt die ganze Zeit die Waffe auf ihn gerichtet, damit er uns nicht angriff. Ich weiß nicht, ob es Angst war oder der Umstand, dass er viel größer war als ich, aber er blickte immer wieder hin und her und versteifte sich, als wollte er mich anspringen. Erst ging sein Blick zu Carl, und wenn er sah, dass der beschäftigt war, wandte er sich zu mir. Ein paarmal musste ich daher mit der Waffe wedeln und ihm zu verstehen geben, sich nicht zu rühren. Als er merkte, dass ich aufpasste und zu allem entschlossen war, ließ er sein Vorhaben fallen.

Kaum war das Geld eingepackt, gingen wir zurück, doch am Ausgang sahen wir uns mit einem großen Problem konfrontiert. Wir hatten viel zu lange gebraucht, um zum Tresorraum zu gelangen, und jetzt war schon Öffnungszeit. Eine kleine Menschenmenge aus etwa zehn Personen wartete vor der Tür. Unser einziger Fluchtweg war von Kunden versperrt, überpünktlichen Deutschen, die, wenn um acht geöffnet wird, um eine Minute vor acht eintreffen. Wir hatten nicht geplant, durch eine Menschenmenge zu fliehen. Carl befahl dem Angestellten, mit mir zusammen hinauszugehen: »Tu so, als würdest du ihn kennen, als wärt ihr Freunde. Aber Achtung, der Türke ist gefährlich, eine falsche Bewegung, und er schießt.«

Ich nahm Marina beiseite und sagte, ich würde am Wagen auf sie warten. Nachdem ich mit dem Angestellten verschwunden war, sollten sie fünf Minuten später mit dem Geld folgen. Dann würden wir uns im Wäldchen beim

Ford treffen. Ich stellte mich mit der Pistole in der Tasche neben den Angestellten und zeigte ihm, dass sie auf ihn gerichtet war. Er war nach Carls Bemerkung und meiner Drohung zahm geworden, offenbar hatte das Wissen um die Gefahr ihn ruhiggestellt. Jedenfalls wirkte er auf einmal ganz vernünftig und begleitete mich zum Eingang. Er schloss die Tür auf, trat zwischen die Leute und sagte mit völlig normaler Miene so etwas wie: »Warten Sie bitte, ich komme gleich wieder.«

Tatsächlich warteten die Kunden daraufhin ganz brav. Als jedoch hinter uns die Tür ins Schloss fiel, ging mir auf, dass der Angestellte die Schlüssel hatte. Aber es gab kein Zurück. Ich drängte den Deutschen zum Hügel, hinter dem der Wagen versteckt war. Wir umrundeten ihn unten, stiegen dann hinauf und blieben auf einer Lichtung stehen. Von dort aus konnte ich den Wagen erkennen, die Motorhaube blitzte rot durch das grüne Laub hindurch. Er dagegen bemerkte nichts. Ich musste den Wagen im Auge behalten, um zu sehen, wann die beiden anderen kamen. Außerdem beobachtete ich durch die Bäume hindurch den Eingang der Bank mit den Leuten, die immer noch ungerührt davor warteten. Aber Carl und Marina kamen nicht. Ich wartete. Zehn Minuten, fünfzehn Minuten. Verdammt, langsam wurde ich doch etwas nervös. Wenn die beiden in der Bank festsaßen, waren wir geliefert.

Der Deutsche wurde mit der Zeit immer aufgeregter. Ich wusste nicht, was ich mit ihm machen sollte, also behielt ich ihn einfach im Auge, während ich darauf wartete, dass die anderen auftauchten. Das Warten machte ihm Angst, ihn beschlich wohl der Gedanke, ich wolle ihn umbringen, was nicht der Fall war. Ab und zu sagte er etwas zu mir, aber ich verstand ihn nicht. Er sprach und bewegte sich immer wieder, so dass ich mit der Waffe auf ihn zielen musste, um ihm begreiflich zu machen, dass ich wirklich schießen würde, wenn er nicht Ruhe gäbe. Zwanzig Minuten überlegte ich hin und her. Carl und Marina ließen sich nicht blicken.

»Wenn der Alarm ausgelöst wurde«, dachte ich, »dann kommt die Polizei und schießt, bringt sie vielleicht um, und ich stehe hier wie ein Idiot.« Ich sah zwar den roten Wagen in hundert Meter Entfernung, aber von den beiden keine Spur.

Der Deutsche riss mich aus meiner Unschlüssigkeit und trieb mich zu einer Entscheidung. Mittlerweile war er vor lauter Angst ganz kopflos geworden, ich weiß nicht, was ihn gepackt hatte. Er richtete sich auf und kam steif wie ein Roboter auf mich zu. Ich gab ihm zu verstehen, dass ich schießen würde, doch er wirkte wie hypnotisiert, vollkommen weggetreten. Ich weiß bis heute nicht, warum er sich so dämlich verhielt. Er kam mir so nahe, dass ich dachte, ich müsste ihn töten. Es war sein Glück, dass ich mal geboxt hatte, denn sonst wäre er wirklich ein toter Mann gewesen. Er sah mich mit weit aufgerissenen Augen und ausgestreckten Armen an, als wollte er mir die Pistole entreißen. Ich trat einen Schritt zurück und verpasste ihm mit meiner freien Hand einen linken Haken. Dann versetzte ich ihm mit der Pistole einen Schlag auf den Kopf und gab ihm zur Sicherheit noch mal einen linken Haken. Daraufhin sackte er einfach so zusammen, obwohl er viel größer und kräftiger war als ich. Ich hatte ihn nicht schlagen wollen, er hatte mich dazu gezwungen, irgendwie musste ich ihn ja außer Gefecht setzen. Da war es besser, ihn niederzuschlagen, als ihm eine Kugel zu verpassen. Jetzt konnte ich endlich meine beiden Komplizen suchen gehen.

Ich kehrte zum Wagen zurück und begann von dort, die Gegend rund um die Bank abzusuchen. Ich ging immer wieder im Kreis, ohne sie zu sehen. Ungefähr eine halbe Stunde lief ich hin und her, aber der Alarm ging nicht los. Als ich am Eingang der Bank vorbeikam, standen die Leute immer noch ruhig da und warteten. Ich überlegte, ob ich abhauen sollte. Wenn Carl und Marina in der Bank eingesperrt waren, war nichts mehr zu machen. Von allein ging die Tür nicht auf, und da ich ihnen nicht helfen konnte, wollte ich mich wenigstens selbst in Sicherheit bringen. Doch dann dachte ich an Marina, die ich unmöglich im Stich lassen konnte. Bei einem anderen Komplizen hätte ich mich aus dem Staub gemacht, aber bei ihr? Sie war schwanger von mir, sie hatte sich aus Liebe zu mir am Bankraub beteiligt und auch noch ihren Bruder mit hineingezogen. Ich wollte sie retten, wusste aber nicht, wie wir aus diesem Schlamassel herauskommen sollten.

Während ich weiter nach ihnen suchte, musste ich an den Deutschen denken, den ich mit dem Pistolenkolben am Kopf verletzt hatte. Vielleicht war er tot, ich hatte ihm zwei Schläge mit einer ziemlich großen Mauser 7,65 gegeben. Verdammt, das war wirklich das grässlichste Ding, das ich je gedreht hatte. Dennoch gab ich nicht auf, sondern suchte weiter die Straßen rund um die Bank ab. Und da sah ich sie endlich mit den Taschen in der Hand auftauchen. Sie hatten mich ebenfalls gesucht. Wir trafen uns mitten auf der Straße, während die Leute immer noch vor der Bank warteten. Sofort stiegen wir in den Wagen und fuhren davon.

Marina und Carl waren fuchsteufelswild. Sie dachten, ich hätte Angst bekommen und sie feige im Stich gelassen. Sie brüllten mich an, ich hätte sie in die Pfanne gehauen, so etwas hätten sie nicht von mir erwartet. Das war natürlich Schwachsinn, wie konnten sie nur so was Blödes glauben?

»Marina«, erklärte ich, »man merkt, dass du nichts über Sizilianer weißt. Ich konnte dich gar nicht dalassen.«

Ich erzählte ihr, wie ich mit dem Deutschen im Wäldchen gewartet hatte, wie er plötzlich ausgeflippt war und ich ihn hatte niederschlagen müssen, um ihn ruhigzustellen. Beschwichtigend fügte ich hinzu, er habe den Wagen nicht gesehen, was sie noch mehr für mich einnahm. Dann wollte ich wissen, was zum Teufel passiert war, nachdem ich mit dem Angestellten die Bank verlassen hatte.

Sie sagten, sie hätten sich nicht getraut, durch die Menge zu gehen, seien sich auch nicht sicher gewesen, ob man die Tür ohne Schlüssel von innen öffnen konnte, und hätten daher beschlossen, durch eine Hintertür zu verschwinden. Aber erst nach einer halben Stunde hatten sie ein Toilettenfenster gefunden, durch das man hinausgelangte. Es lag im ersten Stock und führte auf eine Seitenstraße, doch sie mussten warten, bis kein Passant mehr zu sehen war. Als sie schließlich den Wagen erreichten, war niemand da. Daraufhin kehrten sie zurück und suchten mich ziemlich verzweifelt in der Nähe der Bank, weil sie überzeugt waren, ich hätte sie hängenlassen. Als sie schon alle Hoffnung aufgegeben hatten, begegnete ich ihnen zufällig mitten auf der Straße.

Wir erreichten ohne weitere Probleme Horb und fuhren sofort zu Carls Haus. Dort verbrachten wir drei, vier Stunden damit, das Geld zu sortieren. Es waren zwei Reisetaschen mit großen und kleinen Scheinen, und zu dritt brauchte man ziemlich lange, um sie zu zählen. Am Ende kamen etwa achzigtausend Mark dabei heraus. Wir teilten durch drei und freuten uns, mit so großer Beute davongekommen zu sein. Ich hatte mehr als genug für meinen Prozess und andere Dinge, meine Probleme waren nun gelöst. Und Marina hatte Geld für das Kind. Wir verabschiedeten uns von Carl und fuhren in aller Ruhe nach Hause zurück, so als hätten wir einen Ausflug gemacht. Alles hatte sich aufs Beste gefügt.

Am nächsten Morgen allerdings musste ich diese Vorstellung revidieren, denn als ich im Bett die Augen aufschlug, blickte ich in einen Pistolenlauf und hatte einen ganzen Trupp Bullen im Haus. Ich war früh aufgewacht, weil ich ein Flüstern und Rumoren gehört hatte. Dann sah ich einen Mann an der Zimmertür, und noch bevor ich reagieren konnte, kamen weitere fünf oder sechs und legten auf mich an.

Wir waren auf frischer Tag ertappt, denn unser Anteil von der Beute befand sich ja noch im Haus. Die deutschen Bullen hatten uns übers Ohr gehauen.

Ich erfuhr erst im Prozess, wie sie auf uns gekommen waren. Nachdem Marina den Leihwagen besorgt hatte, hatte sie die Quittung dafür in die Jackentasche gesteckt. Zwar hatte ich am Tag vor dem Bankraub gesagt, sie sollte alle Taschen leeren, aber diesen Zettel mit ihrem Namen darauf hatte sie irgendwie übersehen. Während sie dann nach ihrer Flucht durch die Straßen geirrt war, hatte sie ihn verloren, ohne es zu merken. Fünf, sechs Stunden nach dem Bankraub, wenn die Täter normalerweise schon in Sicherheit sind, hatte eine alte Frau die Quittung auf einem Bürgersteig in einiger Entfernung von der Bank gefunden und zur Polizei gebracht. Die Deutschen bringen immer alles zur Polizei. In Sizilien würde man den Bullen nicht mal das Foto der Bankräuber bringen. In Deutschland ist man dagegen mehr als hilfsbereit. Allerdings wusste die Polizei gar nicht, dass die Quittung den Bankräubern gehörte. Die Beamten nahmen sie und beschlossen, der Sache nachzugehen. Sie wollten sich bei Marina nur erkundigen, ohne zu ahnen, dass sie etwas mit dem Bankraub zu tun hatte. Also fuhren sie zu ihr nach Hause, doch dort fanden sie sie nicht, denn sie war ja bei mir, in Dieters Wohnung. Daraufhin suchten sie ihren Bruder Carl auf, und dieser Schwachkopf schrie, sobald er sie sah: »Nicht schießen, nicht schießen, ich ergebe mich! Ich hab das Geld hier im Haus.«

Carl packte sofort aus, obwohl die Bullen nur wegen einer Nachfrage gekommen waren und ihn gar nicht verdächtigt hatten. Er erzählte alles bis ins letzte Detail, auch, wo Marina und ich waren, so dass sie uns problemlos schnappen konnten. Bestens vorbereitet und bewaffnet drangen sie ins Haus und ließen mir nicht die geringste Zeit zu reagieren. Aber das war wohl auch besser so, denn sonst hätte ich mich vielleicht auf der Flucht erschießen lassen. Allein der Gedanke, in einem deutschen Gefängnis zu landen, war mir unerträglich. Außerdem fürchtete ich den Zorn der *famiglia*, die ich schließlich nicht um Erlaubnis gebeten hatte. Ich fragte mich, warum dieser Schwachkopf von einem Deutschen alles verraten hatte. Wenn Carl den Mund gehalten hätte, wäre gar nichts passiert, er wäre sogar von allen weiteren Nachforschungen verschont geblieben, da man ihn schon kontrolliert hatte. Stattdessen hatte er alles gestanden und mich und seine Schwester verpfiffen.

Ich riet Marina, alles zu leugnen, doch mehr konnte ich nicht sagen, denn das Zimmer war voller Polizisten, und wir wurden sofort abgeführt. Leugnen, alles leugnen, daran hielt ich mich. Die *famiglia*, die Regeln, mein Pate, ganz Sizilien, sogar meine Eltern und Brüder hatten mir immer geboten, vor Bullen stets alles zu leugnen, was hätte ich ihnen auch erklären sollen? Also sagte ich nur: Ich weiß nichts, ich weiß nichts, ich verstehe nichts, ich habe nichts gemacht. Aber die Polizisten wurden nicht mal wütend, denn sie hatten genügend Beweise, um mich einzubuchten. Meine beiden Komplizen ließen sich leichter überreden und gestanden.

Die ersten drei Tage kam ich in Isolationshaft. Dann hatten sie genug von meinem Leugnen und steckten mich in eine kleine Zelle. Kurz darauf wurde ich in ein sichereres Gefängnis in Freiburg gebracht, eine wahre Festung voller Mauern und Wachen. Dort wartete ich auf meinen Prozess. Ich durfte telefonieren und hin und wieder Besuche empfangen. Also rief ich zu Hause an und fragte nach, ob sich jemand von der *famiglia* gerührt hatte, aber die Antwort war nein. Mir war klar, dass die Cosa Nostra Maßnahmen gegen mich ergreifen musste, weil ich ohne ihre Erlaubnis eine Bank ausgeraubt hatte. Ich dachte mir, dass sie mich ausgeschlossen hatten, kaltgestellt, auch wenn mir das nur ein *uomo d'onore* bestätigen konnte. Während der wenigen Telefonate, die mir zugestanden wurden, bat ich meine Eltern und meine Frau, mir die Neuigkeiten aus Castelvetrano zu schreiben. Einiges fragte ich auch Biagio, der mich alle zwei Monate besuchen kam. Jedenfalls saß ich allein und ohne Hilfe in einem deutschen Gefängnis. Nur meine Eliminierung konnte schlimmer sein.

Auch als der Prozess begann, änderte ich mein Verhalten nicht. Ich leugnete alles, trotz der Beweise, das war nun mal unsere Mentalität. Daraufhin forderte der Staatsanwalt fünfzehn Jahre Haft, fast die Höchststrafe. In

Deutschland kann man nicht zu zwanzig oder dreißig Jahren verurteilt werden, sondern höchstens zu fünfzehn, und danach gibt es Sicherheitsverwahrung. Dieser Hornochse von Ankläger wollte mich fünfzehn Jahre in Deutschland behalten. Doch dank meines Anwalts, der zwar Pflichtverteidiger war, sich aber anständig verhielt, bekam ich acht Jahre. Ich erfuhr, dass Carl und Marina vier beziehungsweise drei Jahre bekommen hatten. Da sie nur Komplizen waren und Marina schwanger, hatte man Milde walten lassen.

Während ich in Freiburg meine Strafe absaß, lernte ich allmählich Deutsch. Ich konnte alles Wesentliche sagen und verstehen, was die Wachen und die anderen Häftlinge sprachen. Dennoch dachte ich jede Minute an Flucht. Als Italiener im Knast unter lauter Deutschen ergeht's einem ganz, ganz schlecht. Die einzige Hoffnung besteht darin, sich mit anderen Ausländern zusammenzutun, wenn genug da sind, und sich gegenseitig zu schützen. Ich hörte von Leuten, die es geschafft hatten zu fliehen, und schmiedete ständig Pläne. Es war möglich, aber schwierig. Außerdem brauchte ich ein wenig Hilfe.

Monatelang biss ich die Zähne zusammen, und dann erhielt ich ein paar Nachrichten, die mir die Haft noch unerträglicher machten. Im März '83 informierte mich die Gefängnisleitung, dass Marina einen Sohn geboren und mich als Vater angegeben hatte. Ich bestätigte das, weil ich wusste, dass es die Wahrheit war. Auch die Zeit stimmte. Ich musste einen Vaterschaftstest machen und bekam so auch die offizielle Bestätigung: Marinas Kind war hundertprozentig mein Sohn. Die Deutschen hatten mir nicht getraut und gemeint, es sei ein Trick, um Vergünstigungen und Sonderurlaub zu bekommen. Aber ich war wirklich Vater eines deutschen Kindes geworden. Eines Sohnes, der geboren wurde, während ich im Knast saß.

Ein paar Monate später erhielt ich den Bescheid, dass das Kassationsgericht das Urteil im Mordfall Tilotta endgültig bestätigt hatte. Das war der letzte Beweis, dass mir die *famiglia* ihre Unterstützung entzogen hatte. Niemand hatte für mich bezahlt, und jetzt hatte ich fünfzehn Jahre Haft am Hals für einen Mord, den ich nicht begangen hatte. Auch wenn ich ausgeliefert wurde, musste ich immer noch die Strafe in Italien absitzen. Zwei Jahre Haft hatte ich schon hinter mir, blieben noch dreizehn. In meiner Lage erschien mir ein italienisches Gefängnis als das kleinere Übel. Dennoch war die Vorstellung, dreizehn Jahre meines Lebens hinter Gittern zu verbringen, mehr, als ich ertragen konnte. Und wenn es ganz schlecht lief, fand sich in einem schönen sizilianischen Gefängnis möglicherweise jemand, der den Auftrag hatte, mir die Kehle durchzuschneiden.

Die letzte schlechte Nachricht erreichte mich im Winter durch einen Brief meiner Mutter. Sie schrieb mir, dass Fanu tot war. Erschossen von zwei Männern, die die Polizei rein zufällig bei einem Unfall auf der Flucht nach dem Mord schnappte. Da einer von ihnen Jacu war, hatte ich nicht den geringsten Zweifel, wer Fanus Tod angeordnet hatte und warum. Drei Jahre nach Verschwinden der Drogenlieferung hatte mein Freund seine Schulden bei der Cosa Nostra mit dem Leben bezahlt. Von den Beteiligten des Diebstahls war jetzt nur noch Vincenzo Luppino übrig. Allerdings, wie ich mir vorstellen konnte, nicht mehr lang. Der Tod meines Freundes erinnerte mich hier, in diesem fremden Land, daran, dass die *famiglia* Fehler niemals vergisst oder verzeiht. Ich hatte mit meinem Bankraub einen ganz dämlichen Fehler begangen, und das in Deutschland, wo ich laut Willen meines Paten doch eigentlich über meine Fehler hätte nachdenken sollen. Außerdem hing Barresis Drohung weiterhin wie ein Damoklesschwert über meinem Kopf. Und Capogreco wusste immer noch nicht, wer Peppe Nicastro wirklich erschossen hatte.

Ich sah nur eine Möglichkeit, aus dieser Klemme herauszukommen: aus dem Gefängnis auszubrechen, nach Italien zu fliehen und herauszufinden, wie sich die Dinge wirklich verhielten. Also fing ich an, Tag und Nacht Fluchtpläne zu schmieden, denn es war nicht leicht, die deutschen Wachen zu täuschen. Ich brauchte vertrauenswürdige Komplizen, am besten Italiener, außerdem Werkzeug und Geld. Zwei Hindernisse galt es zu überwinden. Erstens: meine Zelle zu verlassen, ohne dass jemand Alarm schlug, und zweitens, eine acht Meter hohe Mauer zu überklettern. Als Biagio mich das nächste Mal besuchte, lieh ich mir etwas Geld von ihm, um einen türkischen Häftling zu bestechen, der in der Werkstatt arbeitete. Kurz darauf teilte ich mir die Zelle mit einem Slawen und einem Apulier, den ich wegen seines grauen Haarschopfs Weißer Pinsel nannte. Ich überzeugte sie von meinem Fluchtplan, und sie halfen mir bei den Vorbereitungen. Der von mir bestochene Türke stahl aus der Werkstatt dünne, etwa vierzig Zentimeter lange Metallröhrchen, immer nur eines pro Tag. Die Röhrchen steckten wir ineinander und befestigten sie mit großen Schrauben, die noch weit über die Röhren überstanden. Wenn alle miteinander verbunden waren, bekam man einen acht Meter langen, leichten und biegsamen Stab. Die Schrauben, die in Intervallen von vierzig Zentimetern aus dem Stab hervorragten, dienten als Trittstäbe. Außerdem besorgten wir uns ein Seil, um uns abzuseilen, wenn wir die Mauer erst einmal erklettert hatten. Wir versteckten alles gut in der Zelle, konnten den Stab aber nicht vollständig zusammenbauen, denn dazu fehlte der Platz.

Nachts blieben wir wach und beobachteten, wie und zu welchen Zeiten die Wachen ihre Runden drehten. Zwischen zwei Runden vergingen exakt zwanzig Minuten, man hätte die Uhr danach stellen können. Zwei Tage vor dem geeigneten Fluchtzeitpunkt ließ ich Biagio wissen, wann er mit einem Wagen vor dem Gefängnis warten sollte. Am 24. November 1983 hatten wir alles vorbereitet und waren sicher, dass dies unser letzter Tag im Gefängnis sei.

Eine Stunde vor der Nachtruhe machten wir uns ziemlich nervös an die Arbeit. Innerhalb einer knappen halben Stunde hatten wir die Gitterstäbe am Fenster durchgesägt, wobei wir jedes Mal unterbrochen hatten, wenn Wachen vorbeigekommen waren. Wir teilten den Stab in drei Teile, damit jeder von uns ein Stück transportieren konnte. Bevor wir die Zelle verließen, warteten wir, bis die Wachen erneut vorbeigekommen waren. Um in den Hof zu gelangen, benutzten wir das längste Teilstück des Stabs als Leiter. Die Zellen lagen im ersten Stock, etwa drei Meter über dem Boden. Dann hatten wir zehn Minuten, um die Mauer zu erreichen und den Stab in seiner ganzen Länge zusammenzusetzen, und weitere zehn, um hinaufzuklettern und uns abzuseilen. Wenn die Wache ihre Runde beendete, mussten wir bereits bei Biagio im Wagen sitzen und uns umziehen. Aber Weißer Pinsel und der Slawe hatten Angst. Sie wussten, wenn die Wachen uns draußen sähen, würden sie schießen. Ich versuchte sie zu beruhigen.

»Ruhig, ganz ruhig. Wir schaffen das schon.«

Obwohl jeder von uns ein Teilstück transportieren musste, waren wir rasch am Fuß der Mauer angelangt. Wir schraubten die drei Anschnitte zusammen und lehnten unsere Leiter an die Mauer. Sie reichte fast bis zum Ende, nur noch etwa zwanzig Zentimeter fehlten, doch man konnte sich hochziehen und dann hinüberklettern. Wir hatten ausgemacht, dass ich als Erster gehen sollte, genauer gesagt hatte ich es beschlossen. Da ich kein besonders großes Vertrauen zu meinen Komplizen hatte, befürchtete ich, wenn sie erst einmal oben wären, würden sie aus Panik oder Selbstsucht einfach abhauen. Der Erste musste sich dafür rittlings auf die Mauer setzen und den Stab festhalten, denn der war so dünn, dass er sich unter dem Gewicht des Kletternden bog. Weißer Pinsel sollte als Zweiter hinaufklettern. Ich warnte ihn, nicht alles durch zu große Hast zu verderben: »Warte, bis ich auf der Mauer sitze, und klettere erst dann los, zwei Mann kann die Leiter nicht tragen.«

»Ja, ja, keine Sorge.«

Ich hielt mich an der dritten Schraube fest, setzte meinen Fuß auf die erste und begann mit dem Aufstieg. Der Stab war wirklich sehr dünn und lang, er schwankte und bog sich unter meinem Gewicht. Ich zwang mich, immer nur eine Stufe nach der anderen zu nehmen, auch wenn ich leicht zwei hätte nehmen können. Ich hatte die Hälfte überwunden, dann fünf Meter, sechs Meter, sieben Meter. Gerade als ich oben angekommen war und die Hand ausstreckte, um mich an der Mauer festzuhalten, fing Weißer Pinsel, der schnell fliehen, vor allem aber den Kugeln der Wache entkommen wollte, ebenfalls zu klettern an. Mit meinem Gewicht am oberen und seinem am unteren Ende schwankte der Metallstab eine Sekunde und zerbrach dann. Ich griff ins Leere und fiel aus sieben Meter Höhe zu Boden. Der Fall kam mir sehr lang vor, es dauerte mindestens eine Sekunde, bis ich auf dem Asphalt aufprallte.

Ich hatte das Gefühl, das Metall zu streifen und dann hart auf dem Zement aufzuschlagen, erst mit den Füßen, dann mit dem restlichen Körper. Obwohl es ein ziemlicher Aufprall war, fühlte ich mich jedoch nicht schlecht. Meine erste Reaktion war, sofort wieder aufzustehen und wegzulaufen. Ich rannte zehn Meter, drehte mich halb um, kehrte zurück und betastete meine Arme und Beine. Ich war unverletzt, es ging mir gut. Aus Angst und Frustration wurde Zufriedenheit, und ich war nicht einmal wütend wegen der missglückten Flucht. Ich hielt es für ein Wunder, einen solchen Fall überlebt zu haben. Meine beiden Komplizen dagegen standen nur da und starrten mich ungläubig an.

Kaum hatte ich mich beruhigt, fielen mir wieder die Wachen ein. Sie drehten immer noch ihre Runde, die Zeit verging, und wir hatten ziemlich viel Lärm gemacht. Jetzt galt es, auf der Stelle zu verschwinden, sonst gaben wir eine gute Zielscheibe ab.

»Was zum Teufel machen wir hier? Los, schnappen wir uns die kaputte Leiter und verschwinden wir in unsere Zelle. Wenn sie uns hier draußen blöd rumstehen sehen, schießen sie sofort, weil sie dann einen Orden bekommen.«

Ich war immer noch ziemlich erschüttert und blickte geistesabwesend auf meine Beine. Da sah ich, dass mein Overall nass war. Als ich hinfasste, merkte ich, dass ich aus dem Oberschenkel blutete.

Der Slave und Weißer Pinsel nahmen die halbe Leiter und rannten schnell Richtung Zelle. Ich konnte kaum mit ihnen Schritt halten. Sobald wir unter dem Fenster mit den abgesägten Gitterstäben angekommen waren, fingen sie an hinaufzuklettern. Ich blieb als Letzter unten, weil sie mir von oben helfen mussten. Nur unter größer Mühe gelang es mir hinaufzuklettern. Meine Komplizen packten mich an den Armen, um mich hineinzuziehen, da ging plötzlich die Alarmsirene los, Licht überflutete den Hof, und überall erschollen Rufe auf Deutsch. Als ich kurz zum Hof zurückblickte, sah ich mehrere Wachmänner, die mit dem Gewehr auf mich zielten. Glücklicherweise schoss keiner von ihnen.

Ich ließ mich auf meine Pritsche fallen. Mir war sterbenselend zumute. Als ich an meinen Oberschenkel fasste, ertastete ich eine große Wunde, aus der es blutete. Nicht mal eine Minute später kamen schon die Wachmänner und nahmen Weißer Pinsel und den Slaven mit. Sie merkten, dass ich mich nicht mehr bewegen konnte und blutete. Also ließen sie eine Bahre holen, hievten mich darauf und legten mir Handschellen an. Im Krankenhaus angekommen, war ich schon außer mir vor Schmerzen. Nachdem man mir den Overall aufgeschnitten hatte, zeigte sich, dass die Wunde an meinem Oberschenkel groß wie eine Faust war. Eine hervorstehende Schraube hatte mir während des Falls das Bein aufgerissen. Ich nahm um mich herum eine gewisse Aufregung wahr, dann spritzte mir ein Arzt etwas direkt in die Wunde, was höllisch weh tat. Später erklärten sie mir, ich hätte noch Glück gehabt, da die Wunde direkt an einer großen Arterie lag, diese aber unverletzt geblieben war.

Ich blieb zwei Tage im Krankenhaus, dann wurde ich auf die Krankenstation des Gefängnisses gebracht. Erst am fünften Tag konnte ich aufstehen. Am Anfang tat mir sogar das Atmen weh. Aber ich wurde wieder gesund und konnte meine Bestrafung nach deutschem Recht antreten.

Ich kam in Isolationshaft. Ein Alptraum, der sechs Monate dauerte. Sechs Monate, in denen ich jegliches Zeitgefühl verlor und wie ein Zombie lebte. Allein der Anblick der Zelle war furchterregend. Sie war sechs Schritte lang und vier Schritte breit. Statt einer Pritsche gab es nur eine dünne Gummimatratze, die direkt auf dem Boden lag. Der Boden und die Mauern waren gepolstert, genau wie die Tür, Fenster gab es keine. Wenn man mit dem Kopf gegen die Wand schlug, passierte nichts, und nach einer Woche in der Zelle überkam einen ständig der Drang, mit dem Kopf gegen die Wand zu schlagen, um das Bewusstsein zu verlieren, zu sterben, egal was, nur um rauszukommen. Die Decke war dreieinhalb Meter hoch und absolut unerreichbar. In der Mitte hing eine kleine Lampe, die trübes, bläuliches Licht ausstrahlte, und ganz oben sah man eine Öffnung, die aber nur Luft hereinließ, kein Licht. Sie ging nicht nach draußen, sondern auf einen dunklen Korridor. Alles war dazu erdacht, so viel Unbehagen und Verzweiflung wie möglich bei den Gefangenen hervorzurufen, ohne dass sie sich etwas antun konnten. Selbst das Klo und der Wasserhahn waren entsprechend gestaltet. Statt einer Kloschüssel gab es nur zwei Porzellanflächen, auf die man sich stellte, um dann in ein eimergroßes Loch im gepolsterten Boden zu machen. In Ellbogenhöhe kam ein kurzer Schlauch aus weichem Plastik aus der Wand. Darunter war eine Plastikschüssel mit einem Stück Seife und einem Handtuch angebracht. Um Wasser zu bekommen, musste man auf einen Plastikknopf drücken.

Da es nichts zu tun gab, dehnte die Zeit sich aus, sie wuchs, bis jeder einzelne Moment sich unendlich in die

Länge zog. Mir wurde rasch klar, dass das bläuliche Licht ein Zugeständnis war. Es war nur vier Stunden von vierundzwanzig angeschaltet, zwei morgens, zwei abends, zumindest glaube ich das, denn nach drei Tagen hatte ich jegliches Zeitgefühl verloren. Vier Stunden Leben gestand man mir also zu. Bald wünschte ich mir nichts sehnlicher, als Licht in der Zelle zu haben, dem Dunkel zu entfliehen, doch das war unmöglich. In den sechs Monaten Isolationshaft wurde die Lampe immer zur gleichen Zeit eingeschaltet und immer nur für zwei Stunden. Der einzige Mensch, der mich, abgesehen von den Wachen, in meiner Zelle aufsuchte, war ein katholischer Priester. Es gab dort einen katholischen und einen evangelischen, und da ich Italiener war, bekam ich einen katholischen. Er kam ein paarmal, und wir unterhielten uns. Er konnte Latein und verstand etwas Italienisch. Ich klammerte mich an ihn wie an ein Rettungsfloß. Immer wieder sagte ich zu ihm: »Padre, helfen Sie mir, hier herauszukommen, sonst werde ich verrückt.«

Er hörte mir geduldig zu, wie es Priester immer tun, nickte und tröstete mich manchmal, aber meistens, vor allem am Anfang, schwieg er. Er schenkte mir eine Bibel und empfahl mir, sie gründlich zu lesen, weil sie Trost spende. Damit hatte er recht, in den endlosen Stunden meiner Einsamkeit schenkten mir das Alte und das Neue Testament etwas Trost. Ich dachte an Capogreco, der mir geraten hatte, aus der Bibel zu lernen, weshalb ich schon einiges kannte. Was hatte er noch gesagt?

Je mehr ein Mann weiß, desto mehr ist er wert.

Gewiss zog der Bürgermeister auch andere Lehren aus der Heiligen Schrift. Mir in meiner Plastikzelle half die Bibel vor allem, nicht verrückt zu werden. Sie sprach wohl auch meinen Geist an, aber nicht so, wie die Priester es sich wünschen. Sie war ein Rettungsanker, mich interessierten die Geschichten, die Heimsuchungen, die Psalmen, die Gleichnisse, alles. Und da ich nichts anderes zu lesen hatte, lernte ich sie ziemlich gut kennen.

Die deutsche Gründlichkeit ersparte mir nicht mal einen einzigen Tag der Isolationshaft. Genau sechs Monate nach meinem Fluchtversuch verließ ich meine Gummizelle und wurde in ein anderes Gefängnis verlegt. Da man diesmal ganz sichergehen wollte, kam ich in Sicherheitsverwahrung zu den Lebenslänglichen, jenen, die die schlimmsten Verbrechen begangen hatten.

AUFERSTANDEN

Obwohl ich unablässig an Flucht dachte, verließ ich Deutschland doch als Gefangener. Drei Jahre und sieben Monate saß ich in deutschen Gefängnissen, vom 29. Juli 1982, dem Tag nach dem Bankraub, bis zum 4. März 1986, als ich ausgeliefert wurde, um meine Strafe in Italien zu verbüßen. Ob für den Bankraub oder den Mord an Tilotta war gleich, denn die Strafen konnten nicht addiert werden.

Ich kam auf die Insel Favignana, wo ich bereits damals zwei Jahre auf meinen Prozess gewartet hatte. Mittlerweile waren viele schon tot, darunter einige meiner Freunde. Ciaccio Montalto war umgebracht worden, und in Palermo machte man mit großem Pomp der Leitung der Cosa Nostra den Prozess. Der Abtrünnige Buscetta hatte geredet.

Dafür traf ich auf der Insel Jacu, der seine Haftstrafe für den Mord an Fanu absaß, auch wenn er hoffte, das Berufungsgericht würde sie aufheben. Trotz seiner Tat freute ich mich über ein vertrautes Gesicht. Nach all den Jahren unter Deutschen, Türken und anderen Ausländern hatte ich endlich wieder einen *uomo d'onore* getroffen, der sprach wie ich und demselben Ehrenkodex folgte. Zwar hatte er meinen Freund getötet, doch ich gab ihm keine Schuld daran. Er musste seine Befehle ausführen, genau wie ich. Jacu informierte mich darüber, dass man mich wegen des Bankraubs in Deutschland kaltgestellt habe. Er hatte von Avvocato Giordano den Auftrag bekommen, mir dies im

Namen der *famiglia* aus Castelvetrano auszurichten. Ich war erleichtert, das zu hören. Die Cosa Nostra macht sich nicht die Mühe, Urteile zum Schein zu sprechen, wenn sie dich liquidieren will, lächelt sie, sie sagt nicht, dass du eine Dummheit begangen hast und dir das Vertrauen entzogen wurde. Die *famiglia* hatte mich zwar bestraft, aber, wie mein Pate sagte, vielleicht ließ es sich wieder richten.

»Jacu, ob kaltgestellt oder nicht, wir sind doch Freunde, wir kennen uns, wenn du also etwas brauchst, sag es mir nur.«

Das war halb Zuneigung, halb Berechnung. Ich dachte, wenn er mir ausrichtete, ich sei kaltgestellt, könnte er mir vielleicht auch helfen und als Fürsprecher agieren. Ich erinnerte mich daran, dass mein Pate stets gesagt hatte, man solle immer größere Ehrerbietung zeigen, als man empfinde. Jacu freute sich, denn im Gefängnis sind Vertraute sehr nützlich. Ich bot ihm meine Dienste an, weil ich dachte, er sollte mich auf die Probe stellen und sehen, wie ich mich verhielt und ob ich Respekt zeigte. Mehrere Monate geschah nichts, was meinen Ruf hätte wiederherstellen können. Doch im September kam ich wegen eines kleinen Prozesses kurz nach Marsala. Vor meiner Verlegung erzählte Jacu mir, ich würde dort Natale L'Ala antreffen, einen *uomo d'onore* aus Campobello, der zu den Verlierern zählte, seit er sich geweigert hatte, sich den Corleonesern anzuschließen. Er beauftragte mich, die Nähe von L'Ala zu suchen, der mich schon seit meiner Kindheit kannte, und ihn über seine Pläne auszuhorchen. Der in Ungnade gefallene Boss freute sich, mich zu sehen, und sicher konnte er sich nicht vorstellen, dass ich ihn für seine Feinde ausspionierte. Er hatte mich als aufgeweckten Jungen in Erinnerung, der Aufträge von Kleinkriminellen übernahm, welche er persönlich kontrollierte. Ich erzählte ihm, dass ich seit einigen Jahren aus dem Rennen sei, weil ich nach einem Bankraub in Deutschland gesessen hätte.

Ich blieb immer in seiner Nähe und hörte mir seine Auslassungen an. Besonderen Groll hegte er gegen Nunzio Spezia und Mariano Agate. Den Grund erklärte mir L'Ala nicht, aber er ließ durchblicken, dass sie seine Feinde waren. Vor allem aber verachtete er Michele Greco, *il Papa*, dem zu der Zeit der Prozess in Palermo gemacht wurde. Er erzählte, dass er ihn mehrere Male in Grecos Landhaus La Favarella getroffen habe.

»Der ist wie eine Katze, die ihre Jungen frisst.«

Da ich nicht viel über die verschiedenen Lager in Palermo wusste, hörte ich genau zu, wenn die anderen Häftlinge über den Maxiprozess sprachen. Zu' Michele, *den Papst*, kannten und verehrten sie als großen *capo*. Nach Bontates Tod im Jahre 1981 war nur noch eine Partei geblieben, mit der sie sich zusammenschließen konnten, aber Natale L'Ala hatte das nicht gefallen. Pech für ihn war nur, dass fast alle Männer in dieser Auseinandersetzung, mich eingeschlossen, zum Lager der Feinde gehörten.

Als mein Prozess nach zehn Tagen beendet war, kehrte ich nach Favignana zurück und erzählte Jacu alles, was man mir anvertraut hatte. Er war nicht im mindesten überrascht, wahrscheinlich war L'Ala schon vor meinem Auftrag abgeschrieben gewesen, sonst hätte man mich gar nicht erst beauftragt, ihn auszuspionieren. Aber mein Freund war mit meiner Arbeit zufrieden, und zwar so sehr, dass er mir ein paar Monate darauf, gegen Ende des Winters, anvertraute, die *famiglia* habe mich, dank seiner Berichte über mein Verhalten, wieder in ihre Reihen aufgenommen. Die Strafe war verbüßt. Da ich ins Gefängnis nach Alessandria verlegt werden sollte, befahl er mir außerdem, mich in den Dienst von Salvatore Ciulla zu stellen, den ich schon während meiner Arbeit am Mailänder Flughafen kennengelernt hatte. Ciulla fürchtete, dass man ihn umbringen wollte, und brauchte eine Leibwache. Daher sollte ich ihm die Sicherheit garantieren, die er benötigte.

Da man mir nun wieder vertraute, konnte Jacu mir von dem Anschlag auf Fanu erzählen. Das Attentat war mit Zustimmung der *famiglia* beschlossen worden, und zwar auf Antrag der *famiglia* von Campobello, die in den Drogenhandel verwickelt und genau wie die *famiglia* aus Castelvetrano betrogen worden war. Man hatte die Exekution vorverlegt, da Fanu an Hautkrebs erkrankt war und sich häufig in Krankenhäuser im Norden Italiens begeben musste. Aber trotz der Behandlungen wurde die Krankheit lebensbedrohlich, und die Cosa Nostra wollte sich von Gott nicht um das Vergnügen ihrer Rache bringen lassen. Da mein Freund ihr nicht mehr nutzen konnte, beschloss die *famiglia* mit dem sie kennzeichnenden Pragmatismus, ihn zu eliminieren und gleichzeitig ein Exempel zu statuieren. Den Auftrag erteilte sie an *uomini d'onore* aus Campobello, um den eigentlichen Grund für die Exekution zu verschleiern. Schließlich lebte Vincenzo Luppino, der Initiator der Drogenunterschlagung, noch und durfte keinen Verdacht schöpfen.

Die Mörder, Jacu und ein gewisser Ferro, sollten einen schnellen Überraschungsschlag ausführen, da mein Freund sich trotz seiner Krankheit verteidigen und gut schießen konnte. Als sie sich Fanu vornahmen, war er in Begleitung eines anderen Mannes, eines gewissen Vento, der nichts mit der Cosa Nostra zu tun hatte, jedoch leider zur falschen Zeit am falschen Ort war. Die Schüsse der Killer erwischten auch ihn, und statt eines Toten gab es nun zwei. Überdies überschlug sich der Wagen von Jacu und Ferro auf der Flucht, so dass die Polizei sie mit aufs Revier nahm, sie befragte, auf Schmauchspuren untersuchte und dann wegen Doppelmords verhaftete. Beim Prozess wurden sie beide verurteilt.

Natürlich erfand man eine Erklärung für Luppino, der sich darüber wunderte, dass die Verbündeten aus Campobello einen *soldato* aus Castelvetrano getötet hatten. Mich machte allein schon der Gedanke an dieses Attentat wütend, denn ich war immer noch von Fanus Unschuld überzeugt. Man hatte keinerlei Milde walten lassen, nicht mal wegen seiner Krankheit. Luppino lebte nur noch, weil er half, öffentliche Aufträge an Land zu ziehen und Geld in die Kassen der *famiglia* zu bringen. Ich kannte zwar das Gesetz der Cosa Nostra, nach dem Verräter unter Misschtung aller Regeln benutzt, missbraucht und dann umgebracht werden, doch richtig erschien mir das nicht. Ich wollte mir einreden, dass es nicht anders ging, aber es gelang mir nicht. Wieder fing ich an, von Fanu zu träumen, genau wie zu der Zeit in Deutschland, als ich von seinem Tod erfahren hatte. Immer wieder schrak ich mitten in der Nacht schweißgebadet in meinem Bett auf. Nur meine Angst, Schwäche zu zeigen, hielt mich davon ab zu schreien. Mein armer Freund hatte noch nicht mal an seiner Krankheit sterben dürfen.

Noch vor Ende des Winters wurde ich nach Alessandria verlegt, wo ich mich sofort in den Dienst von Salvatore Ciulla stellte. Da wir uns bereits kannten, mussten wir uns nicht mehr offiziell vorgestellt werden, was überdies auch unmöglich gewesen wäre, da kein dritter *uomo d'onore* da war, der für uns hätte bürgen können. Als ich ihn das erste Mal in Mailand gesehen hatte, war es Barresi gewesen, der uns offenbart hatte, dass wir für *»la stessa cosa«* – dieselbe Sache – arbeiteten. Ciulla erzählte mir ein wenig über seine Schwierigkeiten mit der Justiz und den Krieg innerhalb der Cosa Nostra. Einer seiner Brüder, der zu der Zeit beim Maxiprozess in Palermo unter Anklage stand, war ermordet worden, kurz bevor man ihn wegen Ablauf der zulässigen Untersuchungshaftsfrist freigelassen hätte. Wenn man sich auf einen Krieg einlässt, gelingt es nie, so reinen Tisch zu machen, wie es sich die Sieger erträumen. Es gibt viele und tüchtige *uomini d'onore*, tapfere *soldati*, auch auf Seiten der Feinde. Irgendjemand überlebt immer und schlägt zurück, auch wenn er schon abgeschrieben ist, und so war auch Ciullas Bruder zu Tode gekommen.

Über Ciulla erhielt ich ab und zu Nachrichten von der *famiglia*, Informationen über die wichtigsten Ereignisse in Sizilien. Natürlich war er nicht in alles eingeweiht, zum Beispiel sagte er nur Gutes über Vincenzo Luppino, den man doch zum Tode verurteilt hatte, aber das verriet ich ihm nicht. Die Zeit des Sekretärs der Democrazia Cristiana lief noch während meiner Haft in Alessandria ab, doch schließlich hatte sie auch lange genug gewährt. Das Urteil wurde vom Exekutionskommando meiner *famiglia* vollstreckt, eine so wichtige Aufgabe durfte niemand anderem anvertraut werden.

Ich erfuhr außerdem, dass *zu' Cicciu* zuerst die Leitung in Palermo um Erlaubnis gebeten hatte, denn Luppino war ein *uomo d'onore*, der im Licht der Öffentlichkeit stand. Die offizielle Begründung für seine Eliminierung lautete *Unterschlagung von Drogen*. Das zumindest erzählte man den Mördern, also Vanni, Aspanu und Saverio Riesi. Es hieß, die Unterschlagung sei allein Luppinos Idee gewesen, damit Vanni nicht argwöhnisch wurde.

Die Ermordung eines Verräters muss öffentlich stattfinden. Also erschoss man ihn, als er mit dem Wagen nach Hause kam. Er starb wie Bürgermeister Lipari, ohne die Möglichkeit, zu fliehen oder sich zu wehren. Das Exekutionskommando bekam erst wenige Minuten vorher Bescheid, während alles andere bereits genau geplant war. Nur der genaue Zeitpunkt war bis zum letzten Augenblick ungewiss. Jahre später erzählte mir Aspanu, dass eine seiner Töchter an diesem Abend krank gewesen sei und er eigentlich nicht das Haus habe verlassen wollen. Doch dann kam der Anruf, der ihn zwang, sich zu den anderen zu gesellen. List, taktisches Kalkül, Intelligenz und Ehrgeiz hatten Luppino nicht retten können. Er vertraute einfach zu sehr auf seine Gerissenheit und starb, ohne den Grund zu wissen, zwölf Jahre nach seinem ersten Fehltritt, der Verteidigung seines in die Corleo-Entführung verwickelten Bruders. Die Cosa Nostra hatte sich geduldig genug gezeigt, ihn selbst vergessen zu lassen, dass es gute Gründe für seine Eliminierung gab.

Als Ciulla die Nachricht von Luppinos Tod erreichte, bekam er auch gleich die Hintergründe geliefert. Er rief mich zu sich, erklärte mir, was in Castelvetrano passiert war, und wollte dann mit mir auf den Tod des Verräters anstoßen, für den er bis dato nur lobende Worte gefunden hatte. Ich trank mit Vergnügen auf dessen Tod, denn mir schien, dass dieses Attentat ein klein wenig Gerechtigkeit für Lillo und Fanu bedeutete.

Nach einem Jahr Haft in Alessandria kehrte ich nach Sizilien, genauer gesagt nach Favignana, zurück. Ich hatte mich gut geführt und mir daher wieder die Gunst der *famiglia* verdient. Ciulla hatte mir ein gutes Zeugnis ausgestellt. Außerdem durfte ich Vergünstigungen erwarten, die mir die Haft erleichterten. Nachdem ich im Piemont einmal Hafturlaub bekommen hatte, aus dem ich zurückgekehrt war, befanden die Richter mich für vertrauenswürdig. Außerdem hatte ich über die Hälfte meiner Strafe verbüßt und konnte nun um weitere Hafturlaube ersuchen.

Durch die Gräuel meiner Haft in Deutschland, insbesondere die Einzelhaft, kam mir mein Aufenthalt im Gefängnis von Favignana fast wie Urlaub vor. Ich wurde respektiert, erhielt Aufträge, die wichtigen Häftlingen vorbehalten waren, konnte telefonieren und Besuch von Verwandten bekommen. Da die *famiglia* mich wieder unterstützte, hatte ich sogar Geld. Ich konnte damit rechnen, Hafturlaub zu bekommen und endlich rauszukommen. Das war für mich das Wichtigste, schließlich befand ich mich seit dem 28. Juli 1982 in Haft, abgesehen von der kurzen Unterbrechung in Alessandria.

In der Zwischenzeit versuchte ich mir ein Leben nach der Haft aufzubauen. Ich hatte Briefkontakt zu einigen Frauen, die Brieffreundschaften mit Häftlingen pflegten. Darunter gab es diverse Typen: Manche taten es aus Nächstenliebe, andere hielten sich für bessere Menschen, wenn sie sich mit Straftätern abgaben, wieder andere waren selbst im Gefängnis gewesen und fühlten sich jetzt mit denen verbunden, die noch einsaßen. Aber in Wahrheit fühlten sie sich schlicht und einfach von Gesetzlosen angezogen. Ich hingegen wollte eine Frau finden, denn die Beziehung zu meiner Ehefrau hatte sich so sehr verschlechtert, dass sie sowohl meine Geduld als auch die Gesetze der Cosa Nostra herausgefordert und noch während meiner

Haftstrafe die Scheidung eingereicht hatte. Die Regeln verlangten, dass ich sie dafür umbrachte. Ich liebte sie zwar nicht, aber sie war die Mutter meiner Tochter, daher versuchte ich, sie dennoch irgendwie zu schützen. Die Cosa Nostra hatte auch schon davon erfahren, weil sie ja die Tochter eines *uomo d'onore* war. Mit ihrem Scheidungsgesuch hatte sie mich somit in eine prekäre Lage gebracht.

Doch darum wollte ich mich kümmern, wenn ich frei war, und dazu brauchte ich erst einmal Hafturlaub. Die *famiglia* legte mehr als einmal ein gutes Wort für mich ein, und im April 1989 durfte ich das erste Mal hinaus: fünf Tage, die ich aber auf Favignana verbringen musste. Es gab natürlich einiges zu beachten, zum Beispiel musste ich eine Adresse angeben, unter der ich erreichbar war, außerdem bei der Polizei vorstellig werden und um halb neun Uhr abends wieder im Gefängnis sein, aber es gab auch viele Vorteile. Um Besuche empfangen zu können, mietete ich mir für die fünf Tage eine Wohnung, die mich vierhunderttausend Lire kostete. Außerdem konnte ich endlich telefonieren, mit wem ich wollte.

Einer der ersten Anrufe galt meinem Paten Cusumano. Er wusste, was mir widerfahren war, und fragte mich nach meiner Haft, nach meinem Befinden und meinen Wünschen. Ihm fiel das Sprechen schwer, an seiner Stimme merkte man ihm das Alter an, denn sie war ziemlich heiser und brüchig.

»Enzo, wie schön, von dir zu hören.«

»Ja, *parrinu*, da wären wir also.«

»Wie läuft's in der Haft?«

»Gut, ich habe genug Unterstützung und bekomme jetzt Freigang.«

»Aber pass bitte auf dich auf. Halte immer die Augen

offen, und überdenke jede neue Situation, man weiß ja nie.«

Cusumano hatte mich immer zur Wachsamkeit ermahnt, daher war ich nicht sonderlich beunruhigt. Wenn Gefahr im Verzug war, redete er noch verschlüsselter als sonst. Beim Abschied schickte er mir eine Umarmung und bat mich, bei der nächsten Gelegenheit wieder anzurufen.

Dann rief ich die Frauen an, mit denen ich in Briefkontakt stand. Ich sollte im Monatstakt Freigang bekommen, durfte jedoch in nächster Zeit die Insel nicht verlassen. Ich rief eines der Mädchen an, das schon mit einem anderen Häftling eine Beziehung gehabt hatte, und nannte ihr die ungefähre Zeitspanne, die sie sich freihalten sollte. Sobald ich dann meinen Urlaub bekäme, könnte sie innerhalb von zwei Tagen kommen. So lernte ich Paola persönlich kennen. Sie wohnte im Latium auf dem Land und hatte ein Kind. Sie war ziemlich mager, brünett, mit dunklen Augen und hatte mal Drogen genommen, aber aufgehört, als sie schwanger wurde. Im persönlichen Kontakt gefielen wir uns mehr als im schriftlichen, daher gingen wir schon am Tag ihrer Ankunft miteinander ins Bett. Wegen ihres Sohnes und ihrer Arbeit konnte sie allerdings nicht jeden Monat kommen. Sie fertigte Kunstgewerbeobjekte aus Lumpen, Papier und Farben und musste Fristen einhalten, wenn Bestellungen kamen.

Von April '89 bis Juli '90 bekam ich circa zwanzigmal Sonderurlaub, jeweils fünf Tage. In dieser Zeit bekam ich auch von einem anderen Mädchen Besuch, Bianca, die ich auf dieselbe Weise kennengelernt hatte wie Paola. Auch mit ihr fing ich eine Beziehung an. Bianca wohnte in Mailand, stammte aber ursprünglich aus Sizilien. Mit anderen *uomini d'onore* sprach ich niemals über diese Frauen, obwohl ich keinen Grund für diese Vorsicht angeben konnte. Zwar wurde bekannt, dass ich mich mit Frauen traf, aber ich erzählte nie, wer sie waren, wo sie wohnten und was sie arbeiteten.

Beim zweiten oder dritten Freigang besuchte mich Aspanu. Unser Treffen war ziemlich gefühlsselig, weil wir uns seit Jahren nicht gesehen hatten. Er hatte sich kaum verändert, war nur ein bisschen älter und dicker geworden. Seine Haare waren unverändert, während ich schon ziemlich kahl und viel magerer geworden war. Bei genauerem Nachdenken war es fast lachhaft. Ich hatte nicht mal gewusst, dass Tilotta sterben musste, saß aber deswegen seit Jahren im Gefängnis. Aspanu hingegen hatte zig Menschen umgebracht und war noch nie vorbestraft, geschweige denn in Haft gewesen. Das war ganz allein sein Verdienst, denn er hatte sich sehr viel geschickter verhalten als ich. Hätte ich in Deutschland nicht die Bank ausgeraubt, wäre ich genauso frei gewesen wie die anderen.

Er erzählte mir von den Neuigkeiten aus Castelvetrano und auch vom Anschlag auf Luppino. Er war gekommen, um den Kontakt zwischen mir und der *famiglia* zu erneuern, und hatte mir Geld mitgebracht. Aber er hatte auch ein persönliches Anliegen. Bis zu den Kommunalwahlen waren es nur noch wenige Monate, und er hatte sich für die Sozialisten aufstellen lassen. Er wollte wirklich gewählt werden, nicht wie Vanni, der es in der Democrazia Cristiana nie geschafft hatte. Er wollte seine Machtposition ausbauen, seinen Einfluss in der *famiglia* vergrößern, und keiner wusste besser als ich, wie wichtig die Politik war. Luppino hatte sie, im Gegensatz zu anderen nicht so Begünstigten, zwölf Jahre seines Lebens geschenkt.

Mit dem Alter war Aspanu immer ehrgeiziger geworden. Er bemühte sich jedoch nach Kräften, es nicht zu zeigen, indem er bescheiden blieb und nicht viele Worte machte. Von mir erhoffte er sich einen besonderen Freundschaftsdienst: Ich sollte meinen Paten überreden, ihn zu unterstützen.

»Er ist alt und müde, Aspanu. Als ich das letzte Mal mit ihm geredet habe, kostete ihn allein schon das Sprechen Mühe.«

»Ja, das weiß ich, er ist aus dem Rennen, dennoch kontrolliert er immer noch an die hundert Wähler. Und vielleicht entscheiden genau diese Stimmen über meinen Erfolg bei den Kommunalwahlen. Hilf mir, Enzo. Wenn du ihn überredest, dann besorgt er mir vielleicht Stimmen, wenn nicht alle, dann doch einige – fünfzig, hundert, wenn er will, dann bekomme ich sie.«

»Schon gut, schon gut, ich rufe ihn an, sobald ich kann.«

Ich glaube, Aspanu hoffte, ich würde ihn in seiner Gegenwart anrufen. Doch er wusste, dass er mich nicht darum bitten konnte, und ich tat es auch nicht. Er suchte Verbündete unter den *soldati* der *famiglia* und hatte an mich gedacht, weil wir uns schon seit einer Ewigkeit kannten und ich meinen Paten hatte.

Vor allen anderen aber rief ich Capogreco an und zeigte ihm damit einmal mehr meine Ehrerbietung. Ich hatte im Gefängnis bereits Botschaften von ihm bekommen, doch erst bei meinem dritten Freigang konnte ich mit ihm sprechen, als der Wahlkampf bereits in vollem Gange war. Ich rief ihn an, übersandte ihm die üblichen Grüße und wechselte einige Höflichkeitsfloskeln mit ihm. Dann kam ich zum Punkt.

»Bürgermeister, ich bin darum gebeten worden. Was soll ich jetzt tun?«

»Enzuccio, ich habe Aspanu persönlich geraten, sich an dich zu wenden. Ein bisschen Unterstützung bekommt er schon, denn deine Familie, deine Brüder stimmen bereits für ihn. Wir haben zusammengerechnet, wie viele Stadräte der PSI stellt, daher darf Aspanu bei dieser Wahl noch nicht gewinnen, sonst bleiben wichtigere Leute außen vor. Er ist jetzt noch nicht an der Reihe, sondern kommt erst das nächste Mal dran. Sag deinem Paten, dass andere bei den Sozialisten gewinnen müssen.« Er nannte mir drei Namen, die ich auf einem Zettel notierte, um sie nicht zu vergessen.

»Gut, Bürgermeister, wie Sie befehlen. Aber was sage ich zu Aspanu?«

»Tu so, als würdest du ihn unterstützen. Sag, du hättest dich schon für ihn eingesetzt, dein Pate wäre informiert. Warne Cusumano vor, damit er mitspielt, denn Aspanu wird ihn sicher aufsuchen.«

Capogreco war eine ernstzunehmende Größe. Er entschied darüber, wer gewählt wurde, ganz gleich, ob von seiner oder einer anderen Partei. Regierung oder Opposition interessierten ihn nicht, wichtig war nur, dass der gewählt wurde, der der *famiglia* zu jener Zeit am meisten nützte.

Ich rief Cusumano an und erklärte ihm die ganze Angelegenheit: wen er unterstützen und was er zu Aspanu sagen sollte.

»Keine Sorge, Enzo, ich kümmere mich schon darum«, beruhigte er mich. Ich hörte, dass er jetzt noch mehr keuchte als bei unserem ersten Telefonat.

»Geht es Ihnen auch gut, *parrinu*?«

»Ach, Enzo, wenn man in meinem Alter noch lebt, geht es einem schon gut. Was will man machen?«

Am Ende verfehlte Aspanu nur knapp den Einzug in den Kommunalrat. Die *famiglia* hatte dafür gesorgt, dass er genau so viel Unterstützung bekam, wie er für seinen Status brauchte, ohne einen Sitz zu ergattern. Er hatte sich auch persönlich mit einigem Erfolg engagiert, aber wenn auch nur die Hälfte seiner Unterstützer wie ich gehandelt hatten, würde er es niemals schaffen können. Abgesehen von den Überlegungen, in die mich Capogreco am Telefon eingeweiht hatte, glaube ich, dass es dem Bürgermeister missfallen hätte, jemanden aus seiner persönlichen Eskorte im Stadtrat, auf seinem politischen Parkett wiederzufinden. Vanni hatte es nicht mit der DC geschafft, da würde es Aspanu mit der PSI auch nicht schaffen.

Dank meiner häufigen Freigänge wurde das Leben im Gefängnis um einiges erträglicher. Ich hatte neue Kontakte, Geld, Frauen. Ich aß in einem Restaurant auf der Insel und ging nach Belieben in die kleine Wohnung, die ich nur für die Tage meines Sonderurlaubs anmietete.

Ein Jahr verbrachte ich so und hoffte dabei auf weitere Privilegien und Freiheiten. In der Zwischenzeit mussten die *famiglie* sich ernsten Problemen stellen. Falcone und andere Richter aus Palermo hatten etliche *uomini d'onore* verhaftet, und die Prozesse liefen nicht gut. Dennoch war man sich sicher, dass am Ende alles wie eine Seifenblase platzen würde, denn schließlich gab es noch das Berufungsgericht, bei dem die Leitung in Palermo einiges in Bewegung setzen konnte. Schließlich hatte sie Kontakte bei den Politikern und Freimaurern. In Marsala gab es jetzt einen neuen, mutigen Untersuchungsrichter, Borsellino, der sich vorgenommen hatte, die Mafiabosse zu verhaften. Neue Kronzeugen tauchten auf, nach Buscetta und Contorno traten plötzlich Marino Mannoi und *soldati* aus der Gegend um Trapani auf den Plan. Zwar war die Lage noch nicht dramatisch, aber doch besorgniserregend, da zahlreiche *uomini d'onore* vorübergehend festgenommen und damit den *famiglie* entzogen wurden, die ihre Arbeitskraft benötigten.

So kam es, dass sich im Frühjahr 90 bei mir wichtiger Besuch ankündigte. Der Bürgermeister und *zu' Cicciu* machten sich persönlich die Mühe, mich aufzusuchen. Das Treffen wurde mit einer Unmenge Nachrichten und Befehle vorbereitet. Capogreco und Messina Denaro wollten mich nur außerhalb des Gefängnisses sprechen, während eines Freigangs fernab von eventuellen Spionen. Offiziell war ich immer noch ein ganz normaler Mörder, der nichts mit der Cosa Nostra zu tun hatte, aber Vorsicht konnte nie schaden.

Das Gespräch fand in einem Restaurant statt, wo sie essen wollten und ich »zufällig« zu einem bestimmten Zeitpunkt vorbeikommen sollte. Ich betrat das Lokal und setzte mich an ihren Tisch. Nach den üblichen Höflichkeitsfloskeln, die allerdings kurz ausfielen, da wir uns in der Öffentlichkeit befanden, sagte Capogreco:

»Enzuccio, diese vermaledeiten Bullen machen uns einige Probleme. Sie haben viele unserer Leute verhaftet, und wir brauchen Männer, die auf Draht sind, Männer wie dich. Draußen gibt es etliches, was du für die *famiglia* tun könntest, und es wartet viel Geld auf dich. Du musst fliehen und nach Castelvetrano zurückkehren.«

»Wie Sie befehlen. Aber wie soll ich hier wegkommen? Während des Freigangs muss ich auf der Insel bleiben, und die Häfen werden kontrolliert. Dazu wären Vorbereitungen nötig, ein Boot, Geld.«

»Nein, es geht auch einfacher, Enzo«, mischte sich *zu'*

Cicciu ein. »Du hast bis jetzt an die fünfzehnmal Sonderurlaub bekommen. Noch zwei- oder dreimal, dann darfst du auch aufs Festland. Von dort kehrst du einfach nicht nach Favignana zurück, sondern fliehst. Alles ganz einfach. Wir brauchen dich zwar, aber nicht so dringend, dass wir nicht noch ein paar Monate warten könnten. Es gibt immer noch viele *soldati*, allerdings nur wenige, die vertrauenswürdig und auf Zack sind. Wir haben wichtige Aufträge für dich, und danach könntest du, wenn du willst, nach Australien zu Freunden von uns fliehen.«

Die Sache mit Australien weckte sofort mein Interesse. Ich dachte, wenn ich frei wäre, könnte ich vielleicht die Geschichte mit meiner Frau in Ordnung bringen, nicht um ihretwillen, sondern wegen meiner Tochter, und in einem anderen Land neu anfangen. *Zu' Cicciu* demonstrierte großes Vertrauen in mich, trotz meiner Fehltritte, und das machte mich stolz. Dieser große *capo* wusste zu schmeicheln, sobald er den Mund aufmachte. Besser als Capogreco konnte er seine Befehle tarnen, vielleicht weil er mehr Autorität hatte und sie nicht zur Schau stellen musste. Er verströmte Macht, niemand wagte seine Worte in Zweifel zu ziehen, obwohl er denjenigen, die ihn interessierten, immer nur schmeichelte. Er war wirklich der geborene *capo*. Als junger Mann war er wegen Mordes angeklagt worden, nach dem Prozess aber aufgrund mangelnder Beweise freigekommen. Damals musste man wirklich auf Zack sein, denn um verurteilt zu werden, reichte schon ein Richter, der sich in den Kopf gesetzt hatte, dass man schuldig war.

Der Bürgermeister und *zu' Cicciu* erzählten mir von ihren Verbindungen zu den Freimaurern und sagten, sie könnten sich in Venezuela für mich verwenden, und die *famiglie* hätten über einen Ingenieur aus Campobello Geschäftsbeziehungen nach Amerika. Sie stellten mir, der seit acht Jahren im Gefängnis saß, große Reisen in Aussicht.

Wir klärten noch einige Einzelheiten, dann erhob ich mich und ließ sie allein. In den folgenden Tagen packte mich rasende Ungeduld, ich konnte es kaum abwarten, endlich freizukommen. Nervös wartete ich auf meinen ersten Freigang aufs Festland, den ich dreimal in Folge beantragte. Im Juli wurde er mir schließlich gewährt. Aufgeregt bestieg ich die Fähre von den Ägadischen Inseln nach Trapani, denn ich wusste, dass ich nie wieder ins Gefängnis zurückkehren würde. Auch wenn ich nicht mehr viel von meiner Strafe verbüßen musste, da ich es mittlerweile auf zehn Jahre gebracht hatte und zwei mir erlassen worden waren, schwor ich mir doch, mich nie wieder schnappen zu lassen. Eher wollte ich sterben.

UNTERGETAUCHT

Fünf Tage Sonderurlaub verbrachte ich mit Vorbereitungen zur Flucht. Ich besuchte meine Eltern und Geschwister, und auch meine Tochter, allerdings heimlich, denn auf ihre Mutter war ich immer noch sehr wütend. So schuf ich mir das nötige soziale Netz, um mich in Sizilien verstecken zu können. Im Haus von Peppe Delicato, einem *uomo d'onore*, der mir bis dato unbekannt war, traf ich mich mit Capogreco und Avvocato Giordano. Der Auftrag, mit dem die *famiglia* mich betrauen wollte, war ganz einfach, so etwas hatte ich bereits als junger Mann gemacht. Ich sollte Drogen zu ihren Vertreibern bringen. Wie schon zehn Jahre zuvor waren die *famiglie* von Castelvetrano und Campobello im Drogenhandel tätig. Doch vieles andere hatte sich verändert. Die Häufigkeit der Lieferungen, das Geschäftsvolumen, die Einnahmen – alles hatte sich verzehnfacht. Es flossen Ströme von Kokain, welches das aus der Mode gekommene Heroin ersetzt hatte. Auch das System war jetzt ausgeklügelter. Die *uomini d'onore* fuhren nicht mehr persönlich die Wagen mit dem Rauschgift und gingen daher kein Risiko ein. Stattdessen benutzten sie Kuriere, die möglichst nicht vorbestraft, aber dennoch vertrauenswürdig waren, und unterstützten sie im Hintergrund. Ich wurde aufgefordert, mir eine Schar sogenannter *cavadduzzi* zusammenzustellen, auf die ich bei Bedarf zurückgreifen konnte. Außerdem vereinbarten wir, dass

Capogreco und ich hauptsächlich telefonisch miteinander in Kontakt stehen sollten, es sei denn, er beriefe mich ausdrücklich zu sich. Für den Bürgermeister war es nicht klug, sich mit einem flüchtigen Verbrecher sehen zu lassen, denn er war den Gesetzeshütern bis dahin nicht aufgefallen und nie mit der Cosa Nostra in Verbindung gebracht worden.

Das Kokain wurde mir in Einzellieferungen über verschiedene *soldati* gebracht. Ich wusste nicht, aus welcher Quelle es ursprünglich kam. Allerdings konnte ich mir vorstellen, dass es über viele verschiedene Kanäle ins Land strömte, beispielsweise über die Flughäfen oder Schmuggelschiffe. Aber das interessierte mich nicht besonders, ich musste nur für die Zustellung garantieren und die Kuriere nach jeder erfolgreichen Reise bezahlen. Die übrigen Geldangelegenheiten regelten unsere Kunden direkt mit der *famiglia*. Bevorzugtes Verkehrsmittel für die Transporte waren Züge, weil die kaum kontrolliert wurden.

Meine erste Reise ging nach Turin zu den Brüdern Zichitella, die am Kauf von Kokain interessiert waren. Giordano sollte mich am Anfang begleiten. Auch er war auf der Flucht vor dem Gesetz, nachdem die Staatsanwaltschaft von Marsala – wieder mal Borsellino – einen Haftbefehl für ihn ausgestellt hatte.

Ich war ganz ruhig, weil ich wusste, dass mein letztes Polizeifoto von 1978 stammte. Darauf hatte ich noch volles Haar und sah ganz anders aus. Dennoch verkleidete ich mich sicherheitshalber als Mönch, mit einer von Delicato geliehenen Kutte, dazu einer Nickelbrille mit Fensterglas und einer Bibel, die ich stets zur Hand hatte. Das war notwendig, da ich Bahnhöfe betreten musste, auf denen es vor Polizisten nur so wimmelte.

Die Verkleidung passte gut zu mir. Als Junge hatte ich in der Klosterschule gelernt, wie sich Nonnen und Mönche verhielten, außerdem war ich Messdiener gewesen und hatte in der Einzelhaft in Deutschland die Bibel studiert. Trotzdem trug ich als weitere Vorsichtsmaßnahme eine Halbautomatik Kaliber 7,65 unter meiner Kutte. Totò Giordano kleidete sich im Gegensatz zu mir ganz normal, weil er eigentlich nicht zu identifizieren war. Er trug immer eine Sonnenbrille und einen Spitzbart, der sein Gesicht länger wirken ließ, und hatte gefälschte, aber täuschend echt wirkende Papiere samt Steuernummer. Er trug eine kurzläufige Kaliber 38 bei sich.

Wir planten, wie die Lieferungen ablaufen sollten. Zwei Tage vor unserer Reise nach Turin rief ich in der *Bar Diego* an, fragte nach den Brüdern und erklärte, ich sei »ihr Freund Enzo«. Dann verkündete ich, es würde ein Paket aus Sizilien für sie ankommen. Das war das Zeichen dafür, dass zwei Tage später die Lieferung eintreffen würde. Dann setzte ich mich mit dem *cavadduzzu*, der gerade an der Reihe war und drei Kilo Kokain dabeihatte, in den Zug. Im Piemont angekommen, ließ ich den Kurier im Wartesaal des Bahnhofs zurück. Wenn er das Kokain in einem Gurt am Leib trug, packte er es auf der Toilette in einen Koffer. Ich fuhr währenddessen mit dem Taxi bis zur Porta Palazzo, zur oben genannten Bar. Sobald der Wirt mich sah, ließ er den Beauftragten der Brüder Zichitella mit einem Wagen kommen. Daraufhin fuhren wir gemeinsam zum Bahnhof, ich holte den Koffer des Kuriers und übergab ihn dem Fahrer. Ich war als Einziger bei jeder Reise dabei. Der Kurier, der Angestellte der Brüder Zichitella und der Wirt bekamen also nur mich zu Gesicht.

Nach Erledigung des Auftrags kehrte mein *cavadduzzu*

nach Sizilien zurück, während ich in Mailand oder einer anderen Stadt blieb und mich meinen eigenen Angelegenheiten widmete. Zurück in Castelvetrano, bezahlte ich den Kurier mit Geld, das mir ein Bote der *famiglia* gab – fünf Millionen pro Reise. Ich hingegen bekam alle zwei Wochen sechs bis acht Millionen, die Summe variierte je nach Situation. Ich hütete mich, Giordano zu fragen, woher das Rauschgift kam, obwohl ich sicher war, dass es nicht wie Anfang der Achtziger in Sizilien hergestellt wurde.

Ganz allmählich organisierte ich mir ein gut funktionierendes Netzwerk von Drogenkurieren. Sizilien ist voll von willigen Helfern, die bereit sind, für fünf Millionen das Risiko einzugehen, Rauschgift zu transportieren. Ich brauchte verlässliche Leute, die keine Mätzchen machten und meine kriminelle Vergangenheit kannten. Genauer gesagt Leute, die gleichzeitig Angst und Respekt vor mir hatten und nicht auf dumme Ideen kamen.

Ich heuerte ein paar Dealer aus Castelvetrano an, die ich für vertrauenswürdig hielt; eine Frau, Rosalia; einen entfernten Cousin von Tilotta; einen Freund von Fanu. Keiner von ihnen gehörte zur Cosa Nostra. Jeder hatte seine eigene Methode, das Kokain unauffällig zu transportieren. Rosalia zum Beispiel trug es am Körper, in einem Gürtel und in Taschen, die sie in ihren Rock eingenäht hatte. Tilottas Cousin packte es in einen kleinen Reisekoffer aus Leder, der so elegant war, dass er kaum zu seiner sonstigen Erscheinung passte. Ich legte großen Wert darauf, dass sie, um nicht aufzufallen, normal und gepflegt aussahen. Wir bestiegen gemeinsam den Zug und verteilten uns auf verschiedene Plätze im selben Waggon. Tagsüber setzten wir uns in getrennte Abteile, aber so, dass ich sie alle im Auge behalten konnte. In dem Jahr unserer Reisen gab es keinerlei heikle Situationen, und niemand wurde enttarnt.

Stattdessen erfuhr ich in meiner Verkleidung als Mönch späte Genugtuung für die Qualen an der Klosterschule. Es geschah häufig, dass die Passagiere mich um Rat und Trost baten. Dann sprach ich mit ihnen oder betete einen Rosenkranz. Ich erzählte oft von Jesus und den Heiligen und forderte die Leute auf, mit mir zusammen zu beten.

»Und nun«, sagte ich zu ihnen, »beten wir einen schönen Rosenkranz, damit Jesus und die Heilige Madonna uns helfen und wir heil und gesund unser Ziel erreichen. Beten wir für unsere Seelen.«

Eines Tages betrat ein junger Mann mein Abteil, der sehr nervös wirkte. Er war etwa fünfundzwanzig, bewegte sich ruckartig, und sein Gesicht zeigte Härte und Zorn. Er trug Jeans und Pulli. Ich sprach ihn in sanftem Ton an, wie ein echter Seelsorger.

»Wohin fährst du, mein Sohn?«

»Nach Rom, *padre*.«

»Was machst du? Studierst du, oder arbeitest du?«

»Ich bin Polizist.«

»Ah, Polizist. Dann beschützt du die Schwachen. Schön, schön.«

»Padre«, sprach er weiter, ohne meine Worte zu beachten, »ich brauche Hilfe.«

»Sprich nur, mein Sohn, sprich.«

Daraufhin erzählte er mir von seinem Leben als Polizist. Er war in eine Schießerei geraten, bei der sein Kollege mit einem Streifschuss verletzt worden war. Diese Schießerei war für ihn zur fixen Idee geworden. Kein Gedanke an die Gefahr, keine Spur von Angst. Im Gegenteil: Er bereute es bitter, die Täter nicht getötet zu haben, und wollte sich nun an den nächsten Verbrechern rächen, die ihm über den Weg liefen. Ich dachte im Stillen: »Jetzt seht euch dieses Bullenschwein an.«

Er aber, ermutigt durch meinen Blick, ereiferte sich: »*Padre*, ich ertrage es einfach nicht, diese krummen Touren mit ansehen zu müssen von diesen Banditen und Verbrechern. Wie oft wollte ich schon bei einem Bankraub dabei sein, um sie alle abzuknallen. Ich spüre eine Wut in mir …«

Aha, das war ja ein ganz gefährlicher Irrer! Ein Bulle, dem es in den Fingern juckte. Am Ende bat er: »Helfen Sie mir, segnen Sie mich, und beten Sie für mich.«

Der hätte nicht nur Gebete, sondern stundenlange Predigten und wochenlange Bußübungen gebraucht. Ich beeilte mich, ihn zu beruhigen.

»Mein Sohn, im Geiste bete ich schon für dich. Du musst dir immer bewusst sein, dass deine Aufgabe zum Wohle aller sehr wichtig ist. Denn Jesus, Maria und der Herrgott haben dir diese Aufgabe gegeben und dich zum Polizisten bestimmt, damit du die Schwächsten beschützt.«

Als ich erst mal mit der Predigt angefangen hatte, kamen die Worte wie von selbst. Inspiration ergriff mich.

»Hast du deine Waffe dabei, mein Sohn?«

»Ja, *padre*.«

»Dann hol sie hervor, ich will sie segnen. Der Papst selbst hat vor dem Krieg die italienischen Soldaten und ihre Gewehre gesegnet, denn Dinge, die zu einem guten Zweck eingesetzt werden, sollten gesegnet werden.«

Er zog seine Pistole und gab sie mir. Ich nahm sie behutsam am Kolben, aber nur mit zwei Fingern.

»Ich segne diese Waffe, damit du deinen Nächsten retten kannst. Doch hüte dich davor, sie zu missbrauchen.

Wenn du einen Bankräuber siehst und ihn erschießen willst, denke daran, dass auch er nur ein Mensch ist. Wenn er auf dich schießt, darfst du auch schießen, doch wenn er nicht schießt, schießt du auch nicht. Wenn er fliehen will, darfst du ihn jagen, doch vermeide wenn möglich immer, ihm Leid zuzufügen. Vergiss nie, dass der Körper der Tempel der Seele ist, der du Respekt entgegenbringen musst.«

Nun wurde er ganz sanft, auch weil ich ihn warnte, der Segen würde sich gegen ihn kehren, wenn er seinen Lynchgelüsten nachgäbe. Das Ganze war für mich der eindeutige Beweis, dass meine Verkleidung funktionierte, und verlieh mir auf meinen Reisen Sicherheit.

Als der Drogenhandel mit Turin erst einmal eingespielt war, übernahm ich ihn ganz allein. Ich suchte die Kuriere aus, begleitete und bezahlte sie und übergab auch das Rauschgift. Mein Leben als Gesetzesflüchtiger war durch ständige Umzüge bestimmt. Allmählich baute ich mir ein Netz aus Kontakten auf, bei denen ich unterschlüpfen konnte. Dabei verbrachte ich höchstens sieben Tage in einem Versteck und zog dann ins nächste. Nur außerhalb von Sizilien konnte ich es entspannter angehen. In Mailand hatte ich wieder mit Bianca Verbindung aufgenommen. Sie hatte drei Kinder, und ihre Wohnung war ein sicheres Versteck. Hin und wieder übernachtete ich auch bei meinem Bruder Minicheddu. Aber das war gefährlich, weil unsere Eltern in der Nähe wohnten, wo die Bullen mich zuerst gesucht hätten. Daher wandte ich mich auch an andere *uomini d'onore*, zum Beispiel an Delicato, der in Tre Fontane ein Haus am Meer hatte, wo ich auch häufig das Rauschgift in Empfang nahm. Er stellte mir einen seiner Brüder vor, der in Ribera wohnte, und seine Tochter. Ein paarmal kam ich auch bei ihnen unter, denn sie wussten nicht, dass ich auf der Flucht war. Wir erzählten ihnen, dass ich in Mailand wohnte und aus Heimweh öfter mal nach Sizilien zurückkehrte. Außerdem hatte ich Freunde und Bekannte in Gibellina und Sciacca, Orte, an denen man mich kaum kannte. Wenn ich nach Mailand fuhr, blieb ich bei Bianca, und in Turin nahm ich mir ein Hotel. Aber dort hielt ich mich selten länger auf, denn die Stadt gefiel mir nicht besonders.

Ein paar Monate später, im Winter, fing ich auch mit Drogentransporten nach Rom an. Beim ersten Mal begleitete mich Avvocato Giordano: Er stellte mir einen gewissen La Foca vor, der als Vermessungstechniker bei der Stadt arbeitete. Mit dem trafen wir uns an der Oper vor den Tosca-Plakaten. Der Vermessungstechniker wollte immer nur ein Kilo pro Lieferung, weil er nicht so viel Geld zur Verfügung hatte wie die Brüder Zichitella.

Vor jeder Lieferung musste ich ihn anrufen. Ich kam am Bahnhof Termini an, stieg mit meinem Kurier aus, und wenn wir in sicherer Entfernung waren, ließ ich mir den Koffer mit dem Kokain geben. Normalerweise nahm ich dann ein Taxi bis Ostia und ging in ein Haus im Wald, das zwei Brüdern gehörte, die ebenfalls mit Drogen und mit Waffen handelten. Dort übernachtete ich, und am nächsten Tag kam La Foca und holte das Kokain ab. Geld sah ich wie immer keines. Wenn der Anwalt mich begleitete, übernachtete auch er. Da unser Vertrauensverhältnis wuchs, gestand mir Giordano eines Tages, dass er ebenfalls Kokain schnupfte, und tat es dann in meiner Gegenwart. Das war ein Fehler, denn *uomini d'onore* dürfen keine Drogen nehmen. Meinen Freund Dino hatte schon die Liebe zum Wein das Leben gekostet, was war dann erst mit Kokain! Wenn man selbst konsumierte, konnte man außerdem in Versuchung kommen, die Lieferung für den persönlichen Gebrauch anzuzapfen. Es war deutlich, dass Giordano bereits derart abhängig vom Kokain war, dass er es sogar vor einem Zeugen schnupfte, der ihn bei der *famiglia* anzeigen konnte. Da er wusste, welches Risiko er einging, wollte er mich in die Sache hineinziehen.

»Komm, Enzo, probier doch mal.«

»Nein, danke, kein Interesse, außerdem ist es gegen die Regeln.«

Das sagte ich absichtlich, um seine Reaktion zu testen. Er sah mich an und lachte.

»Gegen wessen Regeln? Die *capi* koksen doch auch, weißt du das nicht? Was glaubst du denn, selbst dein *capo* tut es, der Professor. Doch, hin und wieder kokst Capogreco. Also, was ist?«

»Ich hab schon genug Adrenalin im Blut, da brauche ich wirklich kein Kokain, *avvocato*.«

Da er meinte, ich würde aus Angst, erwischt zu werden, ablehnen, versuchte er es noch einmal: »Aber alle koksen, es kommt nur darauf an, es kontrollieren zu können und vor den anderen zu verbergen. Da ist doch nichts dabei.«

Meine Einstellung gegenüber anderen *uomini d'onore* hatte sich im Laufe der Zeit, durch Misstrauen, Erinnerungen und Informationen wie die, die Giordano mir gerade vermittelt hatte, geändert. Inzwischen hatte ich gewisse Vorsichtsmaßnahmen getroffen, die mir zur Gewohnheit geworden waren. Die Wichtigste war, mein Kommen niemals vorher anzukündigen, weder Fremden noch Bekannten, Freunden oder Verwandten. Wenn ich zum Beispiel mit Capogreco telefonierte, gab er mir Bescheid, wo ich das Rauschgift und das Geld für meine Kuriere abholen sollte. Wir vereinbarten etwa, dass Aspanu mir die Lieferung übergeben würde. Daraufhin rief ich ihn an und bat ihn, alles bereitzuhalten, da ich am Tag darauf kommen würde, doch nannte ich ihm niemals die genaue Uhrzeit. Im geeigneten Moment begab ich mich dann zu ihm, umrundete jedoch etwa eine halbe Stunde sein Haus und prüfte, ob es etwas Verdächtiges zu sehen gab. Erst wenn ich sicher war, dass kein Risiko bestand, ließ ich mich blicken. Ich begrüßte ihn, plauderte kurz mit ihm, nahm das Zeug und verschwand wieder. Wenn einer aus der *famiglia* mich reinlegen wollte – bei meinem Sündenregister wusste man ja nie –, blieb ihm nie genug Zeit, einen Hinterhalt vorzubereiten. Seltsam, aber je mehr Zeit seit den Attentaten auf Lillo, Dino und Fanu verstrich, desto öfter spukten mir meine ermordeten Freunde im Kopf herum. Zwar träumte ich nicht mehr von ihnen, aber tagsüber musste ich oft an sie denken.

Mit der Zeit wurde ich immer vorsichtiger. Wenn ich nicht gerade bei einem *uomo d'onore* untergebracht war, wusste nicht mal die *famiglia*, wo ich mich befand. In Mailand ahnte keiner, dass ich bei Bianca war, und wenn ich in einem Hotel schlief, gab ich natürlich niemandem die Adresse. Jede Frau, bei der ich übernachtete, war eine neue Zuflucht für mich, sicher vor Bullen und *uomini d'onore*.

Auf meinen Reisen nach Rom nahm ich auch wieder Kontakt zu Paola auf, die in Latina wohnte. Ende 1990 verbrachte ich fast zwei Monate bei ihr, inklusive Weihnachten. Ich erzählte ihr, ich wäre nach Verbüßung meiner Strafe freigekommen und wollte nun einen klaren Schnitt machen, ein neues Leben anfangen. Daher hätte ich meine Identität gewechselt. Da ich falsche Papiere auf den Namen Santo Cirami besaß, bat ich sie, mich zumindest in der Öffentlichkeit so zu nennen. Sie war einverstanden.

Über Paola lernte ich zwei Brüder kennen, *il Ciccio* – der Dicke – und *il Bruno* - der Braune -, die in Rom wohnten. Il Ciccio war ein Mann in den Fünfzigern, so groß wie ich, aber kräftiger, mit einer Narbe auf der Stirn und graumelierten, welligen Haaren. Paola hatte mir anvertraut, dass eine ihrer Freundinnen sich an ihn herangemacht hatte, weil er immer Drogen besaß. Sein Bruder war etwa fünf Jahre jünger und zehn Zeintimeter kleiner als er, mit braunen Haaren, die aber schon Geheimratsecken zeigten. Wenn man sie ansah, entdeckte man keinerlei Ähnlichkeit zwischen ihnen. Bei meinen Reisen nach Rom besuchte ich auch sie, und wir gingen zusammen aus. Dabei bemerkte ich, dass sie ebenfalls koksten. Als sie mir etwas anboten, lehnte ich wieder ab, ermutigte sie aber, über Kokain zu sprechen. Sie erzählten, Heroin hätten sie niemals ausprobiert, weil sie nicht süchtig werden wollten, aber Kokain nähmen sie zum Vergnügnen. Ich kokste nicht, verurteilte sie aber auch nicht wegen ihres Drogenkonsums, was sie sympathisch fanden, auch wenn ich den Spießer gab. Allerdings platzte diese Illusion, als Il Ciccio mich eines Tages mit einem leichten Schlag auf den Rücken begrüßte und die Pistole an meinem Gürtel spürte. Von diesem Moment sahen sie mich mit anderen Augen und fingen an, Witzchen und Anspielungen über Drogen zu machen. Sie wussten jetzt, dass ich anders war, als ich mich gab, und fügten dies dem Wissen um meine sizilianische Herkunft hinzu. Schließlich fragten sie mich ganz offen, ob ich gute Beziehungen in Sizilien hätte und es dort die Möglichkeit gäbe, Geschäfte zu machen. Ich ließ mir Zeit mit meiner Antwort, schließlich konnte ich kaum sagen: Ja, ich hab einen Haufen Kokain und kann euch so viel besorgen, wie ihr wollt. Zuerst musste ich sie näher kennenlernen, herausfinden, ob sie vertrauenswürdig waren, und nicht zuletzt die Erlaubnis von Capogreco einholen.

Der Bürgermeister war mit meinem Vorhaben mehr als einverstanden, schließlich hatte ich ihm einen neuen Absatzmarkt für das Kokain erschlossen. Ich fuhr also mit einer kleinen Menge Kokain, etwa zehn Gramm, nach Rom. Il Ciccio testete es und befand es für gut. Wir vereinbarten ein Treffen in Castelvetrano, wo sie ein halbes Kilo kaufen wollten. Der Bürgermeister nannte mir den Preis – fünfzig Millionen – und fügte hinzu, ich müsse das Geld persönlich und in bar bei der Übergabe der Ware kassieren. Am festgesetzten Tag begab ich mich nach Tre Fontane ins Haus von Delicato. Il Ciccio und Il Bruno kamen mit einem Panda mit römischem Nummernschild. Sie kosteten vom Kokain, waren zufrieden und packten es in den Wagen. Vor ihrer Abfahrt überreichten sie mir fünfzig Millionen in bar, die ich später einem Boten von Capogreco übergab. Das war mein erster persönlicher Umgang mit Drogengeld, das erste Mal, dass mir klar wurde, wie viel die *famiglia* mit dem Rauschgift verdiente, das ich transportierte und auslieferte.

Ich stellte ein paar einfache Berechungen an. Ich hatte etwa zehn Reisen nach Turin und Rom unternommen, um insgesamt zwanzig Kilo zu transportieren. Ein Kilo brachte hundert Millionen. Zwanzig Kilo zwei Milliarden. In fünf Monaten hatte ich fünfzig Millionen für mich eingesteckt und fünfzig Millionen für die Bezahlung der drei Kuriere aufgewendet. Zwei Milliarden minus hundert Millionen ergab eine Milliarde neunhundert Millionen Lire. So viel hatten die *capi*, Capogreco, Messina Denaro, Nunzio Spezia und Totò Giordano, nach Stellung und Rang gestaffelt, unter sich aufgeteilt.

Das Spiel mit dem Zucker und dem Kaffee, das der Bürgermeister vor meiner Vereidigung mit mir gespielt hatte, erwies sich als geradezu prophetisch. Ich bekam drei Schlückchen, er den Rest, also fast alles. Aber wenn ich genau nachrechnete, fand ich, dass er mich betrogen hatte. In Wirklichkeit bekam ich nicht mal ein Fünftel des Kaffees, den Teil, den ich damals getrunken hatte. Ich trug das höchste Risiko und wickelte das ganze Geschäft ab, bekam aber immer den gleichen Prozentsatz, nämlich ein Zwanzigstel der Gesamtsumme. Auf das Kaffeeritual übertragen, konnte ich mit dieser Menge höchstens meine Lippen benetzen, ansonsten blieb mir nur noch der Geruch.

Die Geschäfte liefen immer besser. Im Januar 1991 verließ ich Paola, weil die *famiglia* mir befohlen hatte, verschiedene Drogenlieferungen in Deutschland, in der Nähe von Stuttgart, auszuführen. Mittlerweile waren meine Kuriere gut eingearbeitet, und alles lief bestens. Ich musste mir einige Papiere besorgen, um mich an der Grenze ausweisen und ungestört in Deutschland umherreisen zu können. Außerdem brauchte ich sie für Nachtlokale und Spielkasinos, wo die Gäste registriert werden.

Als ich nach Deutschland fuhr, kehrte auch meine Erinnerung an Marina und meinen Sohn zurück, den ich nie kennengelernt hatte. Meinen einzigen männlichen Nachkommen, der unglücklicherweise während meiner Haft geboren worden war. Mittlerweile tauchten in meinem Kopf immer häufiger alte Erinnerungen und Erlebnisse auf, und zwar alle durcheinander: die Einzelhaft; meine toten Freunde; Marina; das Gefängnis von Favignana; Cicciu Tilotta; mein unbekannter Sohn; Capogreco, der vielleicht heimlich kokste; der Bankraub; das Geld, das ich, und das Geld, das die anderen verdienten. All das waren üble, schmerzhafte Gedanken, die ohne roten Faden miteinander verschlungen waren. Für gewöhnlich verschwanden sie auch wieder, doch dann fühlte ich mich leer, und eine rasende Wut überkam mich, die ich an nichts und niemandem abreagieren konnte. Ich musste das mit mir selbst ausmachen. Das einzig Positive, was ich daraus zog, das Einzige, was mir verblieb, war eine Lehre meines Paten, die da lautete, man solle sich immer auf das Gute konzentrieren, auch mitten im größten Übel.

In Deutschland erinnerte ich mich also wieder an den Sohn, den ich nie zu Gesicht bekommen hatte. Im Mai kehrte ich nach Horb zurück und suchte Marina, fand sie aber nicht. Schließlich traf ich ihren Bruder Dieter, den ich während seiner Flucht bei Freunden in Sizilien untergebracht hatte. Er sagte mir, dass Marina zwar kurz nach dem Bankraub aus dem Gefängnis gekommen sei, jetzt aber wieder einsitze. Der Sohn, den sie nach mir Enzo genannt habe, sei der Fürsorge übergeben worden. Mehr wusste Dieter nicht.

Er gab mir die Adresse ihrer Eltern und erklärte, seine Mutter habe den Kleinen sehr gemocht, sie habe sich während Marinas erster Haft um ihn gekümmert. Ich spürte, wie ich immer aufgeregter, immer nervöser wurde, und suchte sie noch am selben Tag auf. Als ich meine Reise angetreten hatte, hatte ich mir vorgestellt, wie ich meinen Sohn zum ersten Mal in die Arme schließen und mit ihm spielen würde, wie ich Marina wiedersehen und ihr Geld für ihren Unterhalt geben würde. So konnte ich das Geld, das ich verdiente, zumindest für etwas Gutes nutzen. Stattdessen stieß ich wieder auf neue Hindernisse, neue Probleme und Enttäuschungen, die ich nur mit Mühe ertrug.

Meine Stimmung hob sich auch nicht, als ich Marinas

Mamma traf. Sie erzählte mir unter Tränen, dass sie den Jungen großgezogen hatte, bis er drei Jahre alt gewesen war. Dann wäre Marina aus dem Gefängnis gekommen und eine Zeitlang zu Hause geblieben. Doch schließlich hätten finanzielle Not und ihr Terroristengemüt sie wieder dazu gebracht, eine Bank auszurauben. Sie war geschnappt und erneut ins Gefängnis gesteckt worden, und der kleine Junge war zur Adoption freigegeben worden. Als Marinas Mutter mir das berichtete, weinte sie und flehte: »Enzo, tu etwas, kümmere dich darum. Ich möchte meinen Enkel wiedersehen. Ich bin sicher, du findest eine Möglichkeit.«

Das Schicksal wollte es, dass ich Marina wiedersah. Gerade als ich bei ihrer Mutter war, rief sie aus dem Gefängnis an und kündigte an, sie würde am nächsten Morgen für drei Tage Freigang bekommen. Die Mutter nutzte die Gelegenheit, ihr von meinem Besuch zu erzählen, und ließ mich schwören, dass ich am nächsten Tag wiederkommen würde.

Es war ein schreckliches Wiedersehen. Marina umarmte mich und fing sofort an zu weinen. Sie hatte Angst vor meiner Reaktion, denn sie wusste, dass sie unseren Sohn aus eigener Schuld verloren hatte. Angesichts ihres Schmerzes verrauchte all meine Wut. Ich fühlte mich nur noch niedergeschlagen und nutzlos und dachte, dass nichts von dem, was ich anstellte, zu etwas Gutem führte. Marina, aber vor allem auch ihre Mutter baten mich schließlich, Enzo zu entführen. Das sei die beste Lösung, sagten sie.

»Nimm ihn dir«, sagte die Mutter. »Nimm ihn dir einfach. Mir reicht es zu wissen, dass er bei dir ist und ich ihn sehen kann, wenn du einverstanden bist.«

In Deutschland ein Kind aufzuspüren ist ganz einfach:

Die Deutschen sind sehr ordentlich und hinterlassen bei jedem Vorgang Spuren und Dokumente. Ganz gewiss gab es irgendetwas Schriftliches über die Familie, bei der mein Sohn untergekommen war. Die schnellste Möglichkeit, es herauszufinden, bestand darin, den Angestellten des Jugendamts zu fragen, der mit dem Vorgang betraut worden war. Marinas Mutter nannte mir den Namen und die Adresse des Mannes, der den Jungen geholt hatte. Kurz darauf hatte ich das Haus gefunden und mir einen Plan zurechtgelegt. Im Haus würde ich auch seine Frau und seine Kinder antreffen, die könnte ich nur mit Mühe in Schach halten, außerdem würden sie mich anzeigen, sobald ich aus der Tür getreten wäre. Mir blieb also nichts anderes übrig, als zu warten, bis er heimkam, und ihn dann zu zwingen, ins Auto zu steigen und mich direkt zu Enzo zu führen.

Ich brauchte nicht lange zu warten. Der Beamte vom Jugendamt kam am frühen Abend nach Hause. Als ich ihn sah, trat ich direkt zu ihm und versperrte ihm mit gezückter Pistole und einem Gesicht, das Bände sprach, den Weg zur Tür. Daraufhin wurde er kalkweiß und folgte mir. Ich erklärte ihm, er müsse mich zum neuen Zuhause meines Sohnes bringen. Er versuchte Zeit zu schinden, sagte, er verstünde nichts, wisse nichts. Ich machte es kurz: Entweder er gehorchte, oder ich würde ihn erschießen.

Er setzte sich ans Steuer seines eigenen Wagens und fuhr in eine andere Stadt, die zwei Stunden entfernt lag. Es war bereits spätabends, als er vor einer großen, schönen Villa mit Garten hielt. Als wir eintraten, schob ich den Sozialarbeiter wie ein Schutzschild vor mir her und drückte ihm die Pistole in den Rücken. Geöffnet wurde uns von dem Paar selbst. Sie wirkten wie vollkommen normale, harmlose Leute. Der Mann war riesig, eins neunzig, etwa fünfundvierzig, mager und mit rötlichem Gesicht, das unter seinem graumelierten Haarschopf besonders hervorstach. Die Frau war winzig, viel kleiner als ich, und kräftig, eine ziemlich hübsche Blondine, die die vierzig noch nicht erreicht hatte. Kaum war ich im Haus, schob ich den Mann vom Jugendamt beiseite und ließ die Bombe platzen. Ich fuchtelte mit der Pistole, brüllte auf Deutsch herum und bedrohte sie. Die beiden rührten sich nicht, sondern starrten mich nur verblüfft an. Ich wusste nicht, ob sie kaltblütig, dumm oder mutig waren. Ich hatte nur eine Frage:

»Wo ist mein Sohn?«

Die beiden antworteten nicht, sondern fingen ganz plötzlich an zu weinen. Jetzt hatten sie zumindest begriffen, wer ich war.

»Ich will meinen Sohn sehen«, knurrte ich, »bringt ihn her!«

Ich schrie und brüllte immer weiter, aber die beiden weinten nur immer verzweifelter, genau wie Marina und ihre *Mamma*. Der Angestellte vom Jugendamt stand abseits und rührte sich nicht. Nachdem ich fünf Minuten mit der Pistole gedroht und die beiden nur vor Angst geweint hatten, wurde die Situation schon fast komisch. Sie reagierten nicht, versuchten nicht, sich zu verteidigen, sondern weinten einfach nur. Irgendwann wurde ich ruhiger und setzte mich.

Immer noch schroff und drohend, forderte ich sie auf, mir zu erzählen, was mein Sohn machte, wie sein Leben verlief und ob er gut in der Schule war. Am Tonfall und den Worten der beiden merkte ich deutlich, wie gern sie den Jungen hatten. Sie sorgten für ihn, kümmerten sich um ihn, schenkten ihm Spielzeug, hatten ihn auf die beste

Schule im ganzen Umkreis geschickt und ließen es ihm an nichts fehlen. Der Sozialarbeiter bestätigte das. Abgesehen von all dem, was sie ihm gaben – und ich nicht garantieren konnte –, liebten sie ihn so, wie es sich für echte Eltern gehört.

Als ich so auf diesem Sofa saß, merkte ich, dass es eine dumme Idee gewesen war, meinen Sohn zu entführen und nach Italien zu bringen. Das, was diese Menschen ihrem Adoptivkind Enzo gaben, konnten Marina und ich ihm gar nicht geben. Das wurde mir in diesem Moment klar, und ich empfand Sympathie für diese beiden Deutschen, die ich zuvor noch nie gesehen hatte. Ich steckte die Pistole wieder in den Gürtel und erzählte von mir, meinen Überfällen, meiner Zeit im Gefängnis. Es brach alles aus mir heraus, und ich war froh, zum ersten Mal seit so vielen Jahren nicht meine Gefühle unterdrücken und meine Schwäche verbergen zu müssen. Ihnen wurde wohl eher als mir klar, dass ich den Jungen nicht mitnehmen, sondern hier, bei seiner neuen Familie lassen würde, auch wenn ich es mir selbst noch nicht eingestand. Ich versuchte zu erklären, was ich empfand, was nicht leicht war in einer fremden Sprache, und der neue Papa meines Sohnes zeigte Mitgefühl und Verständnis.

»Ich habe immer gewusst, wer du bist«, erklärte er, »es steht in den Adoptionspapieren. Ich wusste, dass du ein Verbrecher, ein Bankräuber bist, und ich kann dir sagen, dass ich ziemlich hässliche Gefühle gegenüber dem Vater meines Sohnes hatte. Aber jetzt begreife ich, dass mein Sohn dein Sohn ist, und ich bin froh darüber.«

Wie sollte ich ihnen da noch das Kind wegnehmen? Mir fehlte der Mut dazu, und das war gut so. Es heißt immer, die Deutschen seien kalt und streng, und meine Erfahrungen schienen das zu bestätigen. Aber es ist nicht wahr. Diese beiden Deutschen bewiesen tiefe Gefühle. Ich bat sie, meinen Sohn sehen, ihn berühren zu dürfen. Daraufhin stand die Mutter auf, um ihn zu wecken, und brachte ihn zu uns.

Bis heute schäme ich mich nicht, dass mir bei seinem Anblick die Tränen kamen. Es war das erste Mal seit zwanzig Jahren, dass mir so etwas passierte. All das, was mir bis dahin widerfahren war – die Haftstrafen, die Schmerzen –, hatte mich nicht zum Weinen gebracht. Ich war all dem mit Wut begegnet, sogar in der Isolationshaft, als ich dachte, ich würde verrückt. Ich hatte eine Schule durchlaufen, die mich gelehrt hatte, jegliches Gefühl zu unterdrücken und zu verbergen und niemals Schwäche zu zeigen. Aber was sollte ich hier verbergen, und wozu? Es war stärker als ich, also weinte ich. Der Sozialarbeiter, den ich entführt und bedroht hatte, versuchte mich zu trösten.

Doch dann kam mir der Gedanke, ich könnte den Jungen beunruhigen, also hörte ich auf. Ich sah ihn an, er war wunderschön, blond, mit hellen Augen. Sie erklärten ihm, ich sei ein Onkel aus Italien, und er müsse Italienisch lernen, denn wenn er groß sei, werde er mich in Sizilien besuchen können – was man eben so sagt. Ein paar Stunden spielten wir miteinander und unterhielten uns auf Deutsch, hin und wieder gab ich ihm auch einen Kuss. Dann kam der Moment, da er ins Bett zurück und ich aufbrechen musste. Der neue Papa meines Sohnes bat mich um das Versprechen, Marina nicht zu verraten, wo der Junge war, und ich gab es ihm. Ich hatte nicht das Recht, ihm die Möglichkeit auf ein ganz normales Leben zu nehmen. Schließlich umarmte ich alle und bat den Sozialarbeiter um Verzeihung. Ich hatte ein schlechtes Gewissen, weil ich ihnen solche Angst eingejagt hatte. Ich hatte Menschen terrorisiert, die meinen eigenen Sohn aufzogen, die alles für ihn gaben. Das konnte ich mir nicht verzeihen. Verwirrt und traurig ging ich wieder. Sie hielten Wort und zeigten mich nicht an.

Ich fuhr nicht zu Marina zurück, obwohl wir es so verabredet hatten. Sie dachte, ich würde mit dem kleinen Enzo kommen, sie abholen und dann mit ihnen nach Italien fliehen. Sie glaubte, nie wieder ins Gefängnis zu müssen, sondern ihren Sohn in die Arme zu schließen und ein neues Leben anzufangen. Das war der Plan gewesen. Aber ich hatte nicht das Bedürfnis, zurückzukehren und ihren Schmerz zu sehen. Dass wir das Sorgerecht für Enzo verloren hatten, war zum Teil auch ihre Schuld. Bei ihr wäre der Junge ein Krimineller wie wir geworden. Ich sah Marina nie wieder.

VERURTEILT

Ich war desorientiert, konnte keinen klaren Gedanken fassen, obwohl es doch bitter notwendig war. Zurück in Sizilien, musste ich erst mal eine Weile innehalten und nachdenken, daher flüchtete ich mich zu Paola. Angesichts der Tatsache, dass ich seit Monaten verschwunden gewesen war, nahm sie mich ziemlich gut auf. Wir beschlossen, es noch einmal miteinander zu versuchen, aber ich stellte die Bedingung, dass wir uns eine eigene Wohnung suchten. Wir zogen nach Gallinaro, einem kleinen Ort in der Provinz Frosinone, der berühmt für seine Pilgerstätte ist. Die Abgeschiedenheit, die gute Luft und der Umstand, dass niemand mich kannte, ließen mich dort ruhig werden. Im Ort wohnte auch ein Onkel von Paola, ein wohlhabender Bauunternehmer, der die Kaserne der Carabinieri erbaut hatte. Mit ihm versuchte ich mich anzufreunden, spielte den Anständigen und tat so, als wollte ich seine Nichte heiraten.

Hin und wieder musste ich nach Castelvetrano zurück. Paola nahm ich mit, stellte sie aber niemandem vor, um keinen Unwillen zu erregen. Ich ließ sie bei meiner Mutter und bewegte mich nur sehr vorsichtig im Ort, wickelte meine Geschäfte ab, traf Vereinbarungen und kehrte dann nach Gallinaro zurück. Das Kokain verkaufte ich in Rom und Latina, wo ich einen gewissen Giacomo kennengelernt hatte, der im Drogenhandel tätig war. Er hatte einen schönen roten Sportwagen und lebte auf großem Fuß, wie es mit einer normalen Arbeit nicht möglich gewesen wäre. Ich war immer auf der Suche nach neuen Käufern, denn je mehr Kontakte ich hatte, desto mehr konnte ich verkaufen und verdienen. Zumindest war die *famiglia* dann gezwungen, mehr Geld herauszurücken, sowohl für mich als auch für die Kuriere. Giacomo war klein und mager, mit dunkler Haut und einem fremdartigen, orientalisch wirkenden Gesicht. Ich fand heraus, dass er gute Beziehungen hatte und mit einem palermitanischen Mitglied der Cosa Nostra verwandt war. Dann stellte ich ihn Capogreco als möglichen Kunden vor und wies dabei auf diese Verwandschaftsbeziehung hin, woraufhin der Bürgermeister einverstanden war. Wie auch Il Bruno und Il Ciccio kam der Zigneuer einmal nach Castelvetrano, um das Kokain abzuholen, und erhielt dann noch dreimal eine Lieferung zu jeweils einem Kilo von mir. Er war zufrieden und fing an, mir zu vertrauen.

Meine Fahrten zwischen Sizilien und dem Latium fanden ein Ende, als ich mehr Zeit mit Vanni und Aspanu in Castelvetrano verbringen konnte. Unsere Treffen waren immer nur kurz, da ich als Gesetzesflüchtiger die Vorsichtsmaßnahmen beachtete. Ständiger Ortswechsel, keinerlei Ankündigung meines Kommens, immer auf der Hut.

Eines Tages ließ ich Paola bei meiner Mutter und traf mich mit meinen Freunden zum Mittagessen. Je mehr Zeit verstrich und je seltener wir uns sahen, desto mehr Misstrauen brachte ich ihnen entgegen. Bei der Begrüßung umarmte ich sie immer, und zwar nicht aus Zuneigung, sondern um zu fühlen, ob sie Waffen bei sich trugen. Ich war auf der Flucht und deshalb stets bewaffnet, sie dagegen hatten keinen Grund, in meiner Gegenwart

Waffen bei sich zu führen. Ich hielt zu allen einen gewissen Sicherheitsabstand, um sie gut im Auge zu behalten, und fuhr nervös herum, wenn sich jemand hinter mir bewegte. Meine ruckartigen Bewegungen machten allen deutlich, dass ich stets auf der Hut war. Bei verschiedenen Gelegenheiten mussten Aspanu, Vanni und auch andere *uomini d'onore* gekränkt feststellen, wie beunruhigt ich war.

»Was soll das, Enzo, vertraust du uns denn nicht?«, fragten sie verärgert.

»Nein, macht euch keine Gedanken, das ist ganz automatisch bei mir, seit ich auf der Flucht bin. Es hat nichts mit euch zu tun.«

Das war meine übliche Ausrede, aber in Wahrheit misstraute ich allen Mitgliedern der *famiglia*. Wenn ich darüber nachdachte, glaubte ich nicht, dass Vanni und Aspanu mir ans Leder wollten. Aber mein Instinkt sagte etwas anderes, und mein daraus folgendes Verhalten zeigte sowohl mir als auch den anderen, was ich befürchtete. Ich erkannte es selbst an meinen Bewegungen, bevor ich anfing, mir darüber Gedanken zu machen. Die Wahrheit lautete, dass jeder *uomo d'onore* ein potentieller Feind war. Zur Sicherheit trug ich, zumindest wenn ich in Sizilien war, immer zwei Pistolen am Gürtel, eine vorne an der Leiste und eine hinten am Rücken. Vor dem Spiegel übte ich, sie so schnell wie möglich unter dem Hemd hervorzuziehen und in Schussposition zu gehen. Wenn mir wirklich jemand an den Kragen wollte, würde ich es ihm nicht leichtmachen.

Das Misstrauen gegenüber meinen *capi* stieg, je mehr mich die innerliche Bereitschaft verließ, ihnen blind zu gehorchen. Ich hatte den Eindruck, dass sie ihre Macht, unsere Disziplin und unseren Befehlsgehorsam, ihre List und unsere Streitigkeiten einfach nur dazu nutzten, ihre Geschäfte abzuwickeln, ihre Interessen durchzusetzen, ihre Reichtümer anzuhäufen. Die Cosa Nostra, die Ehre, die *famiglia*, die Wahrheit, der Respekt, all das war ihnen vollkommen gleichgültig. Für ihre Ziele behandelten sie Menschen wie Marionetten und ließen sie dann fallen. Mir wurde klar, dass die gesamte Organisation nur für zwei Typen von Menschen gut war: für junge Männer, die alles glauben, was man ihnen sagt – so wie ich zur Zeit meiner Aufnahme –, und für Menschen, die bereit sind, über Leichen zu gehen, um sich als neue *capi* zu behaupten. Die anderen, die Ehrlichen, die zwar auch töten, aber noch an Ehre, an Versprechen, an Loyalität und Freundschaft glauben, die nicht jeden Gedanken, jedes Gefühl verbergen können, sind dazu verdammt, auf ewig zu dienen oder zu sterben.

Darüber dachte ich schon vor dem Essen mit Vanni und Aspanu nach. An diesem Tag aber erfuhr jeder von uns dreien, dass die anderen beiden ebenso dachten. Es fing alles mit einem harmlosen Gespräch über den Drogenhandel an.

»Wenn andere unseren Posten hätten«, begann Aspanu, »weniger Ehrliche, dann könnten sie davon ziemlich profitieren.«

»Das stimmt«, sagte ich in scherzendem Tonfall, »anständig, wie wir sind, riskieren wir zwar viel, bekommen dafür aber wenig.«

»Eines ist jedenfalls gewiss«, schloss Vanni lachend, »der Professor und *zu' Cicciu* verdienen ganz schön am Kokain.«

An diesem Punkt war klar, dass keiner von uns scherzte. Jeder hatte sich ein bisschen zu weit vorgewagt, so dass wir uns jetzt mit einem einzigen Blick verständigen konnten.

»Was machen wir also?«, fragte Aspanu.

Nun war der Augenblick gekommen, es im Alleingang zu wagen, hinter dem Rücken von Capogreco und Messina Denaro. Aber dazu war meiner Meinung nach mehr nötig als nur das Bewusstsein, ausgenutzt worden zu sein. Dazu brauchte es Zorn, Hass und Rachegelüste.

»Unsere *capi*«, sagte ich, »ziehen die Fäden, als wären wir Marionetten.«

»Das stimmt«, bestätigten meine beiden Tischgenossen.

»Aspanu«, fuhr ich fort, »erinnerst du dich noch, dass du nach Favignana gekommen bist, um mich zu bitten, dich bei deiner Wahlkampagne zu unterstützen? Daraufhin habe ich Capogreco angerufen, um seine Erlaubnis zu bekommen, aber er hat mir befohlen, dir nicht zu helfen, da andere Kandidaten der PSI in den Stadtrat einziehen sollten. Er hat dich nur zum Schein zu mir geschickt. Ich sollte meinen Paten vorwarnen, damit auch er mitspielt. Wir haben dir zwar unsere Hilfe zugesagt, aber dann Wahlkampf für die anderen betrieben.«

»Dieser Hurensohn.« Aspanu zügelte zwar seine Wut, wie es typisch für ihn war, bedachte Capogreco aber mit Schimpfworten, die ihm noch fünf Minuten zuvor nicht mal unter der Folter über die Lippen gekommen wären.

Ich schürte das Feuer und sagte: »Verstehst du? Er wollte nicht, dass du wie er im Stadtrat sitzt, Rivalen kann er nicht gebrauchen.«

»Allerdings, der Professor will allein regieren. Das hat er auch schon bei dir so gemacht, Vanni«, sagte Aspanu und wandte sich zu unserem Gefährten.

»Bei ihm war es noch schlimmer«, unterbrach ich ihn. Jetzt musste der Vorhang fallen, es durfte keine Lügen mehr zwischen uns geben, denn wer so sprach, riskierte alles.

»Was hat man dir denn über Lillos Tod gesagt? Was hat man dir als Grund genannt, Vanni?«

»Den Krieg, es seien die Feinde aus Palermo gewesen. Aber das habe ich nie geglaubt.«

»Man hat ihn wegen der verschwundenen Drogenlieferung umgebracht. Wegen der, die ihm, Fanu und Luppino abhandenkam. Sie hatten erklärt, sie wäre ihnen gestohlen worden, das hat mir Barresi verraten.«

»Das hab ich schon gewusst, Enzo. Als man uns sagte, einer der Gründe für unser Attentat auf Luppino sei der Drogendiebstahl, habe ich eins und eins zusammengezählt. Die Kriegsgeschichte beim Tod meines Bruders konnte nicht stimmen, denn sonst hätte man einen Schuldigen gefunden, zumindest einen Namen. Außerdem hat man mir gegenüber Andeutungen gemacht. Capogreco meinte, es sei doch seltsam, dass jemand wie Lillo sich einfach so hätte bestehlen lasssen. Da zog ich meine Schlüsse. Mein Vater hat es auch durchschaut.«

In der Tat hatte zu' Lorenzo uns empfohlen, uns zusammenzutun und uns gegenseitig zu helfen. Die beste Rache gegenüber unseren *capi* war, ihnen Geld und Einfluss zu nehmen. Wir einigten uns grundsätzlich darauf, Drogen auf eigene Rechnung zu verkaufen, das Geld einzustreichen und unsere Machtposition auszubauen. Wir wollten eine Milliarde verdienen, wohl wissend, dass Capogreco und Messina Denaro uns das niemals erlauben würden. Ich schlug vor, Giacomo zu benutzen.

»Der Zigeuner steht nur mit uns in Kontakt. Ich stelle ihn euch vor, dann erklären wir ihm, wir wären an einem Posten Stoff interessiert und würden bar bezahlen. Und dann verkaufen wir es heimlich, still und leise in Sizilien.«

»Das ist aber gefährlich, Enzo«, protestierte Vanni. »Es darf nichts nach außen durchsickern.«

»Wir machen einen Deal mit Baretta.« Ich hatte mir bereits einen Plan zurechtgelegt. »Es arbeiten schon einige seiner Leute für mich. Er ist kein *uomo d'onore*. Wir benutzen ihn, um unseren Stoff zu vertreiben, und am Zahltag räumen wir ihn aus dem Weg, damit er uns nicht verraten kann.«

Vanni und Aspanu sahen sich an und hoben ganz leicht die Augenbrauen. Das bedeutete »ja«. Sie schlugen vor, auch Salvino zu beteiligen, der mit Baretta befreundet war und dafür sorgen konnte, dass er Stillschweigen bewahrte. Außerdem hatten sie mitbekommen, wie er sich ebenfalls heimlich beklagt hatte. Ich war einverstanden, aber sie mussten dafür garantieren, dass sie sich mit Salvino einigten. Bevor wir auseinandergingen, verteilten wir noch die Aufgaben. Von da an waren wir im Geschäft, gegen die *famiglia*.

Zwei Tage später kehrte ich mit Paola nach Gallinaro zurück und nahm Kontakt zu Giacomo auf. Ich bat ihn, mir ein halbes Kilo Heroin in Rom zu besorgen. Der Zigeuner hatte keine Lieferanten bei der Cosa Nostra, die hundertprozentig reinen Stoff garantierte. Daher erklärte er mir, er könnte nur fünfzig- bis siebzigprozentigen Verschnitt besorgen. Solange er das beim Preis berücksichtigte, war das für mich akzeptabel. Er bat mich, ihm im Gegenzug einen Posten Kokain zu liefern. Doch da wurde es kompliziert, denn ich konnte ja nicht die Cosa Nostra darum bitten. Daher kauften Vanni, Aspanu und ich das Kokain auf der Piazza di Torre Annunziata, und Giacomo zog bei der Bezahlung für das von ihm gelieferte Heroin fünfzehntausend ab. Da ich jetzt wieder häufiger nach Castelvetrano reiste, verschlechterte sich meine Beziehung zu Paola. Ich blieb nur noch bei ihr, um eine sichere Zuflucht zu haben, eine Frau, eine Tarnung vor den anderen, verliebt war ich nicht mehr. Also beschloss ich, sie zu verlassen, sobald das Geschäft mit dem Heroin richtig in Gang gebracht war. Ich provozierte einen schrecklichen Streit, war aber, während ich herumbrüllte, mit dem Kopf ganz woanders. Es war wie im Theater. Am Ende verließ ich türenknallend das Haus.

Zurück in Castelvetrano, suchte ich mir einen neuen Unterschlupf. Eine Weile pendelte ich zwischen dem Haus meines Bruders Minicheddu und dem meiner Mutter. Dort fühlte ich mich zwar sicher vor der Cosa Nostra, aber nicht vor der Polizei.

Es erschien mir in dieser Zeit ungeheuer wichtig, nicht zu oft mit *uomini d'onore* zusammenzutreffen. Schließlich spielte ich ein gefährliches Spiel mit meinen Komplizen, das Risiko war enorm. Wenn jemand von uns dreien absichtlich oder auch nur versehentlich etwas verriet, waren wir erledigt. Und so dachte ich in den langen Stunden, die ich allein verbrachte, immer wieder an Vanni und Aspanu. Sie trieb zwar der Drang an, sich gegen die Ungerechtigkeit aufzulehnen, aber auch der Ehrgeiz. Im Gegensatz zu mir brachten sie beide die notwendigen Eigenschaften mit, die *famiglia* zu führen. Sie standen Capogreco und *zu' Cicciu* näher als ich und konnten mich ausliefern, nur um gut dazustehen. Deshalb hatte ich vorgeschlagen, Salvino und Baretta mit ins Boot zu nehmen. Wenn ich mich mit Giacomo vorwagte, mussten sie in Castelvetrano ein Risiko eingehen. Hin und wieder kam mir auch der Verdacht, dass das Ganze ein Hinterhalt des Bürgermeisters war.

Die Zeit arbeitete gegen mich, dennoch dachte ich, mir blieben noch einige Monate. Ich wollte in aller Eile so viel Geld wie möglich zusammenraffen und dann verschwinden, Sizilien verlassen und in ein anderes Land ziehen. Die Sache mit Australien hatte mir die Möglichkeit vor Augen geführt, Italien ganz zu verlassen und ein neues Leben fern von jeglichen *uomini d'onore* zu beginnen. Denn der Cosa Nostra entkam man nur als Toter, der Eid war eindeutig. Oder aber man verschwand für immer, so wie ich es vorhatte. Wegen meines Fluchtplans, den ich für mich behielt, begegnete ich Vanni und Aspanu mit zunehmendem Misstrauen. Wahrscheinlich wollten sie mich gar nicht reinlegen, aber da ich vorhatte, sie zu benutzen, dachte ich, sie planten das Gleiche.

Ich ging zu Aspanus Haus, in das Textillager im ersten Stock, um ihm das Heroin zu geben und die letzten Vereinbarungen zu treffen. Baretta brauchte Zeit, um den Stoff in kleinen Mengen an verschiedenen Orten abzusetzen, daher hatten wir ihm einen Monat Zeit gegeben, um das Geld aufzubringen. Und wir hatten ihm einen Anteil zuerkannt, da er nach dem Geschäft ohnehin sterben musste.

Versteckt im Haus meines Bruders, saß ich häufig allein im Dunkeln und dachte nach. Dabei erkannte ich, dass ich ein großes Risiko einging und es ganz leicht war, mich auflaufen zu lassen. Ich wollte meinen Aufenthalt in Castelvetrano für einen Besuch bei meinem Paten nutzen, der, wie man mir berichtet hatte, schwerkrank war. Ich ging nachts zu ihm, allein und wie gewöhnlich ohne jemandem Bescheid zu sagen. Cusumano wohnte in einem zweistöckigen Haus. Als ich bei ihm ankam, sah ich Licht im Erdgeschoss und klopfte. Ich wartete zwei, drei Minuten, die mir unendlich lang vorkamen, da ich ungeschützt und deutlich sichtbar dastand, bis schließlich mein Pate persönlich öffnen kam. Die Tür wurde ganz langsam aufgezogen, und dann sah ich ihn: alt, gebeugt, keuchend. Er war vierundachtzig, und das Asthma setzte ihm schwer zu. Er litt an einem Emphysem oder etwas in der Art.

Als Cusumano mich sah, umarmte er mich.

»Enzo.« Mehr brachte er nicht heraus.

»*Parrino*, sind Sie etwa ganz allein?«

»Ja, die anderen sind ans Meer gefahren.«

Seine Frau und seine Kinder hatten ihn unter diesen Umständen alleingelassen.

»Sie amüsieren sich in meinem Ferienhaus«, fügte er hinzu.

Das kam voller Bitterkeit, die vor allem seiner Frau galt, die wesentlich jünger war und die ich als ziemlich hartherzig in Erinnerung hatte. Als junger Mann hatte ich manchmal Streit zwischen ihnen schlichten müssen.

»Ich bin halbtot, und sie amüsieren sich. Meine Frau, mein Sohn und meine Tochter. Enzo, bist du bewaffnet?«

»Ja, natürlich, warum?«

»Zeig mir die Waffe.«

»Hier, bitte.«

»Könntest du sie mir leihen?«

»Aber was wollen Sie denn mit der Pistole?«

»Bevor ich sterbe, stirbt diese Unselige …«

Da stand er vor mir: röchelnd, halb tot und mordlustig gegenüber seiner Frau. Bis zum Ende sich selbst treu. Ich lenkte das Gespräch auf ein anderes Thema und steckte die Pistole in den Gürtel zurück.

»*Parrinu*, erst mal gehe ich zu ihr und wasche ihr gründlich den Kopf. Wenn ich ein freier Mann wäre, würde ich Sie mit zu mir nehmen und mich um Sie kümmern.«

Diese Vorstellung gefiel ihm, aber wir wussten beide, dass es unmöglich war. Während er mich betrachtete, redete und keuchte, fing er plötzlich an zu weinen. Nicht aus Angst vor dem Tod, nicht aus Feigheit, sondern aus Wut, dass er so hilflos war, ein Gefangener im einem kranken Körper. Er war so gebrechlich, dass er vom Wohlwollen anderer abhing, und auch geistig war er nicht mehr in der Lage, sie gefügig zu machen.

Wir unterhielten uns ein paar Stunden, wobei ich die meiste Zeit redete. Er hörte mir zu, wirkte aber, als dächte er an etwas anderes, es schien, als sammele er Kraft, um es mir zu sagen. Ich verstummte mitten im Gespräch, als er versuchte, tief Luft zu holen.

»Du siehst es ja, Enzo, heute lebe ich zwar noch, aber morgen bin ich tot. Ich spüre, dass ich bald sterbe. Was dich betrifft, so sterbe ich, und dann ist da niemand mehr. Auch wenn ich früher etwas hinter deinem Rücken veranlasst habe, wollte ich dir jetzt nicht sagen, wie die Dinge liegen, aber wenn ich erst mal tot bin, kann ich nichts mehr für dich tun. Dann bist du ganz allein.«

»Was soll das heißen: Ich bin ganz allein?«

Verdammt, mein Pate war der Einzige, dem ich wirklich blind vertraute, und ausgerechnet er besaß diese üble Angewohnheit des *baccagghiu*. Die Sprache der Cosa Nostra war so fest in seinem Kopf verankert, dass er sich nur mit ihr ausdrücken konnte. Auch wenn er versuchte mich zu warnen, sprach er doch verschleiert, ohne klar und deutlich zu sagen, warum und vor wem er mich geschützt hatte.

»Du bist allein. Das heißt, dass sich niemand mehr

schützend hinter dich stellt. Bleib auf der Hut. Du weißt ja, wie es ist. Wenn alles wunderbar läuft, dann steht das Schlimmste unmittelbar bevor. Erst gibt's ein bisschen Süßes und dann, na, du weißt ja, nicht wahr?«

»Was soll ich also tun?«

»Geh weg von hier. Ich lasse jetzt alle Vernunft fahren, das habe ich ja schon immer bei dir getan, weil mein Gefühl stärker war. Verschwinde, lass alle zurück, und verschwinde von hier. Sonst gehen sie dir ans Leder.«

»Sie wissen doch, dass das bei mir nicht so leicht ist. Ich bin immer bewaffnet, reagiere bei der kleinsten Bewegung, schieße beim leisesten Anflug von Gefahr. Ich muss die Gefahr nicht erst sehen, es reicht schon, wenn sie in der Luft liegt.«

»Ich weiß, dass du nicht leicht zu überlisten bist, Enzo, dennoch werden sie dich kriegen. Du bist allein, also, wenn ich es dir doch sage: Verschwinde, einen treueren Freund als mich hast du nicht.«

Ich glaube, diese Warnung gab er mir aus wahrer Zuneigung. Es war sein Vermächtnis, mich retten zu wollen. Vielleicht hatte er bei Capogreco etwas gemerkt, denn mit Sicherheit hatte ihm keiner gesagt: *Wir müssen Vincenzo eliminieren*. Er hatte es gespürt. Ich versuchte ihn zu beruhigen, auch wenn ich so alarmiert war, dass mir der Schädel dröhnte. Zumindest hatte ich schon einen Fluchtplan parat.

»Ist gut, *parrinu*, machen Sie sich keine Sorgen, ich weiß, was ich tun muss.«

Bevor ich aufbrach, fragte er mich, ob ich Geld bräuchte. Er wollte mir weiterhelfen.

»Aber nein, was denken Sie denn! Etwa, dass ich wegen Geld gekommen bin?«

»Vertraue niemandem mehr, Enzo, sei auf der Hut.«

Wir umarmten uns, dann brach ich auf und fuhr in mein Versteck zurück. Wenn ich vor dem Besuch bei ihm das Bedürfnis gehabt hatte, einiges zu klären, so war es mir erfüllt worden.

Ich unternahm noch eine Reise nach Rom, und als ich drei Wochen nach meinem Besuch bei Cusumano zu Hause anrief, sagte mir meine Mutter, das er gestorben war. Ich konnte auf keinen Fall zur Beerdigung gehen, ich hatte weder die Zeit noch den nötigen Schutz, daher wartete ich noch ein paar Tage und kehrte dann als Mönch verkleidet nach Castelvetrano zurück. Bevor ich in meiner Verkleidung zum Friedhof ging, kaufte ich einen wunderschönen Strauß Blumen, den ich Cusumano aufs Grab legte.

Die *famiglia* stellte mir bei einer besonderen Lieferung noch einmal Giordano zur Seite. Ich sollte Ware aus Rom holen, daher übernachtete ich erneut in dem Haus im Wald. Wir reisten mit dem Zug und stiegen nachts im Haus ab. Giordano fing an, mit mir über *pentiti* zu reden – Aussteiger aus der Cosa Nostra, die als Kronzeugen fungierten. Mittlerweile gab es eine Lawine immer neuer Verräter, dank deren Richter Borsellino die *famiglia* von Campobello hochnehmen konnte. Zu diesen *pentiti* gehörte auch Rosario Spatola. Der Anwalt erzählte mir, dass Rosario sterben müsse, sich aber mit List in Sicherheit gebracht habe. Er selbst war mit der Planung seines Mordes betraut worden. Er engagierte einen Killer aus Marsala, um keinen Verdacht zu erregen, und lud die beiden gemeinsam zu einem Mittagessen, wo sie sich kennenlernen sollten. So konnte sich der Mörder das Gesicht seines Opfers einprägen, Spatola hingegen wurde mit dem Killer vertraut und schöpfte keinen Verdacht.

Alles verlief ganz nach Plan. Der Anwalt stellte Rosario Spatola den *uomo d'onore* aus Marsala vor, und die drei aßen zusammen mittag. Giordano zufolge geschah im Restaurant nicht das Geringste, was ungewöhnlich oder alarmierend gewesen wäre.

Doch Spatola wusste Bescheid.

Er sah seinem Mörder in die Augen und wusste Bescheid.

Sofort darauf brachte er sich in Sicherheit. Die *famiglia* konnte ihn nicht fassen, denn er stellte sich der Polizei, fing an, mit Borsellino zu kooperieren, und nannte ihm die Namen aller ihm bekannten *capi*: Spezia, *zu' Cicciu*, Giordano und andere.

»Diesen Borsellino schnappen wir uns bald«, sagte der Anwalt. »Der muss ins Gras beißen.«

Am Tag danach kehrte ich in meinen Heimatort zurück und traf mich mit Vanni und Aspanu, um Geschäftliches zu regeln. Wir hatten etwas Dringendes zu besprechen: Ein Kurier hatte dreihundert Gramm Heroin verloren, die Baretta nicht bezahlen wollte. Er behauptete, der Kurier habe es wegwerfen müssen, weil er Gefahr gelaufen sei, in eine Polizeikontrolle zu kommen. Ich wurde fuchsteufelswild, denn ich brauchte das Geld, und zwar schnell, und jetzt wollte mir der Hornochse mit *Schade, ich hab den Stoff weggeworfen* kommen? Vorausgesetzt, die Geschichte stimmte überhaupt.

Barettas Entschuldigungen waren mir egal, er haftete für unsere Investition. Ich überzeugte meine Partner davon, dass er sterben müsse und wir in Zukunft selbst das Geld von den Drogenkurieren eintreiben würden, um den Verlust auszugleichen. Dann gingen wir gemeinsam zu Salvino, der Hausarrest hatte und bei sich daheim festsaß.

Aber als wir ihm unseren Plan darlegten, protestierte er mit allem Nachdruck – ein Zeichen unverzeihlicher Schwäche. Ihm war die Freundschaft mit Baretta wichtiger als der Respekt, den er anderen *uomini d'onore* schuldete.

Als ich früher zwischen meinem und Vannis Vater hatte vermitteln müssen, hatte ich immer dem alten Santagata recht gegeben. Die Wahrheit interessierte mich nicht, ich wollte die Gründe meines Vaters gar nicht hören. Ich wusste einfach, dass bei einem Streit zwischen einem normalen Mann und einem *uomo d'onore* immer Letzterer recht hat. Salvino wusste das offensichtlich nicht, oder er wusste es, aber es kümmerte ihn nicht, denn er verteidigte Baretta bis aufs Äußerste. Er meinte, die ganze Sache sei dem Kurier anzulasten, der verdiene den Tod. Vanni, Aspanu und mir reichte ein Blick, um uns zu verständigen. Wir taten so, als wären wir für die Argumentation unseres Partners zugänglich, doch kaum waren wir zur Tür hinaus, beschlossen wir, Salvino so bald wie möglich aus dem Weg zu räumen. Und danach Baretta.

Doch am vereinbarten Abend ließen die Bullen mit ihrem Überraschungsbesuch alles platzen. Ich flüchtete, versteckte mich über eine Woche bei Russo und ging dann zur Verabredung mit Capogreco und Messina Denaro, wo ich den Auftrag bekam, Borsellino zu ermorden. Direkt darauf verließ ich Castelvetrano und zog mich in ein Ferienhaus am Meer zurück, das noch im Bau war und nicht mal elektrisches Licht hatte.

ABTRÜNNIGER

Zwei Tage lang verkroch ich mich wie eine Maus in ihrem Loch und dachte im Dunkeln nach. Mein Pate hatte gesagt: »Wenn alles wunderbar läuft, dann steht das Schlimmste unmittelbar bevor. Erst gibt's ein bisschen Süßes und dann, na, du weißt ja, nicht wahr?«

Die Komplimente, die Lobreden und Gratulationen der *capi* waren das Süße. Dann aber kam der Moment, in dem ich sterben sollte. Doch einen Vorteil gab es: Ich hatte Zeit gewonnen, denn sie wollten Borsellino wirklich ans Leder, daher konnte ich bis zum Attentat ganz ruhig sein, vorausgesetzt, die Sache zog sich nicht allzu sehr in die Länge. Um mich verschwinden zu lassen, schienen sie sich eigens die Reise nach Australien ausgedacht zu haben.

Von nun an musste ich mich aus Castelvetrano fernhalten, denn nach meiner Flucht aus Salvinos Haus war ich zum Staatsfeind Nummer eins geworden. Nicht, weil die Bullen mich für so gefährlich hielten, sondern weil sie nicht gerne vorgeführt wurden. Wenn sie zwischen mir und einem psychopathischen Massenmörder hätten wählen müssen, hätten sie sich bestimmt für mich entschieden. Ich fand ein anderes Versteck in Gibellina, wo ich schon einmal untergekommen war. Dort verbrachte ich ein paar Tage wie ein Zombie, in einem Haus, das mitten auf dem flachen Land lag und ebenfalls kein Licht hatte. Der einzige Vorteil war, dass ich ein Fernglas dabeihatte, mit dem ich kilometerweit sehen und frühzeitig bemerken konnte, wenn sich jemand anschlich.

Hin und wieder verließ ich das Haus und rief Capogreco an, um mich auf den neuesten Stand zu bringen.

Da ich spürte, wie das Pflaster um mich herum immer heißer wurde, beschloss ich, Sizilien zu verlassen und in den Norden zu gehen, da es dort sicherer für mich war. Ich flüchtete für ein paar Wochen zu Bianca und telefonierte von dort aus mehrere Male nach Castelvetrano. Da Baretta immer noch nicht das Geld für die Drogen herausrückte, beschlossen wir, mit ihm abzurechnen.

Ich überredete Bianca, mich mit ihren Kindern nach Sizilien zu begleiten, damit ich eine Tarnung hatte. Mittlerweile lief ich ständig mit Brille und Perücke herum und war deshalb nicht zu erkennen. Wir wohnten bei meiner Mutter, von wo aus ich alles mit Vanni und Aspanu regelte. Baretta musste das Geld rausrücken, ob er wollte oder nicht. Er wohnte in einem Häuschen am Meer. Dort besuchte ich ihn ohne Vorwarnung und nahm der Tarnung wegen Bianca und die Kinder mit. Als wir ankamen, war niemand da. Also brachte ich die anderen zu meiner Mutter zurück, fuhr ein bisschen herum und kehrte nach einer Stunde zurück. Dieses Mal war Baretta da. Er hatte Mühe, mich in meiner Verkleidung zu erkennen. Ich verkündete ihm, dass es ein Problem zu besprechen gäbe, woraufhin er meinte, dann sei es besser, Salvino, seinen Schutzheiligen, hinzuzuziehen. Auch gut, sollte er kommen, mittlerweile gingen mir nämlich beide gewaltig auf die Nerven. Sie verdankten es nur dem Zufall, dass sie noch am Leben waren, und wollten mir trotzdem mein Geld nicht geben. Ich ging solange mit einem Getränk auf die Veranda und machte es mir in einem Liegestuhl bequem, mit dem Rücken zum Gartentor. Das war ein schwerer Fehler, denn so konnte ich nicht sehen, was vor dem Haus geschah. Aber in dem Moment fühlte ich mich sicher. Ich dachte, dass niemand wüsste, wo ich war, doch plötzlich riss mich eine Stimme in die Wirklichkeit zurück.

»Keine Bewegung, Vincenzo, keine Bewegung. Polizei, keine Bewegung!«

Ich wandte den Kopf, nur den Kopf, und sah einen Haufen Polizisten, die auf mich anlegten. Sie hatten das Haus umzingelt. Wieder erklang die Stimme des einen, diesmal lauter.

»Keine Bewegung, Vincenzo.«

Man hörte am Ton die Anspannung, die Angst, die Panik dessen, der den Finger am Abzug hatte. Ich bewegte keinen Muskel, denn schon bei der kleinsten Regung würden sie mich erledigen, schließlich hatten sie schon mal auf mich geschossen. Ich unterdrückte meine Wut darüber, so leicht in die Falle gegangen zu sein und jetzt nicht mehr reagieren zu können. Sie hatten sich von hinten angeschlichen, und ich hatte nichts gemerkt. Trotz meiner Verkleidung wussten sie, wer ich war. Sie hatten meinen Namen gerufen, ohne mein Gesicht zu sehen. Ich war zwar versucht, meine Waffe aus dem Gürtel zu ziehen, entschied aber, es sein zu lassen. Stattdessen versuchte ich, die Bullen zu beruhigen, damit sie nicht auf mich schossen. Frech sagte ich:

»Da seid ihr ja endlich. Ich hab schon auf euch gewartet.«

Irgendwo in der Ferne lachte jemand. Aber der *carabiniere* in meiner Nähe fragte aufgeregt: »Wo ist die Waffe, wo ist die Waffe?«

Mit erhobenen Händen drehte ich mich um und sah ihn an. Er war jung, zu jung für meinen Geschmack.

»Ganz ruhig, *brigadiere*. Ich sitze und habe die Hände oben. Jetzt sage ich Ihnen, wo die Pistole ist. Sie ist geladen, also nehmen Sie sie ganz vorsichtig, sonst erschießen Sie mich.«

Glücklicherweise hatte ich diesmal nur eine Pistole dabei und nicht zwei wie sonst.

»Wo ist sie, wo ist sie?«, schrie der Polizist, während er näher kam. Verdammt, er war wirklich noch sehr unerfahren. Je näher er war, desto aufgeregter wurde er. Er kam von hinten und landete mit einer halben Drehung rechts von mir.

»Hier ist sie, im Gürtel, da vorn. Nehmen Sie sie vorsichtig, sie ist geladen.«

So wie er zitterte, lief ich wirklich Gefahr, eine Kugel abzubekommen. Er zog mir ganz langsam die Pistole aus dem Gürtel, zielte in die Luft und schoss. Bumm. Dann jubelten die Bullen, als hätten sie den König der Gesetzesbrecher gefasst. Sie legten mir Handschellen an, verhafteten Baretta wegen Beihilfe und brachten mich ins Gefängnis von Marsala. Auf dem Weg dorthin vertrieb ich mir die Zeit mit der Frage, wer mich verraten hatte. Ich begriff einfach nicht, wie sie mich auf Anhieb hatten erwischen können, obwohl niemand wusste, wo ich war. Außerdem dachte ich, dass ich diesen Tag wohl nicht mehr vergessen würde. Wieder ein Datum, zusätzlich zu meinem Geburtstag und meiner Vereidigung als *uomo d'onore*, das ich mir merken musste: 5. November 1991, Rückkehr ins Gefängnis, nach fünfzehn Monaten Freiheit.

Von Marsala ging's nach Favignana, wo ich wieder in Isolationshaft kam. Auf der Insel war sie nicht so hart, denn die einzelnen Zellen lagen nebeneinander, so dass man durch die Wand mit dem Nebenmann sprechen konnte.

Allerdings hatte ich gar keine Lust mehr zu reden. Ich musste meine restliche Strafe wegen der Sache mit Tilotta verbüßen, dazu kamen noch meine Flucht und unerlaubter Waffenbesitz. Ich saß für einen Mord, den ich nicht begangen hatte, und angesichts der Tatsache, dass die Bullen mir so leicht auf die Spur gekommen waren, musste mich jemand verraten haben.

Es war ein wirklich absurdes Ende. Als Junge hatte ich etwas gesucht, woran ich glauben konnte. Oder jemanden. Mein Pate hatte mich in die Geheimnisse der Cosa Nostra eingeweiht. Damals dachte ich, er sei viel intelligenter, loyaler und ehrenwerter als ich, und in vielerlei Hinsicht denke ich das immer noch. Er glaubte an Ehre und Freundschaft, an Respekt und das gegebene Wort, und auch ich wollte daran glauben. Doch Cusumano sagte mir niemals, dass es innerhalb und außerhalb der Cosa Nostra nur sehr wenige gibt, die an diese Dinge glauben. Er beließ mich in der Illusion, dass Männer wie Capogreco, Luppino und Messina Denaro aus demselben Holz geschnitzt wären wie er.

Doch mit wachsender Erfahrung hatte ich erkannt, dass diese Männer logen, betrogen und mordeten, und zwar nicht, weil es der *famiglia* diente, sondern einzig und allein ihren Interessen. Wenn man als *soldato* klug und ehrgeizig war, landete man schnell im Grab, es sei denn, man brachte die um, die über einem standen. Wenn man gefügig und bei den *capi* gut angesehen war, wurde einem ein Fehler verziehen, solange man noch von Nutzen war. Wenn man dagegen ein tüchtiger junger Mann war, den niemand unterstützte, biss man schon beim kleinsten Vergehen ins Gras.

Ich musste fast lachen bei der Vorstellung, dass eine so

starke und mächtige Organisation wie die Cosa Nostra nur aufgrund einer einfachen Empfehlung über Leben und Tod ihrer Männer entschied. Als ginge es um einen Posten beim Amt, eine Invalidenrente oder einen Gefallen von einem Politiker. In der Mafia, wie die Presse sie nannte, der geheimnisvollen, erbarmungslosen, grausamen und unversöhnlichen Mafia, herrscht dieselbe Mentalität wie in einer Partei, einem Ministerium, einer staatlichen Behörde, einer öffentlichen Verwaltung, einem Krankenhaus. Es läuft alles nur über Geld, Beziehungen, Stimmen, Empfehlungen, Gefallen.

Ich war auf der Suche nach Ehre, Respekt und Stärke und hatte kühl kalkulierende Mörder gefunden, die die Wahrheit bei jedem ihrer Schritte mit Füßen traten. Eine grundlegende Regel der Cosa Nostra lautet, dass es zwischen *uomini d'onore* keine Lügen gibt. Wenn man die Wahrheit nicht enthüllen darf, schweigt man. Und doch hatte ich gesehen, wie Capogreco und Messina Denaro gelogen hatten, gegenüber Dino und Fanu, gegenüber Luppino und Aspanu, Lillo und Vanni und gegenüber mir. Und jeder von uns log die *capi* an, weil wir wussten, dass ihre und unsere Interessen nicht vereinbar waren. Wir alle gehörten zur selben *famiglia*, und wir alle waren Heuchler, Lügner und Betrüger – im Namen der Wahrheit. Die Täuschungsmanöver dienten dem Überleben, doch ich ertrug sie nicht mehr. Mit dem Kopf voller Regeln, die befolgt werden mussten, und mit größter Loyalität hatte ich fünfzehn Jahre lang alles verborgen: Gedanken, Gefühle, Freundschaft, Liebe, ja selbst mein Gesicht, mein Aussehen, meine ganze Erscheinung.

Nach einer Woche kam ich aus der Isolationshaft und erschien wegen unerlaubten Waffenbesitzes vor Gericht.

Da ich keinen Waffenschein für meine Pistole hatte, verurteilte man mich zu einem Jahr Gefängnis. Wie üblich wurde ich kostenlos von Avvocato Di Leo verteidigt.

Als ich nach Favignana zurückkehrte, zu den anderen Häftlingen, musste ich in meiner Zelle immer häufiger an Richter Borsellino denken, den Mann, den ich töten sollte, den Feind der *famiglie*. Mir kam die Idee, Kontakt mit ihm aufzunehmen, auch wenn ich nicht die Absicht hatte, ihm etwas aus meiner Vergangenheit als *uomo d'onore* zu erzählen. Obwohl ich schlecht über meine *capi* dachte, hatte ich immer noch die gleiche Mentalität wie sie. Ich wusste nur, dass ich Borsellino sehen, meinem Opfer ins Gesicht blicken wollte. Also schrieb ich einen Brief an Lina Tosi, die Staatsanwältin bei meinem Prozess wegen unerlaubten Waffenbesitzes, und verkündete, ich wollte mit Richter Borsellino vom Prokurat von Marsala über meine ungerechtfertigte Verurteilung wegen Mordes sprechen. Natürlich befanden sich unter meinen Mitgefangenen auch *omini d'onore*, daher tat ich so, als wollte ich im Mordfall Tilotta in Berufung gehen, was schließlich auch stimmte.

Ein paar Tage später kamen Tosi und ein *maresciallo*, um mich zu befragen. Sie wollten meine Glaubwürdigkeit prüfen, feststellen, was ich forderte und ob ich ihnen von Nutzen sein konnte. Ich erzählte nichts von der Cosa Nostra, wohl aber von meinen Drogentransporten, und dabei nannte ich die Namen etlicher Personen, mit denen ich zusammengearbeitet hatte. Einige von ihnen waren bereits als *uomini d'onore* bekannt, andere dagegen, wie Capogreco, ein völlig unbeschriebenes Blatt. Der *pentito* Spatola hatte nicht nur über seine *famiglia* in Campobello geredet, sondern auch über meine, doch kannte er nicht alle *capi*. Er hatte zwar *zu' Cicciu* in Schwierigkeiten gebracht, aber von Capogreco wusste er nichts. Ich jedoch rückte jetzt mit dem Zettel heraus, auf den der Bürgermeister persönlich mit rotem Kugelschreiber die Stadt und die Adresse in Australien geschrieben hatte, wo ich unterkommen sollte: Sydney, Drummoyne, Associazione Sant'Antonio. Ich erklärte, ich sollte ans andere Ende der Welt fliegen, um mich der Festnahme zu entziehen, da ich gesetzesflüchtig war. Das reichte dem *maresciallo*, um zu erkennen, wie wertvoll ich war. Er befahl, mich in Isolationshaft zu stecken, wies den obersten Wachmann an, persönlich für meine Sicherheit zu sorgen, und ließ mich wenige Tage später nach Marsala verlegen.

Am 3. Dezember, meinem fünfunddreißigsten Geburtstag, suchte Richter Borsellino mich persönlich auf. Er betrat das Verhörzimmer und blickte mir sofort in die Augen. Ich beobachtete ihn genau, wollte ihn einschätzen. Er war klein, hatte einen Schnäuzer und hielt eine Zigarette in der Hand.

»Du bist also Vincenzo. Eigentlich wollte ich morgen kommen, aber dann habe ich in deiner Akte gelesen, dass du heute Geburtstag hast, also habe ich meinen Besuch vorverlegt.«

Er lächelte und nahm einen Zug von seiner Zigarette. Ich bemerkte sofort etwas Seltsames: Er wirkte nervös, er rauchte und schritt um den Tisch des Verhörzimmers herum, verströmte dabei aber große Kraft und Willensstärke. Sein Blick war wachsam, so als wollte er jede wichtige Einzelheit erfassen, und während er im Zimmer umherging, blieben seine Augen stets auf mich gerichtet. Ich wusste sofort, dass ich diesem Richter vertrauen konnte, und zwar nicht nur, weil er die Cosa Nostra hasste. Im Krieg verdient man sich durch Kraft und Klugheit Respekt, doch man braucht auch Charisma, Charakter, Integrität. Es gibt Generäle, die für den Sieg in einer Schlacht alles tun würden, und andere, die ihrer eigenen Moral folgen und niemals von ihr abweichen, was es auch kosten mag. Borsellino war so einer.

»Dottore«, begann ich, »zunächst möchte ich sagen, dass ich meine Aussagen bestätigen werde. Doch ich möchte auch bessere Sicherheitsgarantien. Dieses Gefängnis ist für mich sehr gefährlich, außerdem muss meine Tochter geschützt werden. Es kann mich viel kosten, wenn ich Ihnen helfe. Zudem möchte ich klarstellen, dass ich keinen Strafnachlass erwarte, da ich nur noch eine ziemlich kurze Zeit zu verbüßen habe und mein Urteil endgültig ist. Aber ich möchte zumindest eine Sicherheitsgarantie für mich und meine Familienangehörigen.«

Ihm waren die Gefahren durchaus bewusst, er sagte sogar, er wolle mich in eine sicherere Einrichtung verlegen. Über die Cosa Nostra hatten wir immer noch nicht gesprochen.

An diesem Tag erzählte ich von dem Diebstahl in Buonos Haus und von Capogreco, Luppino, Santagata und *zu' Cicciu*, die mir mit Drohungen entlocken wollten, wo ich den Schmuck und das Gewehr hatte. Borsellino hörte mir aufmerksam zu. Dann ging er und ließ mich mit der Staatsanwältin Tosi allein, der ich die Hintergründe des Mords an Tilotta erläuterte. Bei einer anderen Gelegenheit sprach ich vom Mord an Cuttonaro. Immer noch wollte mir nicht über die Lippen kommen, dass ich ein *uomo d'onore* war und der Cosa Nostra Treue geschworen hatte. Obwohl ich von wichtigen Ereignissen und Straftaten berichtete, glaubte ich, der wahre Verrat bestünde darin, die *famiglia* anzuzeigen. Dies hätte nicht nur einen

Bruch mit meiner Vergangenheit bedeutet, sondern auch einen Bruch des Schweigegebots, der *omertà*, das mir seit meiner Kindheit eingebläut worden war.

Ich wechselte noch einmal das Gefängnis, blieb aber immer in Isolationshaft, umgeben von Wachen, Gittern, Panzertüren. Ich hatte es selbst gefordert, obwohl es mir einiges abverlangte, ich fühlte mich wie ein Hund im Zwinger. Deutschland und die Gummizelle hatte tiefere Spuren bei mir hinterlassen, als ich geglaubt hatte.

Borsellino besuchte mich erneut am 6. Januar 1992, dem Dreikönigstag. Er trat ein und fing sofort wieder an, durchs Zimmer zu schreiten. An diesem Tag war er ein wenig schroffer als beim ersten Mal.

»Vincenzo, erzähl mir alles noch mal ganz genau. Wenn du die Wahrheit sagst, gut, wenn nicht, bitte schön. Aber denk dran, wenn du was erfindest, merke ich es.«

Mir war nicht wohl dabei, dem Mann in die Augen zu blicken, der von den *famiglie* zum Tode verurteilt worden war und den ich töten musste. Daher gestand ich schließlich, dass ich *uomo d'onore* war, dass ich einen Eid abgelegt und jetzt den Auftrag bekommen hatte, ihn mit einem Präzisionsgewehr zu erschießen. Er hörte interessiert, aber nicht allzu besorgt zu. Ich begriff, dass er meine Glaubwürdigkeit testen wollte und in meinen Erzählungen vor allem nachprüfbare Beweise suchte. Er wollte konkrete Fakten, Indizien, etwas Greifbares, um die Mitglieder der Cosa Nostra festnageln zu können. Ich erklärte ihm, der Zettel, den ich Dottoressa Tosi gegeben habe, sei persönlich von Capogreco geschrieben worden, und zwar genau an dem Tag, an dem er mich mit dem Attentat beauftragt habe.

»Er persönlich hat das geschrieben?«, hakte er nach

und holte aus der Akte den Zettel hervor. »Also ist das seine Handschrift. Und du warst auf der Flucht?«

»Ja.«

»Gut, jetzt reden wir langsam Klartext. Aber von einem Capogreco habe ich noch nie etwas gehört. Mich interessieren die Unauffälligen mehr als die, die wir schon kennen, denn die sind die Gefährlichsten. Die anderen haben wir mehr oder weniger unter Kontrolle.«

»Glauben Sie mir nicht?«

»Ich fange an, dir zu vertrauen. Wohlgemerkt: Ich fange an. Aber täusch dich nicht, wenn du Mist erzählst, ist das nur zu deinem eigenen Schaden. Sieh mich genau an, denn ich weiß schon einiges von dir, aber du weißt noch nichts von mir.«

Ich erzählte von den Bestrafungen der Cosa Nostra, vom Bürgermeister, von meiner Beziehung zu ihm, von den Regeln und dem geplanten Attentat. Es gab eine ganze Menge zu protokollieren und nachzuprüfen. Außerdem wusste ich, dass Borsellino ein sehr beschäftigter Mann war und viel zu tun hatte. Dennoch besuchte er mich hin und wieder, um mit mir zu sprechen, auch ohne dass Protokoll geführt wurde. Er merkte deutlich, dass ich zögerte, die Cosa Nostra zu verraten, denn er kannte meine Vergangenheit. Daher plauderte er, zu einem besseren gegenseitigen Verständnis, auch über scheinbar Belangloses.

Als ich ihm erzählte, wie ich den *carabinieri* nach meiner Flucht aus Salvinos Haus entkommen war, lachte er vergnügt. Wir sprachen auch über unsere politischen Überzeugungen. Was ihn mir sympathisch machte, obwohl ich *uomo d'onore* war und den Auftrag hatte, ihn umzubringen, war die Tatsache, dass er, genau wie ich, den Faschisten nahestand. Ich hatte es in der Zeitung gelesen oder irgendwo gehört, genau weiß ich es nicht mehr. Also erzählte ich ihm, wie es bei Almirantes Besuch in Castelvetrano zu Unruhen gekommen war.

»Weißt du«, sagte er darauf, »dass ich vielleicht auch dabei war? Ich erinnere mich, dass ich genau in deinem Heimatort mal Zeuge von Krawallen wurde.«

»Natürlich, das war, als wir die Fahnen von Mao Mao verbrannten, Dottore. Almirante ist nämlich nur ein einziges Mal nach Castelvetrano gekommen.«

»Jetzt erinnerst du mich daran, dass ich als junger Mann ebenfalls der Fronte della Gioventù beigetreten bin und in Unruhen verwickelt war. Allerdings gingen sie gut aus, niemand wurde verletzt. Aber sag, wieso hast du dich entschieden, der Fronte beizutreten?«

»Tja, einfach so. Und Sie? Wieso waren Sie dabei?«

»Also, das war wohl genauso wie bei dir. Siehst du, auch wenn wir nicht alle gleich sind, entwickeln sich manche Dinge eben doch ähnlich.«

Wir unterhielten uns vier Tage in Folge. Ich erzählte alles, was mir in den Sinn kam. Von Mailand und Barresi, von den Drogen, den Türken, von den Brüdern Zichitella, dem Kassationsgericht, den Freimaurern und den *uomini d'onore*, mit denen ich zusammengearbeitet hatte, und vom Mord an Cuttonaro. Allerdings erinnere ich mich heute weniger an diese Dinge als an meine Zweifel und an Borsellinos Überzeugungskraft, an das, was er nach dem Verhör gesagt hatte.

Vieles von dem, was ich erzählte, war für die Rechtsprechung nicht relevant, weil es sich nicht beweisen ließ. Mein Wort stand gegen das der Beschuldigten. Borsellino aber sprach gern über diese Dinge, nicht nur über das, womit sich ein schöner Prozess führen ließ.

Ein paarmal kam er auf die Sache mit dem Schmuck und dem Gewehr zurück, den ersten Test, dem mich die Cosa Nostra unterzogen hatte.

»Siehst du, Vincenzo, dass auch sie sich irren können? Sie sind nicht unfehlbar.«

»Wieso?«

»Als sie dir das Messer an die Kehle hielten, hätten sie dich umbringen sollen. Denn jetzt sind sie geliefert, weil sie es nicht getan haben. Sie sind wirklich geliefert.«

Das stimmte. Sie hatten gedacht, ich könnte der Organisation nutzen, und jetzt half ich der Justiz, sie zu vernichten. Diese Erkenntnis stimmte mich traurig, denn sie erinnerte mich auch daran, dass ich meinen Eid gebrochen und das Vertrauen von Capogreco und *zu' Cicciu* enttäuscht hatte.

»Du musst dich nicht als Verräter fühlen«, tröstete er mich, als ihm aufging, was ich empfand. »*Sie* sind die Verräter, sie haben dich mit falschen Versprechungen angelockt und sie dann gebrochen. Nicht sie, sondern *wir* sind die wahren *uomini d'onore*, weil wir Ehre im Leib haben.«

Als er am vierten Verhörtag gehen wollte, begleitete ich ihn zur Tür.

»Sie brauchen keine Angst mehr vor mir zu haben, Dottore. Ich werde Ihnen nichts antun. Sie fürchten sich doch nicht vor mir, oder? Darf ich Sie umarmen?«

Einen Moment lang sah er mich durchdringend an.

»Warum denn nicht? Umarmen wir uns.«

Ich drückte ihn fest an mich und küsste ihn auf beide Wangen. Er lächelte mich an und ging. Was war das für ein Mann, der sich von dem umarmen ließ, der ihn ermorden sollte? Am folgenden Tag wurde ich auf mein Gesuch hin in ein Gefängnis außerhalb von Sizilien verlegt.

Wir sahen uns erst im neuen Gefängnis wieder. Er kam, erwiderte meine Umarmung ganz natürlich und schenkte mir ein Päckchen Dunhill aus seinem Vorrat.

»Probier die mal, Vincenzo, ich weiß, die werden dir schmecken. So denkst du wenigstens ab und zu an mich. Der Mensch, den du umbringen wolltest, schenkt dir Zigaretten. Siehst du, dass ich gar nicht so böse bin?«

So scherzte er, doch dann fingen wir ernsthaft mit der Arbeit an. Ich habe es noch genau vor Augen. Eine Hand in der Jackentasche, mit der anderen eine Zigarette haltend, schlenderte umher, sprach, stellte Fragen, rauchte, fragte nach. Und niemals blieb er stehen. Er hatte ungeheuer viel Energie, wirkte immer wach und frisch. Mit seinen klaren Augen konnte er Bände sprechen. Wenn er mich ernst ansah, hieß das: »Ganz ruhig, keine Angst, fahr nur fort.«

Sein Ausdruck wechselte von aufmerksam zu vertrauensvoll, von listig zu sanft. Er gab mir zu verstehen, dass er den Sinn meiner Worte durchschaute, denn es ist nicht leicht, das *baccagghiu* mit all dem Unausgesprochenen ins Italienische zu übersetzen. Wenn ich mir widersprach oder ihm etwas unstimmig erschien, zeigte er mir sofort mit seinem Blick, dass er nicht überzeugt war, und hakte nach.

Hin und wieder lockerte er die Atmosphäre mit einem Scherz, und ich zog ihn auf, weil er Faschist war. Einmal aber hielt er inne und fragte mich ernst: »Glaubst du denn wirklich, dass ich Faschist bin? Da irrst du dich, Vincenzo. Ich bin kein Faschist, ich bin nur Richter, und in dieser Eigenschaft respektiere ich alle Parteien und alle politischen Überzeugungen. Aber ich muss dir sagen, lieber Vincenzo, dass sich gewisse Dinge bereits überlebt haben. Man muss mit der Zeit gehen. Leider hinken bestimmte Parteien wie Movimento Sociale und Partito Communista der Zeit hinterher. Sie haben nicht bemerkt, dass wir kurz vor dem Eintritt ins zweite Jahrtausend stehen. Die Menschen sind aufgewacht, sie haben sich ungeheuer verändert, innerlich, geistig, sie sind viel aufgeklärter als noch vor fünfzig Jahren, aber diese Politiker begreifen das nicht und benehmen sich noch genauso wie damals.«

Er fühlte sich als Mann des Staates, unabhängig von den Parteien, und das war er auch. Ich hingegen sah, dass es im Staat zwar Menschen wie ihn gab, doch auch viele Freimaurer, *uomini d'onore*, Verbrecher. Tatsache war, dass auch ich mich in Händen des Staates befand, und ich hatte guten Grund, darüber besorgt zu sein. In den zwei Monaten, seit ich mich in Isolationshaft befand, hatte ich weder Verwandte noch Angehörige der *famiglia* zu Gesicht bekommen. Letztere hatten mittlerweile wahrscheinlich begriffen, dass ich mit der Justiz zusammenarbeitete. Und da ich mit niemandem in Verbindung stand, verfügte ich weder über Geld noch über andere Mittel, die Gefangenen gewöhnlich ihre Haft erleichtern. Die Kronzeugenregelung war noch nicht in Kraft getreten, daher hatte ich auch keine Vergünstigungen zu erwarten. Aber ich konnte nach zwei Jahren auf Bewährung freikommen. Mit meinen Enthüllungen war ich praktisch aus der Cosa Nostra ausgetreten, dennoch hatte ich dadurch nichts gewonnen, sondern viel verloren, denn durch meine Isolation und die fragwürdige Sicherheit wurde alles nur noch schlimmer.

Borsellinos Stärke als Richter bestand darin, dass er sich nicht nur um den Rechtsfall kümmerte, sondern auch um die Menschen und ihre Probleme. Er fragte mich häufig: »Aber was hast du in diesem Moment empfunden? Wie hast du reagiert? Hast du Angst verspürt oder Panik oder Mut? Was genau?«

Das überraschte mich immer wieder: »Ist das denn von Bedeutung, Dottore? Ich habe das und das getan, basta.«

»Ja, sicher, die Fakten sind die Grundlage, dennoch interessiert mich, was du dabei gedacht und gefühlt hast.«

Also durchforstete ich mein Gedächtnis, um es ihm sagen zu können, obwohl ich wusste, dass es nicht für die Ermittlungen, sondern nur für ihn wichtig war. So war eben seine Arbeitsmethode. Stets die Fakten prüfen, stets nach Beweisen suchen, aber eben auch die Beweggründe der Täter verstehen.

Manchmal fragte er mich sogar um Rat. Mich! Ein Richter und Mensch wie er. Er versuchte, ganz allgemein etwas Nützliches aus seinen Befragungen zu ziehen. Er war besessen von Gesetzesflüchtigen im Untergrund und hatte die fixe Idee, sie alle zu schnappen.

»Was meinst du, Vincenzo, wie kriegen wir sie zu fassen? Ich habe einen Haufen Ideen, aber nenn du mir doch mal eine.«

»Dottore«, antwortete ich, »wie platziert man die richtigen Leute an die richtige Stelle?«

»Ja, ja, genau, die richtigen Leute an die richtige Stelle. Das ist mir schon klar. Aber sie sind schließlich nicht unverwundbar, Vincenzo, du weißt, dass sie nicht unverwundbar sind.«

»Das weiß ich, aber ich weiß auch, dass nicht genug Interesse besteht, sie wirklich zu fangen.«

Bei der Vorstellung, dass ich mich auf der Flucht vor der Justiz als Mönch verkleidet hatte, musste er lachen. Er sah mich an und sagte: »Ich möchte wissen, wie du das gemacht hast, erzähl mir mehr darüber. Wenn ich mir vorstelle, wie du mit der Bibel in der Hand herumgelaufen bist, muss ich lachen. Herrgott, weißt du was? Ich lass dir eine Kutte bringen, die musst du anziehen. Ich möchte dich als Mönch verkleidet sehen.«

»Es war die einzige Möglichkeit, sicher umherzureisen, Dottore.«

»Stimmt. Eine gute Idee. Gibt es noch andere Flüchtlinge, die sich so verkleiden?«

»Möglich.«

Sehr beeindruckt war er auch, als ich ihm erzählte, wie ich auf Capogrecos Befehl hin einen Hund erschossen hatte.

»Wie hast du dich dabei gefühlt?«, fragte er mit aufgerissenen Augen.

»Schlecht, Dottore, sehr, sehr schlecht.«

»Das verstehe ich.«

Dann wechselte er das Thema und scherzte sogar, aber ich hatte seinen aufmerksamen, durchdringenden Blick bemerkt.

Um mir zu zeigen, wie sehr er die Kultur der Mafia, meine Kultur verstand, erzählte er mir Folgendes:

»Weißt du, Vincenzo, dass ich als Zehn-, Zwölfjähriger einen Freund beneidet habe, weil er der Sohn eines *uomo di rispetto* war? Ich wollte auch einen Mafioso als Vater haben. Das ist nun mal unsere Mentalität, unser sizilianisches Erbe. Ich hab diesen Freund beneidet, aber nicht nur ich, alle Kinder haben ihn beneidet. Damals war das so, verstehst du, Vincenzo?«

In der Zeit, in der ich redete und meine Enthüllungen machte, lernte ich auch andere Richter kennen, die wegen ähnlicher Delikte oder länger zurückliegender Mordfälle ermittelten. Mehrere Beamte, die Borsellino nahestanden, verhörten mich, ihn dagegen sah ich immer seltener, da er sehr viel zu tun hatte. Die Sicherheitsmaßnahmen um mich herum nahmen zu, und je weiter die Untersuchung voranschritt, desto beklemmender wurde die Isolationshaft. Es fällt mir schwer, Schwäche einzugestehen. Vor dem Tod habe ich keine Angst – hatte ich nie –, aber ich halte es nur schwer aus, zur Untätigkeit verurteilt zu sein, eingesperrt wie eine Maus im Keller, während draußen Freunde und Feinde ihre Karten ausspielen. Alles wäre erträglich gewesen, wären meine Freunde nur wie Borsellino gewesen, doch ich wusste, wie viel Untreue und Verrat um mich herum herrschte. Mit einer Waffe in der Hand hätte ich mich auch allein gegen die Cosa Nostra gestellt. *Capi* wie Capogreco und Messina Denaro sind zwar grausam und schlau, aber eben auch nur Menschen. Eine Kugel hat bei ihnen denselben Effekt wie bei mir. So hatte ich mich durchschlagen können, und solange ich frei gewesen war, hatten sie auch nicht versucht, mir zu Leibe zu rücken, da sie stets den geeigneten Moment abwarteten. Aber ich ertrug es nicht, eingesperrt zu sein, festgesetzt, unbewaffnet und umringt von Unfähigen oder Verrätern, denn im Umfeld der Cosa Nostra gab es etliche Politiker, Freimaurer, Polizisten, Gefängniswächter und Richter. Ich hatte mich in die Hände des Staates gegeben, dieses seltsamen Gebildes, bei dem ich nicht wusste, auf welcher Seite es stand. Das wusste ich nur von Borsellino und seinen Getreuen. Er glaubte an den Staat, aber vielleicht glaubte der Staat nicht an ihn.

Während ich mich hilflos und frustriert in diesen düsteren Gedanken zu verlieren drohte, packte mich die Wut. Ich fing Streit mit den Wachen an und demolierte die Zelleneinrichtung. Der Gefängnisdirektor rief Borsellino an, der so bald wie möglich zu mir kam. Kaum hatte er mich gesehen, sagte er: »Was denn, bist du immer noch hier?

Beruhig dich ein wenig, sei friedlich, du wirst sehen, es wird alles gut. Du brauchst nur etwas Geduld.«

Als ich wütend auffuhr, beruhigte er mich.

»Vincenzo, ich möchte nicht bereuen, dass ich an dich glaube. Das kannst du mir nicht antun, du kannst mich nicht so enttäuschen, denn ich enttäusche dich auch nicht.«

Die Anspannung während der Ermittlungen und unser Kampf an vorderster Front trieb uns manchmal auseinander. Da ich die Verräter fürchtete, die seine Arbeit sabotieren konnten, meinte ich, dass man auch zu fragwürdigeren, nicht ganz legalen Methoden greifen müsse. Er verstand zwar meine Gründe, blieb jedoch seinen Prinzipien treu.

»Um jemanden zu verhaften, braucht man erst mal Beweise. Es reicht nicht zu wissen, dass er zur Cosa Nostra gehört.«

»Aber diese Leute wollen Sie umbringen, Dottore.«

»Mag sein, aber ich bin Richter und muss die Verfahrensweisen der Justiz respektieren.«

Manchmal rief ich auch selbst nach ihm, nicht weil mir noch etwas eingefallen war, sondern weil ich es in meinem Bunker nicht mehr aushielt. Wenn er konnte, kam er unverzüglich, ansonsten dauerte es ein, zwei Tage. Er hatte einen Haufen Arbeit zu bewältigen. Als er einmal längere Zeit auf sich warten ließ, fing ich wieder Streit mit den Wachen an.

»Ciao, Vincenzo«, grüßte er mich, als er endlich kam.

Ich blieb distanziert und hielt ihm nur die Hand hin. Zum ersten Mal umarmte ich ihn nicht.

»Guten Tag«, antwortete ich kühl.

Er sah mich kurz an und sagte: »Schön. Dann kann ich wohl wieder gehen.«

»Wieso wollen Sie wieder gehen?«

»Ich kann wieder gehen, weil ich merke, dass du mich ansiehst, als wäre ich dein Feind. Und da ich das nicht bin, gehe ich wieder.«

»Stellen Sie sich jetzt auch gegen mich, Dottore?«

»Nein, du bist es, der sich gegen mich stellt. Dein Verhalten beschert mir regelmäßig Probleme. Warum machst du das? Dieses Mal hast du mir nur die Hand gegeben. Umarmen wir uns jetzt nicht mehr? Bin ich jetzt dein Feind?«

»Nein, Dottore.«

Also umarmte ich ihn, zweimal.

»Ich verstehe dich ja, aber du solltest öfter mal innehalten und nachdenken. Und das sage ich nicht, weil ich möchte, dass du mich umarmst. Wenn meine Frau das wüsste«, scherzte er, »würde sie wütend werden. Sie würde sagen: ›Was denn, du umarmst Vincenzo?‹ Denk daran, wenn wir uns umarmen, ist das ein Zeichen der Zuneigung. Du glaubst an mich, und ich glaube an dich. Deshalb macht es mich wütend, dich so distanziert zu sehen.«

Trotz seiner Aufmunterungen wurde mir die Haft immer unerträglicher. Allerdings hatte ich kaum Alternativen. Entweder strikte Einzelhaft oder das Risiko, mich wieder unter die anderen Häftlinge zu mischen. Ich wollte immer noch Berufung gegen das Urteil im Tilotta-Fall, aber meine Aussagen reichten nicht. Währenddessen sammelten die Richter Beweise und Zeugenaussagen gegen die *famiglia* von Castelvetrano, und bis es zu Verhaftungen kam, musste ich bleiben, wo ich war. Ich hatte auch große Angst um das Leben meiner Tochter, ich argwöhnte, dass die Cosa Nostra über ihre internen Kanäle bereits von meinem Verrat erfahren hatte und einen Vergeltungsschlag plante.

Einen Monat später bekam ich die Bestätigung. Während ich mit anderen Häftlingen beim Hofgang war, näherte sich mir ein junger Mann aus dem Norden, der als Terrorist verurteilt war. Er überbrachte mir Grüße von Capogreco und fragte, wie ich es wagen könne, mit der Justiz zusammenzuarbeiten. Ich jagte ihn fort, aber jetzt war eindeutig, dass meine Familienangehörigen in Gefahr waren. Ich bat Borsellino, sich darum zu kümmern und persönlich mit meinen drei Brüdern zu sprechen.

»Wir müssen sie überreden, Castelvetrano zu verlassen, Dottore.«

»Wenn sich ein geeigneter Zeitpunkt findet, Vincenzo.«

»Und meine Tochter?«

»Keine Angst, die bringen wir sofort in Sicherheit. An die kommt niemand heran. Ich werde mich darum kümmern, als wäre es meine eigene Tochter.«

Doch zuerst mussten Haftbefehle erlassen werden. Als sie kurz bevorstanden, las ich in einer Zeitung, dass der Berufungsprozess wegen des Mordes an Lipari begonnen hatte. Angeklagt waren Mariano Agate, Nitto Santapaola, Francesco Mangion und andere. Ich erzählte Borsellino den Vorfall so, wie ich ihn als Hintermann persönlich erlebt hatte, woraufhin er meinte, ich müsste als Zeuge vor Gericht aussagen.

Anfang Mai schnappten die Handschellen für Capogreco, Aspanu, Vanni und die Brüder Zichitella zu. Insgesamt wurden etwa fünfzig Personen verhaftet. Aber viele *capi* und *soldati* blieben frei. Entweder, weil es nicht genug Beweise gegen sie gab, oder weil sie geflohen waren wie *zu' Cicciu* und Avvocato Giordano. Ein harter Schlag für die *famiglia*, trotz allem hatte sie noch genügend kluge Köpfe und Killer zur Verfügung. In einer Pressekonferenz wurde die ganze Operation in groben Zügen erklärt. Am nächsten Tag brachten fast alle Zeitungen die gleiche Schlagzeile: »Ich sollte Borsellino töten.«

Ganz Castelvetrano konnte lesen, wie die Namen der *uomini d'onore* lauteten, welche Stadträte mit der Cosa Nostra verbunden waren und welches das wahre Gesicht von Capogreco, dem *professore*, war, dem allgemein angesehenen »Ehrenmann«, der seinen Wählern Gratisbesuche im Kino gewährte und gleichzeitig mit Waffen und Drogen handelte.

Damit ich noch besser geschützt war, wurde ich in einen Hochsicherheitstrakt verlegt. Schlimmer ging es nicht mehr. Borsellino ließ meine Brüder in sein Büro in Marsala kommen, um sie zu überreden, sich ebenfalls schützen zu lassen. Als er mich danach besuchte, war er vollkommen niedergeschlagen.

»Vincenzo«, sagte er, »ich habe drei Stunden auf sie eingeredet. Ich habe ihnen alles so deutlich wie möglich vor Augen gehalten. Ich habe wirklich versucht, sie zu überzeugen, aber es ist mir nicht gelungen. Aber wir dürfen ihnen keine Schuld geben, sie können es einfach nicht begreifen. Sie wollen in Castelvetrano bleiben und schämen sich, dass du mit uns zusammenarbeitest. Es ist nun mal ihre Mentalität, die ist stark ausgebildet und fest verwurzelt. Du darfst dir jedoch keine Vorwürfe machen. Du hast deine Pflicht getan, genau wie ich. Du kannst ein reines Gewissen haben, denn du hast versucht, etwas zu tun, und allein das zählt. Glaub mir, ich habe mein Möglichstes getan, aber sie können es nicht verstehen. Die Menschen müssen erst aufwachen, so wie du aufgewacht bist. Ich wollte, ganz Sizilien würde endlich aufwachen und die ganze Fäulnis einfach rauswerfen. Aber die Wurzeln sind tief, ich weiß, dass es schwierig ist. Ich habe mich so oft in dich hineinversetzt, in das, was du empfunden hast und noch empfindest. Ich verstehe dich.«

Ja, er verstand mich zwar, aber das verbesserte nicht meine Lage, im Gegenteil, sie wurde immer schlimmer. Die *famiglia* musste Verluste verzeichnen, doch ich versank immer tiefer in meinem Gefängnis, meinem Käfig. Ich war in Sicherheit, aber eben in einem Käfig. Mich tröstete nur der Gedanke, dass meine Tochter ebenfalls in Sicherheit war und dass es dem *professore*, der seit Jahrzehnten Immunität genossen hatte, nun noch schlimmer erging als mir. Um Vanni, Aspanu und viele andere tat es mir leid. Ich spürte, dass sie trotz ihrer Morde Opfer waren, Bauern in einem Spiel, das sie sich nicht ausgesucht hatten. Ich bin verantwortlich für das, was ich getan habe, aber in gewisser Hinsicht hatte ich keine Wahl, und sie eben auch nicht. Denn wenn die Cosa Nostra von dir einen Eid verlangt, dann kannst du nicht sagen: Nein, danke, ich möchte lieber nicht, aber wir können ja Freunde bleiben. Entweder man tritt in die *famiglia* ein, oder man stirbt.

In den folgenden zwanzig Tagen nach den Verhaftungen passierten einige Dinge. Der Vater der Brüder Zichitella, ein altgedienter *uomo d'onore*, wurde ermordet. Wahrscheinlich hatten meine Anschuldigungen seinen Clan geschwächt, und die Cosa Nostra hatte dies genutzt, um alte Rechnungen zu begleichen. Als Borsellino mich besuchen kam und mit mir darüber sprach, wirkte er sehr traurig.

»Ich muss dir sagen, Vincenzo, dass ich Schuldgefühle deswegen habe. Denn wenn ich ihn hätte verhaften lassen, wäre er jetzt noch am Leben.«

Tatsächlich hatte zu' Vanni, der alte Zichitella, sich einer Verhaftung entziehen können, da meine Aussage gegen ihn nicht ausreichte.

»Ich wollte noch mehr Beweise«, erklärte mir Borsellino, »auch wenn ich von seiner Schuld überzeugt war. Wenn ich nicht so gewissenhaft gewesen wäre, würde er noch leben.«

Manchmal verstand ich ihn wirklich nicht. Ich hatte eher Angst vor denen, die noch frei waren und mir gefährlich werden konnten, wie zum Beispiel *zu' Cicciu*, der Morde und Massaker anordnen konnte. Er hingegen war betrübt, weil er einen *uomo d'onore* nicht hatte retten können, dem andere *uomini d'onore* ans Leder wollten.

Am 21. Mai sagte ich als Zeuge im Mordfall Lipari vor Gericht aus. Dabei erfuhr ich zum ersten Mal, was es heißt, sich Anwälten zu stellen, die sich auf jede kleinste Unstimmigkeit in deiner Aussage stürzen. Während ich erzählte und erklärte, wollten die Verteidiger der Angeklagten immer mehr Details wissen. Ich musste ihnen jede Minute, jede Sekunde rund um das Attentat schildern. Sie wollten sogar wissen, wie der Wagen abgestellt wurde, mit der Schnauze nach rechts oder nach links und in welchem Winkel zur Straße. Hin und wieder fassten sie meine Aussagen zusammen, sagten aber das Gegenteil von dem, was ich ihnen erzählt hatte, und taten so, als hätten sie es nicht verstanden. Pasquale Barreca war der vorsitzende Richter. Von ihm hatte mir Avvocato Giordano schon zu der Zeit erzählt, als Vernengo aus dem Krankenhaus von Palermo geflohen war. Minister Martelli war empört gewesen, dass der Boss sich aus dem Staub hatte machen können, weil Barreca ihm nicht die Haftverschonung entzogen hatte. Jedenfalls behagte mir die Atmosphäre im Gerichtssaal kein bisschen. Außerdem machten die Angeklagten in ihren Käfigen Krawall, schrien herum und riefen Beleidigungen.

»Verräter, Verräter!«, riefen sie immer wieder, wie früher die Kinder in den Straßen von Castelvetrano.

Doch nach dem Verhör wusste ich, dass ich ihnen standhalten konnte.

Ich kehrte in meinen Bunker zurück und bereitete mich auf den nächsten Verhandlungstag vor, der für den 5. Juni angesetzt war. Zu den wenigen Vergünstigungen, die mir gewährt wurden, gehörte auch ein Fernseher, und ich verbrachte viel Zeit davor. Als Richter Falcone am Nachmittag des 23. Mai ermordet wurde, erfuhr ich sofort davon. Mehrere Stunden sah ich mir die Berichte über das Attentat an und fühlte mich sterbenselend. Die Cosa Nostra hatte mit dieser entsetzlichen Tat ihre Macht demonstriert. Es könnte jeden treffen, überall. Vor lauter Verzweiflung nahm ich den Fernseher und warf ihn mit aller Kraft auf den Boden, dann fing ich an zu schreien und zu toben wie ein Wahnsinniger. Ich stritt so heftig mit den Wachen, dass sie sich nicht mehr in meine Zelle trauten.

Schließlich beruhigte ich mich ein wenig und schrieb einen Brief an Barreca, in dem ich jede Anschuldigung gegen Mariano Agate, Nitto Santapaola und Francesco Mangion sowie alle Vorwürfe gegen die *famiglia* in Castelvetrano zurückzog. Wenn Falcone nicht geschützt werden konnte, dann konnte es niemand, und mich und die Meinen zu retten war mir immer noch das Wichtigste. Meine Tochter hatte ich das letzte Mal gesehen, als sie ganz klein gewesen war. Schuld daran waren ich selbst, die Cosa Nostra, mein Gefängnisaufenthalt und die Streitereien mit meiner Frau. Aber jetzt durfte ich auf keinen Fall durch meine Entscheidung ihr unschuldiges Leben aufs Spiel setzen.

Borsellino besuchte mich ein paar Tage später, nach Falcones Beerdigung. Seine Augen wirkten verändert. Sie zeigten zwar keine Angst, wirkten aber wie erloschen, so als wäre jegliche Energie aus ihnen gewichen. Der Mut und der Wille weiterzukämpfen waren ihm geblieben, aber der Schmerz um den verstorbenen Freund und die Enttäuschung hatten Spuren hinterlassen. Ich wollte ihm helfen, wusste aber nicht, wie. Außerdem stand mein Widerruf zwischen uns.

»Ich glaube, ich habe das Recht zu erfahren«, sagte er zu mir, »ob diese Menschen, die ich habe verhaften lassen, unschuldig sind oder nicht. Wenn du widerrufen willst, dann tu es, aber ich habe das Recht, es zu wissen, und das weißt du auch.«

Ich war fest entschlossen, nichts zu sagen, überzeugt, dass niemand mich mehr umstimmen könnte. Aber als ich ihn jetzt ansah, kam ich mir vor wie ein Wurm. Er betrachtete mich, und plötzlich wurde sein Blick ganz klar, fest und wachsam wie während der Verhöre, wie zu der Zeit, als Falcone noch lebte. Ein paar Minuten sahen wir uns einfach nur an, dann senkte ich den Blick.

»Sieh mich an, du brauchst den Blick nicht zu senken«, sagte er, »du weißt doch, dass das nur Verräter tun. Ich dachte, du wärst ein mutiger Mann. Und jetzt? Kaum wird Falcone getötet, bekommst du Angst? Und an mich denkst du gar nicht? Du hast deine Aussage widerrufen, weil Falcone getötet wurde und du Angst bekommen hast. Stimmt's?«

Ich wusste nicht, was ich tun sollte; wofür sollte ich mich entscheiden? Was für eine Schlacht schlugen wir, wenn auf der richtigen Seite alle starben?

»Vincenzo«, fuhr er fort, »ich bin nicht gekommen, um dich umzustimmen, sondern um dir ins Gesicht zu sagen, dass du ein Feigling bist, weil du Angst hast.«

»Ich habe keine Angst, ich mache mir nur Sorgen um meine Tochter. Wer wird sie schützen? Die, die Falcone geschützt haben? Die Cosa Nostra ist mächtig, Dottore, sie wird alle umbringen. Auch Sie müssen auf der Hut sein.«

»Um mich mach dir mal keine Gedanken, das tue ich schon selbst. Du solltest dir eher um dich Gedanken machen. Du kannst tun, was du willst, aber sag mir bitte eines: Sind sie unschuldig oder nicht? Ich glaube dir, was du auch sagst, also bitte.«

Ich schwieg eine volle Minute, in der er mich nur anstarrte. Dann wollte ich antworten: unschuldig.

»Sie sind schuldig, Dottore.«

»Ja, das weiß ich, aber ich wollte es von dir hören. Jetzt beruhige dich, dann denken wir ein wenig nach.«

Er sah mich wieder an, taxierte meine Erscheinung. Ich hatte mich nicht rasiert und war noch im Schlafanzug, weil ich in diesem Bunker jegliches Gefühl für Zeit und Wirklichkeit verloren hatte. Meine Tage wurden durch das Fernsehprogramm und die Nachrichten von der Cosa Nostra bestimmt.

»Rasier dich, Vincenzo«, befahl er. »Jetzt, sofort, in meinem Beisein. Du darfst dich nicht so gehenlassen, bloß weil du hier eingesperrt bist. Beruhige dich ein wenig. Was soll diese Angst um deine Tochter? Denk doch mal nach. Es hätte überhaupt keinen Vorteil für sie, jetzt etwas gegen deine Tochter zu unternehmen. So würden sie nur deine Anschuldigungen bestätigen. Außerdem ist sie noch ein Kind und hat überhaupt nichts mit der Cosa Nostra zu tun. Selbst Bestien wie sie sind noch nicht so tief gesunken. Wenn du genauer nachdenkst, wird dir klar werden, dass deine Angehörigen nicht gefährdet sind.«

Er setzte sich auf meine Pritsche und wartete, bis ich mich fertigrasiert hatte, um mir dann von Falcone zu erzählen. Er war im Krankenhaus in seinen Armen gestorben, ohne das Bewusstsein wiedererlangt zu haben. Während er das erzählte, traten ihm die Tränen in die Augen.

»Die Cosa Nostra ist eine einzige Todesmaschinerie. Das hätten sie einfach nicht tun dürfen. Ist dir klar, wen sie da umgebracht haben? Warum nur, Vincenzo, warum?«

»Was soll das heißen: ›Warum?‹, Dottore. Wissen Sie denn nicht, warum?«

»Aber sie hätten doch zuerst mich umbringen sollen, nicht ihn?«

»Das heißt aber nur, dass Sie jetzt noch mehr in Gefahr sind. Sie haben versucht, die Staatsmacht zu treffen, und das war in diesem Moment Falcone. Auch Sie verkörpern die Staatsmacht. Ich bitte Sie, trauen Sie niemandem außer Ihren Leibwächtern. Seien Sie auf der Hut gegenüber den Menschen in Ihrer Umgebung.«

»Ich weiß, dass du es nur gut meinst und mein Bestes willst, aber du musst dir keine Sorgen machen. Außerdem lohnt es sich, für die Dinge, an die man glaubt, zu sterben.«

So redete er. Er war sicher, dass sie ihn umbringen würden, und blieb doch stark. Jetzt kam ich mir wegen meines Widerrufs noch feiger vor.

»Vincenzo, dies ist der Moment, in dem wir Ruhe bewahren müssen. Vergiss nicht, dass Geduld die schwierigste aller Tugenden ist.«

»Wie soll ich denn Ruhe bewahren? Sehen Sie sich doch um: Ich bin hier wie ein Hund eingesperrt, allein und isoliert. In Deutschland war ich auch in so einer Gummizelle, aber das war die Strafe für meinen Fluchtversuch. Hier hingegen ist es die Belohnung dafür, dass ich der Justiz helfe.«

»Du musst die Sache zu Ende denken, Vincenzo. Solange ich lebe, werde ich mein Möglichstes tun, dich hier herauszuholen. Ich glaube an dich, und zwar nicht, weil du mir erzählt hast, dass du auf mich angesetzt bist. Ich habe dich besser kennengelernt, und jetzt sorge ich mich um dich. Du leidest ganz unnötig. Wenn du ein bisschen nachdenkst, wirst du merken, dass du nicht so zu leiden brauchst.«

Es gelang ihm, mich zu trösten, und das, obwohl seine Lage viel prekärer war als meine.

»Dottore, ich möchte mich für meinen Widerruf entschuldigen. Sie kennen den Grund, obwohl ich nicht weiß, wie Sie ihn erraten konnten.«

»Was gibt es denn da zu erraten? Wie auch immer, wenn dies deine Wahrheit ist, dann bleib dabei. Handle so, wie es für dich richtig ist. Wenn du widerrufen willst, widerrufe.«

Ich kam mir vor wie ein Zwerg vor einem Riesen.

»Ich weiß, Dottore, ich war schwach. Ich habe mich immer wie ein Löwe gefühlt, und mit einer Waffe in der Hand hatte ich auch nie Angst, mich meinen Feinden zu stellen. Und dennoch erteilen Sie mir jetzt eine Lehre. Ich werde kämpfen bis zum Schluss, ganz gleich, was kommen mag.«

»Es ist vollkommen normal, sich niedergedrückt zu fühlen. Glaubst du vielleicht, ich hätte nie solche Momente der Mutlosigkeit? Aber ja doch, vor allem bei einem so schrecklichen Ereignis wie dem Tod eines Freundes. Aber dennoch muss man in sich die Kraft finden, weiterzumachen und für die eigenen Überzeugungen einzustehen.«

Als der Berufungsprozess im Mordfall Lipari in der Woche darauf weitergeführt wurde, kehrte ich in den Zeugenstand zurück, widerrief meinen Widerruf und bekräftigte meine Anschuldigungen.

Und dann, endlich, durfte ich meinen Bunker verlassen, wie Borsellino mir versprochen hatte. Ich wurde unter den Schutz des Hochkommissariats gestellt und wechselte ständig die Wohnung. Ich erfuhr, dass ich das nur ihm zu verdanken hatte; ich bekam sogar eine eigene Leibwache. Aber ich erfuhr auch am eigenen Leib, dass der Dilettantismus der Ordnungshüter einer der stärksten Verbündeten der Mafia ist. Im Vergleich zu den mächtigen, effizient arbeitenden *uomini d'onore* waren die Beschützer des Staates einfach nur lachhaft. Aus jeder noch so kleinsten Mücke machten sie einen Riesenelefanten. Ich war zum Beispiel in einer Wohnung untergebracht, wo das Telefon erst noch installiert werden musste. Dazu aber brauchte es eine Unmenge schriftlicher Anfragen, Gutachten, Anordnungen und Besprechungen. Da die Kronzeugenregelung erst seit kurzem eingeführt worden war, rangelten Carabinieri, Polizisten und Fahnder vom Finanzamt darum, den Bereich der Zeugenbewachung zugeteilt zu bekommen. Eine Frage des Prestiges. Das Ende vom Lied war, dass sich alle sechs Stunden vor meiner Tür jeweils zwei neue Carabinieri, Polizisten oder Steuerfahnder einfanden. Abgesehen vom Hochkommissariat wussten drei verschiedene Abteilungen von meinem Aufenthaltsort. In drei unterschiedlichen Behörden konnte man den Tagesbefehl mit meinem Namen und meiner Adresse einsehen. Jeder beliebige von der Cosa Nostra geschmierte Beamte konnte problemlos den *famiglie* Bescheid sagen. Das bescheinigten mir auch die aufgeweckteren unter den Polizisten. Die Gesichter meiner Wächter wechselten ständig. Dauernd wurden neue, junge Männer zu meinem Schutz abbestellt. *Dienstvorschrift*, hieß es. Es fehlte nur noch ein Schild an meiner Tür, damit die Killer mich besser finden konnten.

Nicht die Maschinengewehre der Carabinieri, sondern nur die Geheimhaltung war ein echter Garant für meinen Schutz. Lachhaft war auch, dass alle paar Stunden, also bei jedem Wachwechsel, die Bullen in mein Zimmer kamen und kontrollierten, ob ich noch da war. Auch wenn ich schlief. Normalerweise standen sie vor der Portiersloge, aber bei der Wachablösung kamen sie zu mir, etwa um fünf Uhr morgens, und weckten mich, um dann an ihren Posten zurückzukehren. Sie schützten mich schlecht und hingen mir ständig auf der Pelle. Ich erklärte den Sachverhalt beim Hochkommissariat und bat darum, nur noch von einer Abteilung bewacht zu werden. Daraufhin hieß es, *ja, ja, keine Sorge*, aber es änderte sich nichts. Als ich zwei Wochen ohne jedes Ergebnis Alarm geschlagen hatte, beschloss ich, nichts mehr zu sagen, sondern ihnen ihre Dämlichkeit vor Augen zu führen.

Meine Wohnung lag im fünften Stock. Eines Morgens ging ich direkt nach dem Aufstehen ins Bad und rasierte mir den Bart ab. Auch den Schädel rasierte ich mir, bis ich vollkommen kahl war. Normalerweise trug ich nur Jeans und Pulli, anders hatten die Bullen mich nie zu Gesicht bekommen. Daher zog ich mir jetzt den einzigen eleganten Anzug an, den ich besaß. Dann ging ich die Treppe nach unten, und kurz bevor ich die Portiersloge erreicht hatte, fing ich an, schief und gebückt zu gehen und den Mund zu verziehen, als wäre ich behindert.

Gebeugt hinkte ich an der Loge vorbei und grüßte den Portier und die beiden Carabinieri, die an diesem Tag Dienst hatten.

»G-g-g-uten T-t-tag«, sagte ich mühsam.

»Guten Tag.«

»Guten Tag.«

»Guten Tag.«

Ich humpelte an ihnen vorbei, während sie mich mitfühlend betrachteten. Als ich um die Ecke gebogen war, richtete ich mich auf und ging normal weiter, sah aber vorsichtshalber noch mal nach, was die Carabinieri machten. Nichts, sie standen einfach nur da und bewachten eine leere Wohnung. Diese Volliditionen ließen sich sogar von der Straße aus sehen – sehr unauffällig! Ich ging fünzig Meter und kam an einer Streife vorbei, die auf der gegenüberliegenden Seite auf dem Bürgersteig parkte.

»Verzeihung«, improvisierte ich, »wissen Sie vielleicht, wie ich zum Bahnhof komme?«

»Nehmen Sie die Bahn, die da vorne hält, die fährt direkt dorthin.«

»Vielen Dank.«

Als ich etwa zehn Kilometer von meiner geschützten Wohnung entfernt war, rief ich beim Hochkommissariat an und verlangte den Beamten, mit dem ich schon mehrfach über meine Sicherheit gesprochen hatte.

»Guten Tag, hier spricht Vincenzo.«

»Ah, Vincenzo, wie geht es denn? Hast du jetzt Telefon?«

»Klar habe ich Telefon, sonst würde ich ja nicht telefonieren. Aber ich bin geflüchtet.«

»Was heißt das, geflüchtet? Bist du wahnsinnig?«

Sein Ton war sofort ein ganz anderer. Wenn ich etwas von ihm wollte, schwankte er immer zwischen vielbeschäftigt und genervt. Jetzt hingegen wirkte er aufmerksam, besorgt, sogar flehend. Na toll! Ich warf ihm lautstark einige Beleidigungen an den Kopf und erklärte ihm, wie gut seine Schutzmaßnahmen griffen, was ihm im Grunde schon klar war.

»In zwei Wochen habe ich neunzig verschiedene Polizisten, Carabinieri und Steuerfahnder kennengelernt. Jetzt fehlen mir nur noch die Beamten vom Ordnungsamt und die Feuerwehr. Geben Sie mir doch mal einen Rat. Ich brauche Ihre Hilfe.«

»Aber sicher doch, Vincenzo, sicher.«

»Ich bin katholisch und werde jetzt aber als Söldner nach Jugoslawien in den Krieg ziehen. Soll ich bei den Kroaten oder lieber bei den Serben kämpfen?«

»Vincenzo«, sagte er und klang noch besorgter, »mach keine Dummheiten. Was soll das mit Jugoslawien?«

»Ach, jetzt interessiert es Sie doch, was aus mir wird? Dabei habe ich Ihnen schon unzählige Male erklärt, unter welchen Bedingungen ich hause!«

»Aber bitte, bitte, sag mir, wo du bist.«

»Wo ich bin? Schön, ich stehe hier vor Hausnummer 36.«

»Nein, ich meinte die Straße. Die Straße bitte.«

»Die Straße sage ich Ihnen nicht. Ich lege jetzt auf und verschwinde.«

»Bitte, Vincenzo, wenn dich jemand erwischt, gibt's eine Katastrophe.«

Daraufhin warf ich ihm noch ein paar Beleidigungen an den Kopf. Er versuchte mich umzustimmen.

»Ach komm doch, wir regeln das alles.«

»Nein, ich will gar nichts mehr regeln. Ich verschwinde und kämpfe in Jugoslawien, denn jetzt betrachte ich nicht mehr nur die Cosa Nostra, sondern auch euch als meinen Feind. Ich bin erledigt, also haue ich ab. Alles Gute noch!«

Noch während er protestierte, legte ich auf. Dann dachte ich ein wenig über die Lage nach, in der ich mich befand. Ich dachte an Borsellino, der mich gebeten hatte, ihn nicht zu enttäuschen. Meine Flucht wäre eine große Enttäuschung für ihn gewesen. Er hatte schließlich die Verantwortung für mich übernommen, auch wenn ich es nicht verdiente. Also rief ich ihn bei Gericht an, unter der Nummer, die er mir gegeben hatte.

»Ciao, Vincenzo, wie geht's?«

»Schlecht, Dottore.«

»Wieso denn das?«

»Ich bin geflohen.«

»Verdammt, geflohen? Na prächtig, Vincenzo. Meinen Glückwunsch, das hast du wirklich ganz großartig gemacht. Geflohen. Und wo genau bist du jetzt?«

Tja, ihm konnte ich es wohl sagen.

»Hast du ihnen wenigstens Bescheid gesagt?«

»Ja, ich habe angerufen.«

»Los, sag mir, was passiert ist. Und wenn die Verbindung abbricht, ruf mich bitte noch mal an.«

Schon bemühte er sich, mich bei der Stange zu halten. Ich erklärte ihm, wie es um meine Schutzmaßnahmen bestellt war.

»Ich konnte diese Idioten einfach nicht mehr ertragen, Dottore.«

»Vincenzo, bei dir weiß ich nie, ob ich weinen oder lachen soll. Aber bin froh, dass du mich angerufen hast. Jetzt beruhige dich erst mal.«

»Ich gehe nach Jugoslawien, das habe ich doch schon gesagt. Wenn Sie einverstanden sind, schlage ich mich auf die Seite der Kroaten. Das ist immer noch sicherer, als hierzubleiben. Alle wussten, wo ich war.«

»Hör mal, ich wusste nicht, dass dein Schutz so aussehen würde. Das sind also ihre Sicherheitsmaßnahmen? Trotzdem, du hättest nicht fliehen, sondern zuerst mich anrufen sollen.«

»Aber ich hatte ja kein Telefon, Dottore!«

»Also gut, wir machen es jetzt folgendermaßen. Du weißt doch, dass ich dir vertraue. Ich hoffe, du vertraust auch mir.«

»Ja, ich vertraue Ihnen, sonst hätte ich gar nicht erst angerufen.«

»Ich kümmere mich jetzt um alles. Ruf mich in einer Stunde wieder an. Aber lass dich nicht von einer Streife schnappen, sonst sind wir untendurch. Verhalte dich so, als wärst du wieder gesetzesflüchtig. Du bist entkommen, da ist es das Mindeste, dich nicht wieder schnappen zu lassen. Aber versprich mir, gib mir dein Ehrenwort, dass du zurückkommst, wenn ich alles für dich regle.«

»Ich verspreche es. Sie haben mein Wort.«

»Darf ich als Erstes beim Hochkommissariat nachfragen?«

»Ja, meinetwegen.«

»Ansonsten tue ich so, als hättest du nicht angerufen, ich rufe niemanden an.«

»Ich verspreche es, Dottore, ich rufe in eineinhalb Stunden wieder an. Aber Sie begreifen doch, in welcher Lage ich war, oder?«

»Ich möchte jetzt nicht über Recht oder Unrecht diskutieren. Ich sage nur, dass es ein Fehler war zu flüchten.«

Er telefonierte herum, und ich rief ihn nach eineinhalb Stunden wieder an.

»Vincenzo«, sagte er da, »ich habe alles geregelt. Jetzt ist mir klar, dass du gute Gründe hattest zu fliehen, auch wenn es ein Fehler war. Außerdem habe ich begriffen, dass du nicht wirklich fliehen wolltest, denn sonst hättest du sie nicht angerufen. Wie auch immer, du kannst jetzt zurück. Aber nicht sofort, lass sie noch ein wenig zappeln. Wir haben jetzt zwei Uhr. Geh was essen, triff dich mit einer Frau, mach, was du willst, und kehre heute Abend gegen neun, zehn Uhr zurück. Wie genau, das weißt du am besten. Aber tue es. Dann komme ich persönlich, und wir besprechen alles Weitere.«

Ich folgte seinen Anweisungen und kehrte um neun Uhr abends zurück. Es war alles geregelt, die Maßnahmen waren verbessert worden. Als ich Borsellino wiedersah, mussten wir beide erst einmal herzlich lachen. Er machte mir zwar immer noch Vorwürfe, aber er lachte dabei.

Ich wusste nicht, dass dies eine der letzten Gelegenheiten war, bei denen wir uns sahen. Ich traf ihn noch einmal nach dem letzten Verhandlungstag beim Lipari-Prozess, wo ich Fragen nach Falcone und Borsellino beantworten musste und dann vom geplanten Attentat sprach. Ich erklärte, wenn man Borsellino mit dem Gewehr nicht hätte erledigen können, da er ständig seine Terminpläne und Aufenthaltsorte änderte, hätte eine Autobombe auf ihn gewartet. Nach dem Attentat auf Falcone und seine Eskorte sorgte das für Aufruhr. Borsellino machte mir später Vorwürfe deswegen.

»Warum«, fragte er, »hast du von mir erzählt?«

»Dottore, man hat mich nach Falcone und Ihnen gefragt, also habe ich es erzählt.«

»Gewisse Dinge sollte man nur zum richtigen Zeitpunkt und den richtigen Personen erzählen. Aber doch nicht in der Öffentlichkeit! Sonst sieht es noch so aus, als würde ich etwas erfinden, um besser dazustehen.«

»Aber wir haben uns doch gar nicht abgesprochen, Dottore! Ich habe nur auf die Fragen geantwortet.«

»Ja, aber beim nächsten Mal halte lieber den Mund.«

Öffentliches Aufsehen behagte ihm gar nicht, auch wenn er dadurch als Held dastand. Nach dem Attentat auf Falcone hatte ich gelesen, dass die Rechten bei der Wahl des Präsidenten für ihn gestimmt hatten. Daher fragte ich jetzt im Scherz:

»Werden Sie wirklich Präsident?«

Aber er fand das kein bisschen lustig, sondern wurde wütend.

»Ich weiß nicht, warum man mich überhaupt vorgeschlagen hat!«

Borsellino dachte viel über seine Arbeit nach. Er wusste, wie schwierig sie war und mit welchem Gegner er es zu tun hatte. Um Ehre ging es ihm dabei überhaupt nicht. Er konzentrierte sich aufs Wesentliche. Er vereinigte Herz und Verstand in sich, doch sein Gefühl überwog. Aber er verstand es auch, nachzudenken, Chancen und Risiken abzuwägen, er war listig und bereitete jeden seiner Züge genau vor. Er war ein außergewöhnlicher Mann, anders als alle anderen Lehrer, die ich im Leben gehabt hatte, anders als mein Vater, mein Bruder, Cusumano oder Capogreco. Nach Falcones Tod schien er mir immer einsamer zu werden, allein im Wettlauf gegen die Zeit, umringt von jungen Richtern, die ihn bewunderten, aber auch von Verrätern. Ich telefonierte noch zwei Tage vor dem 19. Juli, dem Tag unserer letzten Enttäuschung, mit ihm.

Das Berufungsgericht hatte das erste Urteil im Lipari-Prozess aufgehoben und Agate, Santapaola und Mangion freigesprochen. Meine Aussage hatte nicht das Geringste genützt. Ich sprach mit Borsellino über die Richter, die der Cosa Nostra nahestanden, über die vielen Staatsdiener, die den Staat verrieten. Er wollte sich mit mir treffen, um über das so wichtige Thema der Beziehungen zwischen Mafiosi, Freimaurern und Politikern zu sprechen. Während meiner Zeit als Gesetzesflüchtiger hatten mir Capogreco, Messina Denaro und Avvocato Giordano immer wieder von Verbindungsmännern zwischen der Cosa Nostra und anderen Organen der Macht erzählt, zwischen Prominenten und Freimaurern. Es war auch die Rede davon gewesen, mich auf eine Mission nach Venezuela zu schicken, wo die *famiglia* von Castelvetrano wichtige Geschäfte abwickelte. Diese Verbindungen nachzuweisen war sehr schwierig, da *uomini d'onore*, die zu einer Freimaurerloge gehörten, falsche Namen führten und die Listen außerdem nicht komplett waren. Die Untersuchungen erforderten Geduld und Mühe, das sagte mir Borsellino immer wieder. Aber es blieb ihm nicht mehr genügend Zeit, sie abzuschließen. Er starb noch in diesem schrecklichen sizilianischen Sommer, in tausend Stücke gerissen von einer Bombe. Wie alle anderen erfuhr ich es aus dem Fernsehen. Als ich auf den Bildschirm starrte, durchfuhr mich ein entsetzlicher Schmerz, wie ein Riss in meinem Gewissen. In diesem Augenblick erkannte ich, dass ich seit acht Monaten auf diese Nachricht gewartet hatte, obwohl ich gegen jedes bessere Wissen immer gehofft hatte, sie niemals zu hören. Seit ich zum ersten Mal den Mann getroffen hatte, den ich umbringen sollte.

Von ihm bleiben mir nur noch Erinnerungen, Worte und dieser unvergessliche Blick. Während ich Borsellino beobachtete, wurde mir klar, was Mut ist. Als Junge und später als *uomo d'onore* dachte ich immer, Mut sei die Fähigkeit, mit Waffengewalt und schnellen Reflexen Feinde anzugreifen und sich zu verteidigen.

In dieser Hinsicht war ich zweifellos der Mutigere.

Damals hielt ich auch Capogreco für mutig und mächtig, denn er konnte über das Schicksal von Menschen entscheiden. Aber andere durch Arglist und Täuschung um ihr Leben zu bringen ist nicht mutig, sondern feige. Der Bürgermeister war gar nicht in der Lage, ohne Manipulation, mit eigenen Händen zu töten. Mit seinen Tricks war er nichts anderes als ein unheilbringender Taschenspieler.

Dafür konnte ich monatelang einem Mann zusehen, der seinem Tod entgegenging und dennoch für seine Ideen und Überzeugungen kämpfte. Ohne Waffen, ohne Vergeltungsschläge, ohne Betrügereien. Der bis zum Ende seinen Prinzipien treu blieb. Und da begriff ich, dass der Weg, den er eingeschlagen hatte, viel schwieriger und gefährlicher war als der meine.

INHALT

Michael Tsokos

Dem Tod auf der Spur

Dreizehn spektakuläre Fälle aus der Rechtsmedizin

Originalausgabe

ISBN 978-3-548-37347-8
www.ullstein-buchverlage.de

Ein verkohltes Skelett auf der Rückbank eines ausgebrannten Wagens. Ein halbnackter Mann, der bei eisiger Kälte tot aufgefunden wird. Eine Wasserleiche, gekleidet im Stil der 19. Jahrhunderts, und der bohrende Verdacht: Könnte es sich hierbei um Rosa Luxemburg handeln? Michael Tsokos, Deutschlands bekanntester Rechtsmediziner, erzählt von dreizehn mysteriösen Todesfällen, die er allesamt selbst untersucht hat. Hochinformativ und spannend wie ein Krimi.

»Kein Fachbuch, sondern eine spannende Dokumentation von realen Fällen« *www.morgenpost.de*

»Nach dem Lesen hat man so viel über seine Untersuchungsmethoden gelernt, dass man beim nächsten Krimi vielleicht sogar einen gewissen Vorsprung vor den Ermittlern hat.« *Brigitte.de*

US335

ullstein

JETZT NEU
Aktuelle Titel
Login/ Registrieren
Über Bücher diskutieren
Jede Woche vorab in einen brandaktuellen Top-Titel reinlesen, ...
... Leseeindruck verfassen, Kritiker werden und eins von 100 Vorab-Exemplaren gratis erhalten.
vorablesen.de